创业，生与死

日本商界传奇人物的破产告白

（日）板仓雄一郎 著　黄悦生 译

后浪出版公司

北京联合出版公司
Beijing United Publishing Co.,Ltd.

目　录

序　章
　　一九九七年十二月二十四日　1

第一章　创　业
　　一九八四年二月至一九九二年九月　7

　　电话串线事件　9
　　从头开始　19
　　加州之行　25
　　晴天霹雳　26

第二章　发　展
　　一九九二年十月至一九九五年八月　33

　　她比我有信心　35
　　"IMS"的艰难问世　39
　　转机乍现　42
　　JAFCO的援手　48
　　风投的热潮　51

第三章　HyperSystem
一九九五年九月至一九九七年一月　57

"它"的消失及出现　63
"没有什么是不可能的"　68
从天而降的2.5亿　82
招兵买马　86
HyperSystem何时才能运行？　92
和媒体过招　99
纳斯达克——我蓬勃的野心　112
他们的离开和系统故障　121
继续进军纳斯达克　129
比尔·盖茨要见我！　136
收购风波　156
海外事业的发展　164
纳斯达克上市的搁浅　171
合作伙伴开始转舵　185

第四章　衰　落
一九九七年二月至十月　191

不合格的总经理　193
卖掉公司？！　208
辞去总经理之职　220
最后的荣光　228
"请让您父亲签名"　233
希望破灭，末日已近　245

第五章　破　产
　　　一九九七年十一月至十二月　261

　　　预兆的降临　264
　　　定　局　268

末　章
　　　一九九七年十二月二十四日　273

　　　第一次债权人会议　277

后　记　281

HyperNet公司年表　291

出版后记　294

序 章

一九九七年十二月二十四日

1997年12月24日，我站在东京地方法院前。

一提到"法院"，总会让人联想到阴森而庄严的建筑物，它仿佛象征着古老的"传统"和"礼法"。这一印象也许来自于外国的法庭电影吧。然而，眼前的东京地方法院却与这种氛围截然不同。它位于霞关中心稍靠近皇宫方向，坐落在红色砖墙的法务省大楼旁边。那灰色的长方体建筑物看上去毫不起眼，跟每个城市里都能见到的政府办公楼没什么两样。只有法官的古朴服装、法庭里一排排长椅和高高的天花板，还稍微流露出几分影视剧里独特的法院氛围。

我上次来的时候，刚好碰上地铁沙林毒气案[①]的被告——奥姆真理教的松本智津夫的庭审。今天似乎没什么大案需要审理。门卫站在法院入口处，检查进场者携带的物品。如果进场者携带金属物品经过，报警器就会"嘟嘟嘟"地响起来——类似于机场里的检查设备吧。虽然我很讨厌乘坐飞机，但还是坐过好几次，所以很熟练地把手机和硬

[①] 指1995年3月20日早上，日本东京地铁列车上发生的恐怖袭击事件。恐怖袭击者在列车上施放沙林毒气，造成多人死伤。——译者注

币放在托盘上，走了进去。

虽然我没携带什么刀具、手枪、毒品，但还是感到些许紧张。经过门口和门卫对望时，我立刻作出一副"我可没干啥坏事哟"的无辜表情。

报警器并没有响。我往里面走去。觉得走起路来有些别扭，这恐怕得归罪于这身久违的西装革履吧。当然也可能不止于此。

我来早了，还没到跟律师约好的时间，于是就在一楼翻看《今日法庭》的小册子。小册子有两种，各复印了几份，摆放在保安面前的柜台上。

我浏览了一下关于刑事案件的小册子，上面写着几项"今日法庭"的预定。刑事案件里头最常见的是涉及违禁药物的案件，偶尔也有抢劫杀人之类的重案审理。而民事案件的小册子上，则记载了好几页大银行状告个人的案子。

这未免太无情了吧，竟然把欠交信用卡费用的人与涉毒案犯、抢劫杀人犯一视同仁地收进小册子，摆放在一起。

忽然，我想起了从前在书里读过的一句话："法官在法庭上对双方的陈述和证词作出判决之前，其实早就有了某种程度上的决断，他们要做的只是从理论上证明这种决断——这就是他们的工作。"

也许确实如此。我翻看着把各种纷繁复杂的案件和庭审归纳得井井有条的小册子，若有所悟。虽然我不是被告，但从接受法律裁决这点来说，我也成了这些小册子当中的一员。

我申请了自愿破产，今天来这里就是为了听候法庭宣判。

律师到了，我们互相打了一下招呼。我的情绪自然十分低落，而他则显得若无其事，虽然还不至于像机器人一样面无表情，但也没有因为同情我而故意摆出一副哭丧脸。想来也正常吧。对他们来说，自愿破产不过是家常便饭而已，算不上什么案件。

来法院之前，我曾和这位律师谈过几次。有一次我问："公司破产给客户带来的业务损失该怎么办？"

他说:"板仓先生,因公司破产而造成客户损失,也是在所难免的啦。比如,房地产公司一倒闭,在建的工程就成了烂尾楼,长年没人管。这种情况您也见得多了吧?"

这时我心想:似乎有必要从根本上改变思路——以前自己作为风险企业经营者,一直着眼于如何发展公司业务,而眼下要考虑的则是如何善后了。

负责"专利纠纷"和"自愿破产"的部门设在东京地方法院大楼的十三层,两个部门隔着走廊相望,仿佛象征着我的公司——以"专利"战略起家,把创意转化成商品,业绩突飞猛进,但最终迎来的结果却是——"破产"。

我走进那个挂着"自愿破产"门牌的房间里。

环顾四周,有很多人正在排队等候,都是清一色的西装革履,毫无个性。还有几位拿着大公文包的律师混杂其中。虽说这里是"破产科",但也不见得个个都是疲惫潦倒的中小企业老板或是沉迷赌博的人格分裂者。假如我不是当事人,一定想不到他们是来接受破产宣判的吧。

房间一角站着一位女士,在灰暗的人群当中格外显眼。虽然并没浓妆艳抹,但我一下就能猜到她从事的职业。我曾经经常出入六本木和银座的俱乐部,在那里常常见到这种人。

她大概是考虑到法院的场合,所以穿得比较庄重。不过,一看她的化妆、发型、着装、名牌手提包,便能大致猜出其身份。

她来这里,是因为自己开店经营失败?又或许是因为老主顾欠账潜逃而导致资金短缺?我就认识好几个在银座附近开店的女老板,赊账数额甚至会达到每月1000万日元,风险非常大。要是客人欠账潜逃,这店立马就得破产。眼前这位女士说不定就有类似的遭遇。

这时,她听见广播里念到自己名字,就和律师一同走进别的房间了。

我闲着没事,便仔细观察周围那些西装革履的人,想从中辨别出既非律师、也不是为专利纠纷而来的"自愿破产人"。每找到一个，我就会进行比较，在头脑里列数自己区别于其他自愿破产人的理由。

我跟他们不一样。我预见到时代发展潮流，推出新创意，筹集资金，创办公司，而且在美国和韩国成立了子公司，成功地举办多场演讲，报纸、杂志争相报道，甚至还荣获"新商务大奖"，连比尔·盖茨也专程来见过我……

唉，算了吧，其实我和他们没什么不同。那种种荣誉，都悉数变成了"罪恶"。我被打上了时代"落伍者"的烙印。

我发现自己已经失去了自信和热情的源泉。

小学五年级时，我生来第一次喜欢上了一个女孩子。成绩一向很差的我开始拼命学习——说"拼命"可能有点夸张，反正是开始努力了，成绩一下跃居前列。从初中到高中，我不再满足于学习成绩的优秀，还开始组乐队，以此表现自己。学习好，又会玩音乐——在追女孩、和朋友聊天和坚持自己意见时，都是我自信的源泉。

二十岁时，我创办了公司。从此以后，发展事业就成为我表现自己的手段，也成为我自信心的源泉。现在，这源泉已化为乌有。

我回想起以前也来过这里——那是十多年前的事了。当时，我创办的软件公司因为开发工作延误，被客户要求赔偿损失。总之，我成了被告。但我知道，开发延误的原因显然在于对方提供的资料不足。所以，虽然是第一次站上法庭，我也毫不气馁，反而积极主动地面对。结果，一审判决我方完胜。

那时真好，因为能争胜负，至少存在获胜的可能性。事实上，最终也胜诉了。

这次却不一样，从一开始就败局已定。可是，我还得专程跑来接受法院的宣判："你输了。"没错，我来这里，就是为了被法院宣判：我那负债37亿日元的HyperNet公司破产了！

到底为什么会落得这样的下场呢？

我不由回顾起自己的创业历程。

第一章 创业
一九八四年二月至一九九二年九月

1984年11月16日，时针即将指向中午12点。大概是因为前一天晚上喝多了，我从早上开始就觉得浑身不舒服，不想从被窝里爬起来。唉，这么难受，今天就不去公司了吧。我把听筒拿到耳边，打算给事务所打个电话。

电话串线事件

那年2月份时，我和两个朋友开了一家游戏软件公司"ZAP"，资本金为100万日元，事务所设在下北泽电脑店顶楼的出租屋里。不过我们很快又在六本木另找了一处面积约50平方米、月租金9万日元的地方搬了过去。那时我才刚二十岁零两个月。

公司的业务内容是：为去年6月开始运行的ASCII电脑硬件"MSX"平台制作相应的软件。当时有一款引领赛车游戏潮流的"Highway Star"软件很受欢迎——其实那就是我们的作品。

天时地利，再加上技术上也过硬吧，对于几个刚刚年满二十岁的小伙子来说，ZAP公司算是开了个好头。我们把自己开发的软件植入电子游戏中心专用的MSX平台——这项业务十分红火，不必吆喝也自有客户找上门来。

那时，我一直住在世田谷经堂的单身公寓（带浴室和卫生间，月租6.5万日元），后来又在那附近租下停车场，买了一辆当年很时兴的双色丰田Soarer。

下面我要讲述的奇特经历，就发生在那个时候。

我按下事务所的电话号码，把听筒贴到耳边。

咦，真奇怪。

听不见平时听筒里传出的"嘟——"的提示音。难道，自己身体的不适竟传染给了电话？我搁下听筒，然后再拿起，一连试了好几次。

最后一次，我正要搁下听筒时，里面突然传来人的声音。

虽然比平时讲电话的声音小得多，但确实有人在说话。看样子似乎是电话串线了。

我心里怦怦直跳，说不定能偷听到别人谈话呢。刚才还蔫蔫的，现在却一下爬了起来，全神贯注地听着。果然能听见！有人正在讲电话。

仔细一听，跟平时两个人讲电话的情形有些不一样——能听到更多人的声音，大概有五六个人吧。我心想，说不定能偷听到好几组谈话呢，不由得有些兴奋。静静地听了一会儿，才知道并不是好几组人同时在讲电话，而是好像有五六个人在讨论同一个话题。

听了一会儿，我心里冒出一个念头：莫非他们也能听见我的声音？

于是我小心翼翼地开口了："喂——"

你猜怎么着，电话里说话的那几个人纷纷回应道："喂，你是谁？新来的吧。"

当时的情形，我至今还记得一清二楚，可见这事给我带来了多大的震撼。

至于这次电话串线的原因，也许还有人记得，是因为东京世田谷区电话局发生了火灾。九万三千多条电话线路陷入混乱，过了10天才恢复正常。这么大规模的电话故障事故是前所未有的。

"电话串线事件"过了几天后，我来到当时所住的世田谷区经堂的小田急线车站前——在电话里群聊的这帮家伙约好了大家出来聚一聚。到场一看，何止五六个，至少来了三十多号人呢，大都和我年纪相仿。要不是因为电话局发生火灾，我们是绝对不会聚到一起的。

因偶然事件而相识的伙伴们约出来聚会、喝酒，这让我感到莫名的兴奋。当然，那时我并没预料到：这种兴奋会在5年后给我带来新的商机。

1987年，刚满二十三岁的我开始对ZAP公司的业务产生不满。

其实，公司自成立以来，游戏软件的生意日渐红火，事务所也从六本木搬到了港区芝公园一处更大的地方，员工人数也增加了。我则从经堂的公寓搬到了世田谷区驹泽公园对面，住着70平方米、月房租30万日元的高级公寓。车子也从丰田Soarer、保时捷928换成了宝马635CSI。着装嘛，原先是T恤牛仔裤，后来则穿上了购自南青山总店的布克兄弟传统西装，里面穿粉红色领扣衬衫，再佩一条鲜艳的条纹领带……

我为这种现状而感到焦躁不安。

我从小就很讨厌和别人一样。

1963年12月26日，我出生在千叶县船桥市一个有些特别的家庭。据说我们家族出了很多位医生。我的两个叔叔都是医生，其中一个还在福岛市开了家医院。我父亲大概是因为生性贪玩，游手好闲，没能当上医生，不过好像也曾在自己兄弟的医院里打过杂。那时我还小，不太了解具体情况。

其实，这些都没什么特别的。与众不同的地方在于我的两个叔叔没有小孩，我是整个家族里唯一的男孩。于是大家都紧紧盯着我，想把我培养成医生。

正因如此，从小学开始，我就经常来往于住在船桥的父母家和在福岛开医院的叔叔家之间，但并没有过继给他当养子。我在船桥和福岛的两所学校之间频繁地转学，简直就像网球赛中的拉锯战一样。

于是，我成了"专业"转校生。怎样才算"专业"转校生？应该具有对现状的判断力，能够很快融入新环境里；同时，在表现自己的时候，既能超常发挥，又不让人反感。"专业"转校生在初次见面时就能让人折服，使其成为自己的朋友。而"业余"转校生嘛，则往往会成为大家欺负的对象。

在小学高年级的时候，我隐约意识到自己内心中确立了两种行为模式——"喜欢出风头"和"讨厌模仿别人"。所以，我必然会摒弃工薪阶层那套千篇一律的生活方式，而选择走自己的路。

初中时，我学习成绩很好，顺利地考上了全县最好的福岛高中。对于一个爱出风头的人来说，考上当地名牌学校本来不是什么坏事。但其实我对学习并不太感兴趣，所以，自从来到这所高材生扎堆的高中后，我的成绩就呈直线下降趋势了。

成绩差就差吧，无所谓，反正当时我热衷于玩乐队。但我真正喜欢的，并不是音乐本身，而是策划演出活动。我召集了当地的几支乐队，订好场地，通过各种关系卖票。我人脉既广，办事又有魄力，演出结束后，几十万日元现金就赚到手了。

虽然亲戚们都以为我将来准会成为医生，但我对这个职业实在提不起半点兴趣，而且学习成绩似乎也在警告我："你别想当医生。"

1982年春，高中毕业，我没考上大学。因为要参加补习班，我从福岛的叔叔家回到暌违数年的父母家。1983年2月时，在即将参加私立大学入学考试的前几天，我和父亲大吵一架，然后离开了家。

我在东京有个朋友，是从福岛过来的。于是我就住到他那儿，好歹应付完考试。我参加了好几个学校的入学考试，最后总算被上智大学理工学院录取了。

1983年3月，我虽然考上了大学，但并不打算回家。当然，也就没钱交学费。但我已经下定决心："大学嘛，考上就行，接下来去不去都一样，无所谓。还不如打份工养活自己呢。"

就这样，我没去学校，而是在报纸上寻找兼职信息，然后进了一家游戏软件公司。这家公司在代代木的旧公寓里租了一间房作为事务所。

我之所以选择进软件公司打工，是因为我高中时有过制作电脑软件的经验。

20世纪80年代初的日本正处于计算机发展的黎明时期。日本NEC公司推出8位机"PC8800系列"，而富士通则以FM系列与之抗衡。正读高三的我也央求母亲给买了一台夏普MZ80B。也许，我的思维构造生来就适合制作程序吧。我没费什么劲，就自制了好几个软件。其中一个表格计算软件有点类似于今天的Microsoft Excel。现在回想起来，先不说功能方面，光是其想法本身就很有划时代意义了。我把这个软件放在附近的电脑商店里代卖，售价4000日元。我记得好像还卖出了三四套。

之后的一年多里我准备着重考，过着和电脑毫不相干的生活。3月份，我刚考上大学。可是，当我在报纸的兼职信息栏上看到"招聘游戏软件制作者"这行字时，不由心想：就是它了！

这样的工作，我一定能轻松完成。

我没上大学，而选择了早早出来工作。等拿到第一个月的薪水，我就离开朋友的宿舍，搬到经堂公寓去了。

虽然我在公司里只负责制作游戏软件，但因为是小公司，总共才那么几个人，所以我也常常有机会见到客户方的大人物。其中，ASCII公司的董事滨田义史先生对我颇为器重。当时，ASCII公司刚推出新的计算机平台"MSX"。

做游戏这一行，如果软件数量不齐全的话，就很难占领市场。所以ASCII公司想委托制作大量软件，而且肯出一款软件500万日元的高价。而当时我的月收入只有15万日元。这样看来，可不能继续在公司里任人使唤了。

我撒谎说要去当医生，就把工作给辞了。然后找来两个朋友，自己出钱，开始制作用于MSX平台的游戏软件。软件是做出来了，但怎么个卖法我可一窍不通。于是，我带上自己制作的软件，贸然去ASCII总公司登门拜访，请教对策。先前提到的那位滨田先生被我们的软件深深打动了。在他的协助下，我们的游戏软件通过ASCII公司出售，而且还幸运地获得了好评。

滨田先生对我们的努力十分赞赏。1983年末的一天，他对我说："板仓君，你还年轻，应该尝试更加自由地发挥你的能力。不如自己开公司吧！"

对一个"喜欢出风头"且"讨厌模仿别人"的人来说，他最大的弱点就是被人一吹捧就忘乎所以。于是，我们用两个月时间开了一家名为"ZAP"的公司。

1987年，ZAP成立三年。作为制作软件的小公司，销售业绩还算不错。然而，我已经对游戏软件行业渐渐感到厌倦了。

有什么新领域呢？

趁着做游戏软件赚了一笔的时机，我和公司里几个喜欢鼓捣硬件的技术员一起着手研发图像处理器。结果却一败涂地。

一个连研发设备都没有的小软件公司，却突然去搞什么硬件开发，那是绝不可能成功的。几个月内，2000万日元打了水漂。而且祸不单行，当时我们承包的游戏软件研发项目也被耽搁了，所以订货方的客户不肯付款。公司面临创业以来最严重的经营危机。

这样下去，连公司二十多名员工的工资都会付不起。弄不好的话，公司就这样倒闭了。

我跑去向滨田先生求救。值得庆幸的是，在他的热心帮助下，我从ASCII公司借来1000万日元，暂时解决了资金问题。

公司的业务重心又回到了原来的游戏软件制作上。

1989年初，我从驹泽的高级公寓搬到急东横线学艺大学站附近的一个单间公寓，还把宝马车卖掉，换了一台二手的丰田MARK II——也算是一种自律吧。

1989年9月，我还清了ASCII公司的借款，但资金还远没到松动的状况。10月，我回到久违的父母家。自从准备重考大学前那次离家之后，我还从来没回去过。我向父亲道了歉，然后以家里的房产作为抵押，从国民金融公库申请到了2000万日元贷款。

照这样看来，ZAP公司还是有望东山再起的。游戏软件业务本身依然红火，所以要偿还这点贷款显然并非难事。

然而，这时我已经决定要放弃游戏软件行业。我已经厌倦了。

开发游戏软件其实就是碰运气。只要大量开发，投放到市面上，其中一定会有热销产品。随着热销产品越来越多，我们的专利收入自然也会增加。这样，公司就能不断发展壮大。

然而在现实中，要开发出热销软件并没那么简单，更不要说每年都有了。况且，当时已经有多家游戏软件公司公开发行股票，在业界遥遥领先了。想要追赶上去，谈何容易。

我可以列出这种种借口，但归根到底只有一点——我已经厌倦，对游戏软件行业已经不感兴趣了。我每天都在幻想，想找些别的新鲜事儿来做。

就在迷失方向的时候，我忽然想起了前文提到的那次"电话串线事件"。

现在是1989年6月。为什么会突然想起几年前的事呢，我至今也百思不得其解。反正，那次事件过程中感受到的兴奋之情，又突然在五年后闪现出来，形成了一个想法："这可是绝好的商机呀。"

决心放弃游戏软件而转战新领域的我，趁着兴奋之情未消，就立刻制定出了创业计划。

我想到的点子是：利用电话线路进行三人以上的同时谈话，即所谓的"电话会议"服务。因为思路清晰，所以计划书很快就写好了。接下来是筹集资金。我揣上计划书四处奔走，把能找的人都找遍了。

一提到创业筹措资金，大家都会立刻想到风险投资公司。我也不例外。我信心十足地拿着创业计划书来到野村证券旗下的JAFCO[①]，结果却吃了闭门羹。几年后，JAFCO专程派人来访，说希望出资给我公司——但那是后话了。反正当时对我的创业计划书是不屑一顾的。

奔走了一个多月，但资金筹措却没有一点进展。就在我开始感到焦躁时，有人说想跟我见个面。这个人是在横滨开房地产公司的，听说还做着好几项其他业务，不知为什么会对我的创业计划感兴趣。

谁都行，只要有钱，并且对我的计划感兴趣。于是，我决定前去拜访他。

见面地点定于那人在横滨开的一家医院。据说，除了这家医院外，他还承包婚礼会场，甚至在海外开了餐饮店，是真正的实业家。光从这些信息也能推测出——凭他的实力，要拿出一点钱给我投资创业还是绰绰有余的。总之，见面谈一谈，说服他！

到了医院，我随女秘书走进办公室。

他正坐在沙发上，和一名中年男人说话。见我们走进来，他只是稍瞥了一眼，然后立刻收回了视线。

来得真不巧，碰上对方正在会客。我有些尴尬，但又知道机会难得，就在旁边仔细打量他。

他年龄四十岁左右，肤色略显黝黑，头发短而整齐，眉毛很粗，让人联想到演歌歌手山本让二。左边袖口露出金色的劳力士手表——做房地产的大都如此。他身上穿着的深蓝色西装虽然质朴却显然做工上乘，看起来大方得体，全无暴发户的俗气。

[①] JAFCO：日本最大的风险投资公司Japan Associated Finance Co., Ltd.的简称。——译者注

我还特别注意到，他说话时脸上一直挂着笑容。对方提出某个方案时，他会迅速作答——赞同时他会夸张地大笑；反对时也仍然笑吟吟的，同时很明确地告诉你"No"。总之，反应很快。从业务上来说，应该是一个理想的合作者。

我进来两三分钟后，他忽然结束了和客人的谈话。那客人大概很了解他的脾性，并没有多逗留，向站在门边的我轻轻点了一下头，就快步走了出去。

我从西装内袋掏出名片夹，正要上前打招呼时，对方却先发话了："请坐。"让我坐到刚才客人坐过的沙发那边去。我有点措手不及，慌慌张张地递上名片，说："初次见面，我名叫板仓。多谢您在百忙之中……"

话还没说完就被他打断了。他冷不防问道："那么，董事会成员是如何构成的呢？"

他已经看过我的创业计划书！不仅如此，他已经决定投资办公司了。我一时不知所措。

几个月后，资本金5000万日元的股份公司"国际VoiceLink"成立了。出资比率为：那人占60%，介绍我们认识的人占30%，而缺钱的我只勉强占了10%。但对苦于资金不足的我来说，只要能当上董事长就足够。这样，就可以开始做一番新事业了。当时是1989年秋天，距我回想起"电话串线事件"还没过半年。

在这里，我先说明一下VoiceLink的业务内容。

计划非常简单。简而言之，就是把世田谷电话局火灾引发的那件趣事加以利用而已。

首先，在服务中心设置好支持多条电话线同时通话的硬件。要使用这项服务的"用户"打电话到服务中心，然后根据提示用按键输入任意一个八位数的"联络密码"——这个密码就是进入电话会议室的钥匙。知道密码的人能参加同一个电话会议，最多可容纳八人。

我属于特爱钻研的那种性格。所以，除了上述基本服务外，又增设了几项选择功能。首先是会议监听——虽不能参加电话会议，但可以监听到会议室的现场情况。当然，有的会议性质特殊，不能对外公开谈话内容。鉴于此，我们增设了会议参加者可以预先设定是否允许外部监听的功能。另外，还能设置加入会议室时的密码。

根据个人经验，我知道人们对于电话媒介有着怎样的显性需求和潜在需求。那时，工作之余，我最热衷于声讯聊天。具体情形就不说了，反正我至今还记得很清楚。

我深信：只要我们服务中心具备了上述选项功能，就能够充分满足各种需求——有人用于声讯聊天，和陌生女孩交朋友（当然也有想找男性的）；有人用于商务目的，组织远程电话会议。

业务开展得颇为顺利。作为一家电话会议服务公司，VoiceLink在全国设立了八处分点，成立第一年就获得数以亿计的营业利润。

不过，一看实际利用情况才发现，大多数用户都是抱着"玩"的心态，就像那次电话串线事件中的参加者一样。几乎没有人用于商务用途。这种现状跟电话俱乐部差不多。

其中，还有这样的情形——三四名男女在谈论着下流的话题，而且把电话会议室设定成外部可监听模式，监听人数有时甚至多达三十人。这简直就是脱衣舞秀嘛，不，应该说是偷窥秀。在电话里，既不知你姓甚名谁，又看不见你长什么样，所以才使人更加无所顾忌吧。

总之，出现了各种各样的用途，且多数与我的设想大相径庭。然而，就像NTT公司[1]不能规定说"请勿将电话用于婚外恋和卖淫嫖娼"一样，我也只不过是向市场提供电话会议室这一媒介而已，无法对其用途说三道四。

无论如何，VoiceLink算是挖到了一座小金矿，营业利润迅速增长。1990年7月，拥有三十条电话线路的东京服务中心刚成立第一个月的

---

[1] NTT：日本电信电话株式会社 Nippon Telegraph and Telephone Corporation 的简称。——译者注

营业额约为300万日元，而到8月份时却达到了3000万日元。一个月竟然增长了10倍，实在惊人。电话线路也一下子变成24小时全部占满的状态。

那时候，做Dial Q2声讯电话服务行业的各家公司都在互相争抢电话线路。所以，虽然供不应求，却很难立刻增加电话线路。于是我决定把业务扩展到其他商家很少关注的地区去。既然在东京很难如愿增加线路，那去其他城市的话，也许还会有些发展空间。

我的设想没有落空。1990年12月，我在东京、大阪、名古屋、横滨、博多、仙台、札幌、千叶等全国主要城市接二连三地增设了服务中心。那段时期，月营业额竟达到了近1亿日元。而且因为不需要什么人工，营业额几乎就是纯利润。其实，当时泡沫经济的顶峰已经过去，过热的市场里开始吹起寒风。在这种世道下，VoiceLink竟然逆流而上，实现了快速增长。

从头开始

然而，在日本经济开始呈现由热转冷势头的半年后，我的新事业也被一股秋风所席卷，而且是突如其来的。

并不是因为用户减少，而是因为从营业额增长的时候开始，VoiceLink的那位投资人和我产生了分歧。

起因再简单不过了——公司获取的利润，我打算用来发展新事业——类似于我后来创办的HyperNet之类的业务；而投资人却主张优先考虑减税对策和股东分红。

当然，股东分红的话，我也会有红利进账。我也喜欢钱。不过，与眼前利益相比，那时的我对发展新事业更感兴趣。

双方的意见无法达成一致。虽然谁都没有错——我作为经营者，投资人作为股东，各自的主张都很合理。

我并不满足于现状。要是单纯为了赚钱的话，还不如继续经营游戏软件公司，倒省事得多。但我真正想做的，并不仅仅是赚钱，而是想继续挑战新的事业。

在这种关头，最好是听一听过来人的意见。于是我又像往常一样，去向ASCII公司的滨田先生请教。

"现在的公司也是靠你自身能力做起来的嘛。既然觉得不满意，那倒不如放眼于将来，从头开始为好。"滨田先生坦率地说道。

"嗯……"我抱头沉思。

好不容易想到一个好创意，每天废寝忘食才把事业渐渐做大，如今又要从头开始做起吗？按现在这样继续做下去的话，至少每天都有钱进账。

可是……我决定了：还是从头开始。

理由很简单——我还年轻。

现在回想起来，那时我确实太过一意孤行了。人家给我提供资金，结果却因为发展方针的分歧，我就贸然离去。当然事情最后也没得到圆满解决。1991年春天，我从国际VoiceLink辞职了。

随后，我从滨田先生等几个熟人朋友处筹集到资金，1991年6月——辞职后才几个月，就成立了资本金1760万日元的HyperNet股份公司，我担任董事长。值得一提的是，在HyperNet顺利启动之后，滨田先生把他所持的股份转让了给我。

看到这里，也许读者会有疑问：为什么我能这么快就制订出了新的事业计划，这么快就开始启动呢？其实，公司虽然成立了，但接下来要做什么，还完全没有确定。

HyperNet，这个徒有其形的新公司将走向何方呢？

在这里，我先介绍一下HyperNet公司的阵容。

公司刚成立时，只有四名成员。首先是从我十九岁开始就一直帮助我创业的大内朱美——我俩在福岛读高中时就认识了,她对财务很内行,是我最信赖的人;负责技术的是木村尚人——他在早稻田大学读书期间来 ZAP 公司做过兼职,毕业后进了一家用电脑进行印刷线路板设计的 CAD-CAM①公司,后来被我挖过来当公司董事;负责总务的是伊藤良成——高中时我们就是好朋友了,一起玩过乐队,他父母在当地开了一家全市最大的超市连锁店。

他们仨再加上我这个董事长,总共只有四个人。公司成立了,却还不知道要做什么,听起来似乎很不靠谱。我在募集出资人的阶段时,只做了一个非常简单的创业计划书,而其内容也只不过是 VoiceLink 业务的大规模升级版而已。

其实,这样也行。我当时是这么考虑的:与其纠结于业务内容,还不如先构筑起经营公司所需的框架。例如,首先是请谁出资的问题;其次,自己的出资比例是多少;董事会成员由哪些人组成……我想先把公司框架确定下来,下一步再商讨具体的业务内容。只要先把公司门面立起来,具体业务还是随时能想出来的,要多少有多少。我对此持乐观态度。

但无论做什么业务,都得尽快开始才行,否则就没个公司样,而且总不能让我们喝西北风去吧。于是,我决定开始做当年曾风靡一时的 Dial Q2 声讯电话服务——在原来 VoiceLink 电话会议的基础上,又多加了电话留言、传真、信息留言等功能,美其名曰"HyperDial"。

可是,要开展业务的话,光凭手上那一点资本金是远远不够的。国际 VoiceLink 成立的时候,起步阶段就需要 1 亿日元呢。无奈之下,只得再次筹集资金。于是我又去拜访了滨田先生。

滨田先生听了我这个厚颜无耻的请求后,竟然痛快地答应帮忙,

---

① CAD:计算机辅助设计(Computer Aided Design)的简称。CAM:计算机辅助制造(computer Aided Manufacturing)的简称。——译者注

很快给我介绍了一位出资人——郡司明郎先生。熟悉计算机行业的人应该都听过这个名字吧。郡司明郎先生是ASCII公司的前任董事长——说"前任"，是因为他在1991年7月时刚从ASCII公司辞职。

因为和ASCII公司的创办人西和彦意见不合，郡司明郎先生辞去董事长之职，自己开了一家事务所。对我来说，这个人再合适不过了。毕竟是ASCII公司的大股东，资金雄厚；而且在电脑、网络方面当然也具有丰富的知识和经验。他一定会对我的事业感兴趣的。于是我开始去游说他。

烟和高尔夫——一想起郡司先生，最先浮现在我脑里的就是这两样东西。他是个烟鬼，不爱喝酒。也许正因为不喝酒才会有这么大的烟瘾吧。我也喜欢抽烟，但跟他没法儿比。他的烟瘾是超乎寻常的，跟人聊一个小时，眼前的烟灰缸就堆满了二十多根烟头，而且还是味儿很呛的Hope牌香烟。我也抽。所以烟灰缸需要准备两个，甚至是三个四个。

幸亏我和郡司先生谈工作时通常不在封闭的室内，而在室外。确切地说，是在高尔夫球场的草坪上。郡司先生对打高尔夫的热情甚于抽烟，而且技术也很好。我嘛，说实话，并不喜欢打高尔夫，主要是因为水平差。不过，最后总算还是奏效了。

郡司先生还在ASCII公司的时候，我们就见过面，他给我留下了非常保守而慎重的印象。所以，我并没有一开始就贸然提出募集资金的话题，而是想先接触一段时间，等混熟了以后再说。

见过几次面之后，有一天，郡司先生突然约我去打高尔夫。我自知技不如人，不太情愿，但又不好拒绝。在那之前，我在高尔夫球场里的实战经验总共还不到十次。约定日期后，我每天都跑到有明的高尔夫训练场去，练了一个星期。

结果如何，打过高尔夫的人应该都能猜到吧。比赛前练太多的话，不见得有什么好处。我没料到自己当天会输得这么惨，比分就不说了，省得丢人。

不过，重要的是，这蹩脚的高尔夫技术，竟然对工作起到了意想不到的效果。郡司先生非常乐于教人，而我正好球技又差，于是从那天开始，我俩就成了师徒关系，很快熟络了起来。不知是因为我缺乏天分还是缺乏积极性，高尔夫技术一点都没有长进。但我利用比赛间歇跟他商讨的创业资金一事，倒是渐渐有了一些进展。

有一天，打完高尔夫，在高速公路上驱车驶回东京。中途在服务站休息时，郡司先生又问起创业的话题。

"真的能赚那么多吗？"

"嗯。"

终于到谈钱的阶段了，这是成败的关键。我回答说：

"以前我创办VoiceLink公司时，盈利比这更高呢。现在成立新公司，就是要对以前的VoiceLink系统进行升级改版，所以这个盈利预算肯定没问题。"

"那股份比例怎么分配呢？"

"我在VoiceLink的失败正是因为股份比例问题，所以想跟您商量一下。我是个单纯的人，我想要'胡萝卜'①来激励自己努力工作。"

"噢。"

"所以，我希望自己是最大股东，然后请您做第二大股东。"

"嗯，这样啊……"

对于我这个非分的请求，郡司先生只是点了一下头，并没回答。我有点担心自己说过了头，但转念一想，觉得还是应该趁此机会把想说的话全都说出来。要是他肯投资的话，今后一定会保持长久的合作关系。如果现在净说些不痛不痒的客套话，那么好不容易筹集到的资金也只能应付一时而已，以后会有更多麻烦。既然这样，倒不如先把自己的要求全说出来。

我没等他回答，又继续说道："不光是资金，新公司所需的器材也想从您那里租用。这样的话，就可以解决在店面开张前这段时间您没

---

① 胡萝卜：比喻奖励措施。——译者注

有收益的问题，而且对资金流通和避税有利。噢，对了，为了增加我的持股比例，我还想以个人名义向您借钱。"

最后一句话可真是有些恬不知耻了。虽然全是自己在打如意算盘，但总比错过机会没说出口好吧。

那天，郡司先生只是默默地听着，没有表态说同不同意。几天后，他邀请我参加一个会议，讨论提供资金的方法。也就是说，他同意了。不仅如此，他最后还承诺对我公司提供全方位的支援。看来我并没白费口舌。

资金有了着落，接下来就可以开展业务了吧。噢，等等，还有一项工作——得先把这套系统研发出来，否则一切都无从谈起。那怎么做呢？

HyperDial 服务系统，是在 VoiceLink 电话会议的基础上添加电话留言和信息留言功能。电话会议服务的特点在于，多名参加者可以进行实时对话。但如果不能同时参加的话，电话会议服务就实现不了。通过添加语音留言功能，可以解决这个时间差的问题。

而且，考虑到单纯的留言功能无法实现与某特定对象进行交流，所以给每位参加者分配一个用户 ID，通过这个 ID，各用户之间就可收发语音信息。

例如，假设你有多余的演唱会门票想转卖给别人。这时，可以通过 HyperDial 在"留言板"上给大家留下语音信息："有票转让。"用户里如果有人需要的话，就向你发送语音信息："我想买票。"——类似这样的服务功能。

简而言之，就是语音版的计算机通信。只能处理语音数据，在这点上当然不如计算机通信；但它与计算机通信不同，不需用电脑，只要有台电话就搞定，这一点很方便。

基本是这样的设想。但在现实中怎么研发这套系统呢？我还在考虑。最后决定把研发地点从日本国内转移到美国，在那边采购硬件、开发软件，其契机是我经人介绍认识了美国的电话业务系统经销商杰伊·查——这个人后来成了 HyperNet USA 的总经理。杰伊的姓氏有点特别，因为他父母是印度人，1962年来到美国，两年后生下了他。年纪跟我差不多。

加州之行

我们在加利福尼亚见面时正值八月盛夏，杰伊人很随和，很有绅士风度。尤其令我吃惊的是，他居然一身西装革履。在加利福尼亚计算机软件业界看见一个穿西装的人，可比在日本计算机软件行业里找到一个按时交货的人还难。按惯例，他们都把T恤当制服穿的。

杰伊长着父母遗传的浅黑色皮肤和一头卷曲的黑发，身高跟我差不多，1.70米左右。他有点身体缺陷，走起路来一瘸一拐。后来听说，是因为出生时医生的过失而造成的。杰伊有个习惯——在提出自己的主张时，经常意味深长地发笑，同时还挤眉弄眼。

总之，他很能侃，常常操着一口流利的加州口音喋喋不休，也不管对方是个日本人。每次说完什么，总会问一句："Do you understand？（你听懂了吗？）"其实我也一样，常常会问对方："你听懂了吗？"

杰伊经营的公司TeleSystem总部设在加州硅谷，当时一年的营业额达到了10亿日元，经营范围包括PBX（电话交换机系统）、电话机等跟通信相关的设备——我看中的正是这一点。大型语音应答装置和多人会议系统。这两项对于实现HyperDial来说缺一不可，而杰伊的公司都可以提供。

杰伊对我的创业设想似乎很感兴趣。

在美国，情况也跟日本一样——和HyperDial类似的业务发展十分迅猛，赚得金银满钵。据说其中大多数是用于色情服务，但这无疑是个令人关注的市场。杰伊对此状况了如指掌，他的客户里，就有经营此类业务的公司。

"OK，那就包在我们公司身上吧。"杰伊说道。

我和他紧紧地握手，达成一致协议。杰伊为我安排当地企业研发软件，而且还自告奋勇地成为HyperNet新公司在美国的代理商。

我们以租借设备器材的方式从郡司先生处获得资金援助，然后在美国开始系统研发。负责技术的木村随即飞往美国。承担软件开发的是一家位于硅谷的专门企业，公司名叫DRT，当然是杰伊介绍的。木村成了DRT公司员工的领队，指挥大家进行HyperDial设计。我也去过好几趟美国以确认研发进展。不过，让他负责这项工作，应该没什么问题。

我只管每天在日本筹集资金、为公司事务所选址。有一天，负责总务的伊藤找到了一处非常适合做事务所的地方。

这栋七层高的小办公楼位于涩谷三丁目，一层只有60多平方米，用来摆放设备后，人几乎就没地方坐了。不过，当时也管不了那么多，能在这栋看似连椅子都无处摆放的办公楼里铺设下几百条电话线路，就已经谢天谢地。

我们要开展业务的话，大量的电话线路必不可少。而且不可能找到现成已经铺设好的办公楼，需要重新施工。幸运的是，这位在涩谷一带拥有多栋房产的主人，竟痛快地答应了我们的施工请求。

1992年1月，在美国的系统研发进行了三个月后总算告一段落。虽然还有一些需要改善的地方，但我们已经没那闲工夫了，于是就停止了在美国的研发，把全部系统转移回日本，着手进行业务准备。

晴天霹雳

1992年4月，HyperDial正式启动。

HyperDial是利用Dial Q2系统，面向一般大众的收费服务。为了让更多人使用这项服务，就必须发动广告宣传攻势。

我在多家杂志上刊登了HyperDial的广告。根据以往经验，我把主要目标设定为十五至二十五岁的年轻人，所以选取了电视周刊、明星杂志等作为广告载体。也许是广告起了一定的效果吧，自从刊登广告以来，营业额开始逐渐增长。

在各种杂志上刊登广告的过程中，我还获得了宝贵的经验，对以后的业务有很大启发。一般而言，广告这种东西，无论你登多少，都很难确切地把握它的实际效果。不过，这段期间我在杂志上登广告的效果却非常容易确认——杂志发行日之后，使用HyperDial的用户明显增多了。

不仅如此，我还对各家杂志的广告成本效益了如指掌。例如，某家杂志对外宣称发行数量多，所以要收取高额广告费。但我在这家杂志登广告后，HyperDial用户却没见增加。相反，有的杂志发行数量虽小，但至少我们公司刊登的广告能吸引来不少用户。

我想：广告真是一种奇妙的东西，杂志社收取的广告费和广告实际效果完全不成正比。这是因为，大多数人投入重金刊登广告，却对广告的成本效益一无所知。

我后来开展的IMS以及HyperSystem等新业务，正是从这里获得了启发，虽然当时还没有明确意识到这一点。关于这个话题，回头再详细说。

用先期投资所做的大量广告宣传颇有成效，公司营业额逐渐增长。

但与此同时，服务系统在开始运营后仍然频繁地发生故障。因为是仓促上马的突击工程，发生故障几乎不可避免。自开业以来，负责技术的木村为了解决故障问题、改善系统，每天夜以继日地奋战着。

就在这期间发生了一件事。

1992年9月的某一天晚上，我顺路回了一趟事务所。一看，系统怎么都停止运转了呢。又发生系统故障了。我自己没法儿处理，只得立刻打电话给木村。

"喂，木村呀，我是板仓。"

"怎么啦？"

"系统又停了，我自己搞不定，麻烦你马上过来一趟。"

"……"

"喂，你在听吗？"

"我已经受够了。"

"啊？不会吧？喂……"

"……（咔嚓）"

"喂，木村，木村！这混蛋，居然把电话挂了！"

电话挂断之后，就再也没有打通过。从此，木村音讯全无。

他应该是被接连发生的系统故障给累坏了吧。不过，这一走可把我们害惨了。在计算机行业，技术人员因不堪重负而扔下工作一走了之的例子并不罕见。我也曾经遇到过——以前开游戏软件公司的时候，就不止一次发生过软件开发技术员不辞而别的事。当然，说是技术员，其实大多是些做兼职的学生。而这次走掉的，却是一位在寥寥数人的小公司里担任技术骨干的董事。这下我可没了辙。

但总不能就这么束手待毙吧。HyperDial是二十四小时营业的，必须尽快修复。我对杳无音讯的木村死了心，没再联系他，而是自己动手解决——一边咨询制作出这样故障百出的系统的美国研发公司，一边拿出自己从前开发软件的功底，每天进行应急处理。

得想想办法。老让我这个总经理亲自动手解决故障的话，公司不可能发展壮大。必须重新找一个技术员来填补木村的空缺。找谁呢？我想起一个人来。

大约半年前，为了加强新公司技术部门的力量，我跟朋友打招呼说："如果认识优秀的开发技术员，一定要介绍给我。"长濑友喜先生就是我的其中一位朋友，他在一家名为Cosmo Technology的软件公司当总经理。

不久，长濑先生给我打了个电话。当时木村还在。

"我给你介绍个技术员,一定能入你法眼。"

"真的?"

"噢,差点忘说了,他眼下还在别的公司里做。"

他说的这位技术员在佳能公司里担任电话交换机的研发。我决定马上跟他见见面。

"哇,长得真帅!"这是我对他的第一印象。

事先声明一下,我不是同性恋。不过,既然大家在一起共事,当然希望要长得好看一些啦,无论男女。

"我姓筒井,请多关照。"他说。

我接过名片一看,他名叫"雄一朗"。跟我名字几乎一样,只有一字之差——我是"雄一郎"。虽然是初次见面,但感觉挺亲近的。工作经验无可挑剔,相貌英俊,举止大方,而且名字还跟我差不多……我开始对他展开了攻势——当然,只是作为业务上的合作伙伴。

之后,又见过几次面,还安排负责技术的木村一起出席。我向筒井开出各种优厚的条件,想把他挖过来,但他却不为所动。就在这期间,发生了木村出走的事情。

公司骨干这一走,我自然就想起筒井来。只能找他了。我决定再去游说他。见到久违的筒井后,我开门见山地说明了来意:木村走了,公司陷入困境,只有你才能填补这个空位,请到我公司来担任技术负责人。我把事情一五一十地告诉了筒井。

其实我并没奢望他马上点头,因为之前他一直都无动于衷,按说应该不会贸然放弃大公司的职位而转投我这小公司吧。

筒井默默地听我说完后,开口了:"好的,我愿意去你那儿工作。"

没想到这么容易就把人挖到,太意外了。但为什么现在才答应来我们公司呢?我觉得奇怪,就问他。

"事到如今,我就说实话吧——是因为木村先生走了我才决定去的。"

"啊?"

"也就是说,"筒井抬起头,"管技术的公司董事木村先生走了,我才能当上技术部门的头儿，所以才决定过去的。"

原来如此，果然厉害。要是自己不能当个部门主管，那从大公司跳到不稳定的风险企业也就没什么意思了。原来他一开始就考虑到了这一点。见他这么自信，我不由得对他寄予了厚望。

筒井比我想象的还要能干。在技术负责人突然失踪、没人作任何讲解的情况下，他竟然很快掌握了HyperDial的整体技术特点，将各种故障各个击破，最后把系统牢牢地掌控于自己手中。整个修复过程还不到三个月。

前文提到过，所谓HyperDial功能，其实就是语音版的计算机通信。最开始时，我只是向一般消费者提供语音留言板、语音信息、会议系统等通信环境。

虽然营业额逐渐增长，但我还是觉得很不满意。

如前所述，公司的宣传手段主要是通过在杂志上登广告。一打广告，营业额确实有所增长，但这增长率令人失望。广告的成本效益不佳。怎样才能只打一次广告就拉拢到更多用户呢？

我想：不如增设一个计算机通信中很常用的"论坛"功能？

所谓"论坛"，是这样运作的——在计算机通信环境下开设关于特定话题的讨论场所，把想参加这个话题的用户集中到这里，当然还有广告主。

如果在HyperDial通信环境下开设几个这样的论坛，各论坛招募广告主，这些成为广告主的企业就会通过各种途径宣传这个论坛。对我们来说，要做的只是招募广告主而已，可谓一劳永逸。之后这些广告主一定会各出奇招去宣传HyperDial的论坛功能。

这一招果然行得通，一下子就拉到了二十多家广告主，包括明星杂志、业余乐队杂志、计算机杂志等。

广告主大多是跟兴趣爱好相关的杂志。在讨论某个特定话题这一点上，论坛参加者应该和这些杂志的读者大体重合吧。而且，让我高兴的是，这些杂志大都在期刊版面上免费向读者介绍HyperDial。所以，我几乎没有自掏腰包就为HyperDial成功地做了宣传，效果比预想的还要好。

其中一个人气特别旺的论坛，广告主是一家业余乐队杂志。杂志里有个栏目，读者可以在上面发布招募乐队成员的信息。可是，从发布信息到杂志发行之间的时间相隔很长，有时甚至要等上三个月。

我自己高中时也玩过乐队，知道等这么久是很要命的。乐队缺个人就没法练习，恨不得你明天能来报到才好。真要等上三个月的话，乐队早就解散了。

不过，如果加入HyperDial论坛的话，就可以及时招募乐队成员。从乐队杂志方面来说，也能切实地满足读者需求。

几经周折，HyperDial总算走上了正轨。然而，风险企业难免会遇到挫折与失败，HyperDial就陷入了意外的困境。

Dial Q2声讯电话服务行业受到了整顿。

众所周知，Dial Q2是NTT提供的代理收费服务。HyperDial也是通过Dial Q2途径向一般消费者收取费用。可是这Dial Q2却成了一个严重的社会问题。说到这里，您应该大致猜到是怎么回事了吧。没错，Dial Q2的"成人服务"成了众矢之的。

当时，Dial Q2服务几乎都被用于"成人"用途。——翻开成人杂志的黑白版面，上面登满了密密麻麻的小广告。按广告上的电话号码打过去，电话那头就会有女孩子接听，陪客人进行"成人聊天"。这就是利用Dial Q2提供"成人"服务的典型方式。另外，想寻找玩伴的男女还能通过Dial Q2留言功能互相联系，等等。各种途径都被媒体披露出来，一时炒得沸沸扬扬。

问题在于，使用者当中有很多未成年人和学生。Dial Q2的使用现状被媒体曝光后，NTT一下成了社会舆论的众矢之的，被认为有伤风化。

于是，NTT对各个电话局进行了整顿，限制Dial Q2的使用区域，有些地区甚至禁用。之前全国5000万条电话线都能享受Dial Q2服务，现在，其中三分之二都不能再用了。

当然，HyperDial并没有开设成人主题的论坛和类似的留言服务。但Dial Q2服务本身受到限制的话，那可就没办法了。NTT出台这条限制措施后，我们公司的业务便遭到了重创。而当时公司的月营业收入好不容易才开始盈利，所以打击特别大。

论坛的广告主越来越多，可是营业额的增长却不如人意。我们也研究过用Dial Q2之外的途径收费，但没找到替代的方法。而且不幸的是，我们公司的另一项业务——麦金塔电脑[①]用户专用的计算机通信服务也是通过Dial Q2收费的。

照这样下去，生意会越来越惨淡的。必须尽快采取对策。

---

① 麦金塔电脑：即苹果机。——译者注

第二章 发 展 一九九二年十月至一九九五年八月

因为受到 Dial Q2 被整顿的影响，HyperDial 出师不利。当然，光是发愁也无济于事，还是想想怎么增加用户吧。于是我努力跑业务，寻找可以合作的杂志媒体。

她比我有信心

1992 年 10 月，我带上一位新进公司的女员工去拜访一家足球杂志编辑部。当时，日本职业足球联赛刚刚兴起，足球热席卷全国。必须抓住这个机遇。我在 HyperDial 上开设了足球论坛，急寻广告主。这家足球杂志就是目标之一。

在编辑部一角的会客室里，我开始向总编介绍 HyperDial 的业务方案。大意如此：

在我们公司的 HyperDial 上开设一个面向贵杂志社读者的专区，通过杂志告知读者。感兴趣的读者看到后就会打电话进来，尽情讨论关于足球的话题，也可留言。对读者来说当然是乐事一桩；对杂志社来说，也能随时宣传最新一期的发行信息。可谓一举两得。

我大概用20分钟就讲完了。

"怎么样？我觉得，杂志要吸引更多读者的话，这个办法再好不过了。"

"……"

"您觉得怎么样呢？"我心想，恐怕没戏了吧。

总编没有开口，拿起一叠堆在桌角上的明信片，答非所问地说："我正为不知怎么处理这些明信片而发愁呢。贵公司是不是有什么好办法？"然后把明信片递给我。

"噢？"

这些明信片是杂志读者寄来的有奖明信片，奖品有足球明星穿过的运动衫、球鞋等。因为当时足球联赛正火，所以读者十分踊跃，寄来的明信片足有几万张之多。

对杂志社来说，开展奖品活动有双重意义——首先，以奖品为诱饵招徕读者；其次，通过让读者填写明信片上的调查问卷，可以了解读者的阅读需求。

从这两层意义来说，收到大量明信片，说明以奖品招徕读者的第一个目的已经达到了；但另一方面，这么多明信片，要统计上面的调查问卷结果却无能为力。也就是说，第二个目的没能实现。而且还有空间上的问题——必须找地方来保管这些明信片。

所以，这个总编是想让我替他们统计。无论如何，得先答应下来。

"行，我们有办法。"

其实，我一点办法也没有。虽然答应得这么爽快，其实毫无头绪，更不用说具体方法了。不过，今天带来的那名新员工就坐在旁边，我总不能在一个新员工面前示弱吧。也许正是出于这种虚荣心，我才一口答应的。

我俩离开编辑部，上了车。

"你说怎么办？"

"是呀，怎么办好呢？"

"用咱的设备，可以搞定那些读者问卷吗？"我也就是随便问问，并没期待一个刚进公司的新手能有什么高见。

她愣了一下，说道："应该没问题吧。"

"好大的口气。"我惊讶地盯着她，"你又不懂技术什么的。"

"嗯，不过，我觉得能做成。"

真是个好强的女孩子。

"真的吗？"

就在这闲聊的过程中，我自己也开始认为：从技术上来看应该有可能实现。尽管如此，这名新员工那种积极向上而又盲目乐观的态度还是很让我吃惊。

不过，眼下我正需要这种乐观。Dial Q2 的限制越来越严，就算我再怎么努力，HyperDial 业务也难有好转吧。在这困难时期，与其枉自苦恼，不如另寻机会。即便是个很小的机会，说不定也能促成新的商机呢。

我就是抱着这种想法去拜访那家足球杂志编辑部的。果然，争取到了一个机会。那到底能不能转化成商机呢？那位新员工的轻轻一句"我觉得能做成"，让我决心赌一把。

几个星期后，我想到了一个创业的新点子。思路很简单，就是用电话代替明信片申领奖品、做调查问卷。但它又不同于传统的电话营销手段——用户打来电话时，无需人接听，而是使用计算机语音应答装置进行处理。这样可以节省人工费，降低每次通话的成本。如果能实现的话，不仅为那位足球杂志总编排忧解难，而且还可能由此开创一项新事业呢。

当然，还有难题亟待解决。给中奖者寄送奖品时，需要知道对方的住址。调查问卷本身倒是很容易统计，因为用户是按照语音提示用按键输入的。但姓名、住址等信息则无法自动记录。要根据用户的电话语音进行统计的话，需要相应技术。反过来说，如果我们掌握了这项技术，就等于在商战中拥有了强大的武器。

为了把这想法付诸实施，我开始着手研发系统，希望能把一般用户的住址、姓名等语音信息迅速有效地转换成文本。然而，我们公司并没有语音识别之类的高科技，当然也没有相关设备。那怎么办呢？

这时只能动动脑子了。何为语音识别？简而言之，就是用特定机器识别人的说话声并将其转换成文本数据的系统。这次，如果做出这么个系统——能把用户通过电话传达的语音信息迅速有效地转换成文本数据，那就和语音识别系统的效果没什么两样。至于"把语音转换成文本"这个操作过程，倒不见得非要使用什么"特定机器"。说得极端一点，只要能完成任务，甚至让只猴子来做也没关系。因为对于客户来说，重要的并不是看你用什么技术手段来处理信息，而是看你是否能迅速、低成本地完成任务。

说到这里，您大概也猜到了吧。我考虑的方法是用人代替机器——用户打电话进来时，由记录员将听到的语音信息输入电脑，转换成文本数据。说白了，就是简单至极的做法。

至于记录员嘛，聘用专职人员的成本比较高，但让新手来做的话，听力反应迟钝，而且文字输入也慢。得再想想办法。以记录用户住址信息为例，对记录员的要求是：把用户在电话里所说的住址进行录音，并准确无误地听写下来，输入电脑。怎样让新手也能快速、准确地记录下来呢？得想个办法。

我想来想去，最后决定先做一个日本全国各地所有地名的数据库——从都道府县到市町村①，甚至更小的街道名，全都列出来。用户报上住址后，记录员可以通过终端显示器进行检索，从数据库中选择一致的地名。这样的话，就不必出高薪聘请熟练的记录员，而且因

---

① 日本的各级行政区划单位。——译者注

为操作简单，也很容易招到人。

当然，还有好多需要改善的问题，有的是在正式运行以后才发现的，例如"口音"问题。碰上说话带口音的用户时，记录员有时也听得一头雾水。另外，不是每个打电话来的人都能流利地说出自己的住址，例如在说话时夹带着"啊""嗯""哦"等语气词，会给记录员的听写和输入带来困难。

这也是难免的事，风险企业刚起步时总会碰到很多问题的。

"IMS"的艰难问世

11月，经过修修补补的系统总算完成了。我给它取了个名称叫"IMS"（Interactive Marketing Service），开始正式营业。营业团队只有两个人——我，还有那位一起走访足球杂志编辑部的新进女员工。

IMS的用户会出现在各行各业，杂志社的调查问卷自不必说（这是促成IMS研发的契机），除此之外，从企业的有奖广告到邮售业务等，只要跟大规模电话受理业务相关的，都可能成为我们的用户。根据测算，与花费成本聘用专职接线员的传统电话营销方式相比，IMS甚至可以把成本减少到十分之一。所以，我对其市场竞争力满怀信心。

例如，假设一家企业打出有奖广告，等顾客打来电话，然后统计出一份对本公司商品感兴趣的"潜在顾客名单"。这种情况下，聘用专职接线员的传统方式并不可行——如果是能卖出商品的邮售业务倒还好，把营销成本预先加进商品价格即可；但对于仅仅是报名申领奖品的顾客，一通电话几百日元的费用就不太值得了。这个问题用IMS就能解决，它可以大幅削减营销成本。

我看好IMS的市场前景还有一个原因。以前我一直心存疑问：那些登在杂志、报纸上的广告到底能起到多大效果？前文也提到过，我曾在许多杂志上打广告宣传 HyperDial 业务，但广告对于招徕顾客能有多大帮助却很难把握。所以，我觉得其他广告主也一定会有相同的疑问。

有多少人看了广告，其中又有多少人产生兴趣、购买了商品呢？广告主一定很想知道广告的实际效果如何。于是，IMS 就有了用武之地。善于利用它的话，除了能统计详细数据，还能把握广告的实际效果。

以刚才提到的"有奖广告"为例，在商品广告中推出电话申领奖品活动，就能收集到对该商品感兴趣的人的姓名、住址、个人信息等数据。而且，只要在各家广告媒体留下不同的联系电话，就很容易知道哪家媒体的广告能吸引来最多客人。也就是说，各家媒体的"广告效果"一目了然。

对于消费者来说，电话调查问卷的方式比较平易近人。无论你设的奖品多么诱人，除了个别奖品发烧友之外，一般人谁都嫌麻烦，不会特意跑去邮局买明信片、填写相关事项后再寄出去吧。而通过 IMS 的话，那些对企业广告感兴趣的消费者就不会被麻烦的申领奖品手续吓跑……市场前景值得期待。

而且，对我们公司来说，IMS 这项新业务几乎不需要任何初期投资，可以直接使用 HyperDial 的资源——语音应答装置、电话线路以及相关的驱动软件。

后来，我们并没从一开始接触的那家足球杂志社获得订单。不过，值得庆幸的是，我们获得了比订单更重要的创业点子。

该怎么推广 IMS 呢？我本想在报纸上打广告，可是当时公司里腾不出钱来做宣传费。既然如此，那就当做新闻报道吧，这是最有效的办法了。

我从 VoiceLink 创业时期开始，就学到了各种诀窍，知道怎么散布消息才能登报。只要上了大报的新闻版面，那宣传效果绝对比寻常广告好得多，到时各家企业定会蜂拥而来……我想得很简单。于是就给几位曾来过公司采访的报社记者发去新闻稿。

可是，左等右等也不见有人上门来采访。

仔细一想也难怪，这新事业还没有任何实绩，无论怎么有创意，也不可能马上吸引来报社记者吧。毕竟只是我的如意算盘而已。看来，我是过于自我陶醉了。

这种时候应该怎么办？只能踏踏实实地先把业务做起来了。不亲自去跑业务的话，无论什么好东西都卖不出去的。还是采取正面进攻吧。我放弃了借助媒体报道炒作的念头，端正态度，决定一家一家地走访所有的广告代理商。

1992年12月，我上门去拜访广告代理业界的大公司——SP三晃公司。有个朋友认识该公司的专务董事，我只能找到这一点点门路了。交换名片后，我一如往常地开始介绍IMS业务。可是，对方的反应却很冷淡。

"嗯……还是弄不太明白。"

"为什么呢？既可以提高对顾客的服务水平，又能把握潜在需求，不是一举两得吗？"

"其实，我本来对电话业务就没什么兴趣。"

"啊？"

"板仓先生，您知道，我们这边都是大客户，例如日本航空、雅马哈发动机等。这种级别的大客户在购入商品或服务时，应该不喜欢通过电话方式吧。我是这么觉得的。"

我想反驳，又没有证据。我极力宣传IMS的营销效果，但对方却丝毫不为所动。

开始营业两个月以来，没拿到一笔订单。这年过得无比凄惶，当初的热情早就消失得无踪无影了。

过了年，1993年正月，我忽然重新振作了起来。一年刚开头，总得想法争取到IMS的订单，使公司走上正轨……我没来由地变得干劲十足。而在十天前，我还处于低谷之中呢。大概有人觉得奇怪：这么快就能重新振作起来吗？其实，我自懂事以来就形成了这样的性格。如果因为一点小挫折而一蹶不振的话，那还当什么创业家呢？

转机乍现

1月7日，新年第一天上班。跟日本的所有公司一样，我一早去，就把全体员工召集到事务所，给大家拜了个年，想鼓舞一下士气。然而，士气高昂的好像只有我一个人。大家显然都很消沉，至少在我看来是这样的。

这可不行呀。就在我内心感到焦躁不安时，有个电话打了进来。

旁边一位员工接听了电话，然后递给我。

"总经理，您的电话。"

"哪里打来的？"

"广告代理商，嗯，叫S……SP三晃……"

电话是SP三晃公司打来的。去年我向他们专务董事推销IMS时，对方明明毫无兴趣的呀……我接过电话。

"您是板仓总经理吧？新年好！"电话里传来的并不是那位专务董事的声音，"我叫××。上次您光临敝公司时，我和专务董事一起出席的。"

我想起来了——应该是坐在专务董事旁边听我讲解的那位年轻业务员。当时他也许慑于专务董事之威，几乎没敢开口说话。现在打电话来，不知有什么事。我正疑惑时，他在电话里说道："我们希望能使用贵公司的IMS业务，拜托了。"

我不由得感到一阵惊喜。新年刚起头就突然接了个订单，这运气也太好了吧。与其说我沉浸于欣喜之中，不如说是被这突如其来的事情给弄糊涂了。

他在电话里解释道："您上次来访后不久，那次谈话也提到过的雅马哈发动机公司举行了一次招标活动，包括我们公司在内的四家广告代理商参与了竞标。"

所谓竞标，是指广告主（即此案例中的雅马哈公司）让多家广告代理商提交关于策划内容、价格等方面的方案，进行比较，最终从中选定一家作为自己的广告代理商。据他所说，其余三家都是响当当的大型广告代理商。

"最后，雅马哈选定了我们公司。"他在电话里说。

噢，原来如此。我渐渐明白了是怎么回事。

他又继续说道："上次见面时我没说话，但其实我听了您的介绍时，心里就在想：HyperNet的这项新事业——叫IMS是吧，在广告行业里应该会大有作为的。"

随后，他就立刻把IMS的思路加进了竞标方案。

"后来，雅马哈公司告诉我们在策划广告时，一定要用上那个电话营销的方案。"

放下电话后，我是怎样一番心情呢？——高兴？当然高兴。值得纪念的第一笔订单嘛，没理由不高兴。对于全公司员工来说，也是新年伊始的一大喜讯。不过，虽然好不容易盼来了订单，但其实我心里的担忧更甚于欣喜——系统到底能不能正常运转呢？

从那天开始，我们就夜以继日地投入到了准备工作中。

雅马哈公司委托SP三晃公司做的是汽车、摩托车行业组织"日本汽车工业协会"发布的公告。内容大致如下：为了防止越来越多的年轻人无证驾驶摩托车，呼吁大家要去考驾照，并附送考证指南、头盔等奖品。申领奖品者通过我公司的IMS系统用电话报名。

对于广告主雅马哈公司来说，这个方案可以增加申领奖品的人数，而且还能统计有意考摩托车驾照的消费者名单，可谓一举两得。广告将在一个月后的1993年2月公布，时间所剩无几。

我们首先要制作的是用户打进电话时听到的语音提示。我请来一位从HyperDial时期就合作过的播音员，一边修正内容一边录音。

同时，负责技术的筒井制作程序——根据用户的按键操作播放相应的语音提示。当然，还要把用户报上的姓名、住址全部录音保存进电脑硬盘，然后再把这些语音信息传送到终端，以便记录员转换成文本。

像这样，制作程序、编辑语音、聘用兼职记录员等，要做的事非常繁杂，全公司的人几乎每天都在熬夜赶工。

离最后期限还有几天时，准备工作总算大致完成了。为了测试系统的运行情况，HyperNet公司六名员工全部上阵，此外我还发动所有熟人朋友打电话进来，反复测试。

测试结果证明：就目前情况来看，系统可以运行。我只能说"就目前情况来看"，因为到时广告公布之后，打电话进来的人数应该会远远超过现在的测试人数。反正能做的都做了，就等公布广告的日子来临。

2月某日，这一天是杂志发行日，上面刊登了"日本汽车工业协会"的那则广告。当天从早到晚，电话络绎不绝，IMS的100条电话线全被打爆。天哪，我真是个天才！

补充说一点——之前我们这个IMS方案确定后，立刻就被登上了报纸。1月21日的《日本经济流通新闻》以《HyperNet总经理板仓雄一郎，推出电话系统热线，统计消费者调查问卷》为题，登了一篇报道："运用语音应答系统的信息服务公司HyperNet（东京涩谷）推出新系统，消费者可通过电话回答调查问卷……"

IMS的第一次任务总算顺利完成了。而且，后来向广告主提交申领奖品者的最终名单时，广告主对我们说：想不到消费者的反响竟如此热烈。

这次活动规定，抽中头盔的人可以把自己的头盔尺寸写在明信片上，寄到汽车工业协会。据说，很多明信片上面都给予了好评，说这种电话调查问卷的方式非常方便。这个系统能得到消费者的认可真是太好了。我对IMS的发展前景充满了信心。

给我们支付IMS系统使用费的当然是广告主企业。但实际接触IMS系统，即打电话来进行各种申请报名的，却是一般消费者。所以，就算广告主企业采用了IMS系统而消费者不支持的话，最终IMS系统也难以为继；相反，如果消费者觉得新系统比老办法方便，就一定会有越来越多的企业采用IMS系统。我是这么预计的。

1993年3月，到了HyperNet的第二次决算期。营业额一栏里出现了IMS的宣传广告收入，和HyperDial、HyperPC等并排在一起。虽然只有196万日元，还不算很理想，但IMS总算是开始起步了。

"你们那个广告，到底是怎么做成的？"

据说，日本汽车工业协会采用IMS系统的那则广告一经面世，SP三晃公司就收到多家广告代理商的询问。值得庆幸的是，每次有人询问，SP三晃公司都会向对方推荐我们的HyperNet。结果，一下冒出了十多家广告代理商和我们联系业务。

IMS的第二笔生意又来了。下订单的竟然是赫赫有名的电通广告公司，广告主则是音响业的大制造商先锋公司。大客户带来的是一笔大生意——1500万日元的订单。不过，现在可不是高兴的时候。

根据以往的业务经验，我预感到接下来订单量会急剧增加。但眼下的IMS系统还算不上完美，在服务体系、营业体系、扩充系统以及确保安全性等方面还有很多需要改善的地方。

首先，前文提到的全国住址数据库并不全。有很多地址在邮局发行的住址一览表上可以找到，但却没收录进我们的数据库里。这个数据库必须要完善。

另外，大概是由于IMS照搬了HyperDial运行系统的原因，所以有时会出现系统突然停止的问题。这个问题太要命了。大客户动辄投入几亿、几十亿日元做的广告，万一消费者连电话都打不进来，就很难说得过去了。

总之，要有重做整个系统的思想准备。

从那时起，和广告代理商洽谈成了我的主要工作。我十九岁时就以游戏软件程序员的身份创业，在不知不觉中，却渐渐变成了一个整天和广告代理商打交道的人。真不可思议！对我而言，这是个陌生的世界。

我就在这个陌生的世界里遇见了电通伟门直销代理商的负责人H先生。他身穿朴素而整洁的西服，走路时经常驼着背，给人一种疲惫的印象。他虽然话不多，但态度却很随和，像是一名冷静地逗大家发笑的落语①家。他一定很适合穿和服。在一个个都穿得花里胡哨的广告行业里，像他这种类型的人实在少见。

我说话时，H先生认真地聆听着，时而微笑，时而吃惊，似乎对我的方案十分感兴趣。

"板仓先生，你的创意很有意思。"他说道，"在广告业界里一定没人能想出这么新颖的方法。"

看来，我的方案颇对他的胃口。后来，H先生通过电通伟门为我联系了几单电通总公司的业务。

各位也许不知道：那段时期，丰田汽车广告大半采用了IMS系统，包括卡罗拉、皇冠、MARK II等多款车型，甚至连我这个车迷也记不清楚了。例如，丰田曾在全国主流报纸上登出皇冠车全面更新换代的广告。广告下方有一行字："赠送皇冠录像机，欢迎打电话来申请领取。"当然，电话是连接到位于东京涩谷的HyperNet办公楼里的语音应答装置上，也就是我办公桌前的这台机器。

电话接通后，先播放一段皇冠的广告音乐和宣传语，接着就开始

---

① 落语：日本传统的单口相声。——译者注

向打电话来的消费者询问各种问题，例如：姓名、住址（因为要申领奖品，这两项当然是必答项）、年龄、现在开哪款车、什么年型等各种各样的问题。

然后，我们把获得的消费者信息按顺序转换为文本数据，建成数据库。等活动结束后再统计。丰田的经销商有各自不同的销售地区，所以我们还得把收集到的"潜在顾客"名单按区域进行分类整理，最后用传真发送给全国好几百家的丰田经销商。就这样，几天前报纸登的广告吸引来的"潜在顾客"名单就落入了经销商业务员之手。接下来，自然把目标锁定在那些开着别家车而且车检证快过期的车主身上。

"恭喜您获得了申领的录像机奖品。"一句开场白就轻而易举地打开了推销之门。

丰田只是其中一个例子。IMS还创造了许多骄人的业绩。

既然电通已经抛来橄榄枝，其他广告代理商自然也纷纷开始行动了。趁着这股势头，HyperNet接二连三地从大型广告代理商获得了订单。IMS的营业额开始迅速增长——1993年3月刚起步时营业额只有196万日元，1994年3月时变成了3000万日元，到1995年3月已经超过了1亿日元。1996年3月决算时，IMS加上新开发的HyperSystem专利费（后文会详细叙述），总营业额达到了7.07亿日元，经常利益[①]为1.94亿日元。（不过，之后为了在美国纳斯达克公开发行股票，把会计基准从日本税制变成美国税制，所以这些利润几乎都化为乌有了。）

多亏了IMS，公司才总算摆脱Dial Q2受限以来的困境。不仅如此，我还用全新手法在广告行业中发掘出了沉睡的金矿。

我这个广告市场的门外汉，竟然成了这个领域的开拓者。

---

① 经常利益，指经常项目下的利润，等于营业利润 ± 营业外损益的利润。——编者注

JAFCO的援手

HyperNet能茁壮成长，其实还有一个重要原因——野村证券的子公司，同时也是日本最大的风险投资公司JAFCO的出资。

1994年9月，那时IMS已经开始运营了一年半，JAFCO的一位年轻业务员来我公司拜访。大概是看了报纸上关于IMS的报道才来的吧。

他说："我叫西村。"

这个人后来就职于我们公司的总经理办公室（我的直属部门），负责HyperNet在纳斯达克市场公开发行股票的项目。没错，您继续往下看就会发现，像西村这样从客户变成公司一员的人并不在少数。作为风险企业，招徕人才的惯用伎俩就是"从客户公司里挖人"。

言归正传。那天西村来访时，只是向我简单地介绍了一下JAFCO就回去了。几天后，他又和上司O先生一起过来了。

"行，我们出资吧。"

O先生很快便作出了决定。他只是听我说了一会儿就决定要给HyperNet投资，股价为10万日元。我们公司的股票面值在那之前才5万日元。简而言之，就是我们公司的价值一下翻倍了。从那天开始，O先生开始向我提出许多业务上的建议，包括筹措资金、公司经营战略等各个方面。

其实，我从没想过自己和JAFCO会以这种方式"重逢"。前文提到，我在创业资金不足的时候曾经去拜访JAFCO，结果吃了闭门羹。然而，现在却是对方主动送上门来，说要给我提供资金。短短的几年间，竟发生了这么大的变化。

言归正传。风险投资公司JAFCO出资，这意味着在不久的将来，HyperNet将会公开发行股票。就在一年前，公司营业几乎看不见一丝曙光，而现在的目标却直指公开发行股票。

我感到欣喜的同时，也有点不知所措。

和JAFCO的合作开始后不久，我出席了计算机风险企业的"业界交流会"。有个朋友邀请我去的，他以前就一直参加。会场设在某个酒店包厢里，来了三十多位风险企业的老总。

交流会本身并没有什么特定目的。非要说有的话，大概就是业内经营者们希望通过聚会来拓展人际关系吧，仅此而已。既然是这样的交流会，我就没抱太大期望，信步走进了会场。在那里我遇见了N先生。

N先生是这家酒店经营者的长子，年龄大约过了四十五岁，比我还要大一轮。他并没有子承父业地经营酒店，而是自己开了家通信公司。

会场里几乎找不到一个认识的人。我正发呆时，N先生走过来打了声招呼："您是板仓先生吧？"他可能是从报纸或杂志上知道了一些我的事迹。虽然是第一次见面，我俩却谈得很投机。那天过后，我和N先生又见了好几次面。

有一天——记不清是第几次见面了，我俩正在酒吧里喝酒时，N先生忽然开口说："板仓君，你既然在做风险企业，那就需要认识一些银行里的人呀。"

我没有立即回答，但明白他的话是什么意思——做风险企业的，最缺的不是创意，也不是人，而是钱。可是，如果你不是大企业，没有土地、股份的话，银行是不会把钱借给你的。所以，如何跟银行搞好关系是每个风险企业老板的共同课题。

"这样吧，板仓君，我给你介绍几位银行的人。"N先生转过脸对我说，他已喝得眼圈微微发红了。他答应介绍两位银行的人给我认识。

他介绍的第一个人叫高山照夫，在三和银行工作。据说因为对创业感兴趣，不甘做一个银行职员，正致力于扩展人际关系网。他和N先生一起来过我的事务所没过多久后就把银行的工作辞掉，进了我们公司当审计员。这是我从客户公司挖人的又一案例。

N先生介绍的另一人名叫国重惇史。"国重"这姓，一听就不同凡响。他当时在住友银行丸之内分行担任分行长（后来任日本桥分行的分行长）。

我可没本事把银行的分行长请来，所以就在 N 先生的陪同下上门去拜访，当然并没抱太大希望。我以前从没见过什么银行的分行长，而对方恐怕也很难明白我们公司是做什么的吧。不过，还是先见个面，交换名片，有机会的话再给他介绍一下公司情况。

我们跟着女秘书走进一间门牌上写着"分行长室"的办公室。

在我想象中，对方应该是一个态度傲慢的中年男人，他仰头靠在沙发上，满脸不悦，似乎在说：我正忙呢，哪有工夫跟你们这些来历不明的风险企业老板闲聊。

但我猜错了。一位身着西装的男人笑容满面地出来迎接我们。

"欢迎光临，请过来这边坐。"

"打扰了。谢谢您在百忙之中抽空见我们。"

"哪里哪里，不必客气。N 先生，你最近怎么样？"国重先生跟我寒暄几句后，就开始和 N 先生聊了起来。

"还行吧。国重先生，你呢？"

他俩好像很熟的样子，而且谈话内容也跟工作没什么关系。总之，对方是个爽快之人，跟我印象中的银行高管大相径庭。

对了，可别把正事给忘了。看他俩稍停顿时，我就开始介绍起 IMS 来。

"IMS 系统如果用于问卷调查、申领奖品等，效果会非常好。"

"哦。"

"事实上，我们跟这么多大客户都有合作呢。您看。"

"是吗。"

国重先生微笑着听我述说。我觉得自己仿佛成了一名正在向叔伯亲戚汇报学习成绩的小学生。

第一次见面，我就对国重先生颇有好感。我原本以为，银行分行长对我的事业肯定一窍不通。不过，国重先生似乎跟我想象的不太一样。虽然不知道他是否真正理解我说的话，但至少他在听。

当天，我只是简单地介绍了一下公司业务，然后就回去了。其实，能跟国重先生见面，就已经很有收获了。

后来，这位国重先生成了影响我事业成败的关键人物。

风投的热潮

自从JAFCO决定给我们投资后，忽然又来了多家风险投资公司，大概有十多家。我也积极主动地和他们打着交道。经营资金当然是越多越好。

即使如此，我也绝不会贸然向这些风险投资公司索要资金。1995年前后，社会上掀起了一股风险投资的热潮。只要跟"风险"业务沾上边的，投资企业就会源源不断地向该企业砸钱，说是供过于求也并不夸张。

正因如此，就算他们提出给我出资，我也要先仔细研究合同内容，看看是否会干涉公司的经营、是否会催促我们公开发行股票。我这边也有一些担心的事项。

在众多投资者中，我认识了船井风险投资公司的负责人，他是从富士银行跳槽到船井的。他从报纸上了解到我们公司并产生了兴趣，于是就上门来访。原本只是一位普通的风险投资公司的负责人而已。

然而，正因为他原来在银行工作过，所以他的话颇具说服力。例如，他提到对于资本构成的建议时，我听得尤其专心。他认为：在考虑风险企业的资本构成时，关键在于如何优化组合出资的各家投资企业。只靠一家出资风险太大；但出资人太多的话，又可能会导致人多手杂，反而误事。所以，应该均衡地纳入银行、证券公司、独立风险投资公司等各种机构的资金，以此扩充公司资本。

有道理。我恍然大悟地拍了一下大腿。我能不能也按这样的观点对出资方进行优化组合呢？站在本公司的立场来考虑——要公开发行股票的话，证券公司方面一定能给予大力协助；要扩大经营规模的话，必须和银行搞好关系；另外，吸纳一部分独立投资公司的资金，也能听取不同于证券公司和银行立场提出的经营意见。

我听从了他的建议，决定实行第三方定向增发。

1995年10月，第三方定向增发、发行附认股权债券的事宜都已确定下来。独立投资商方面由船井风险投资公司出资；银行方面由以下三家出资——我们公司唯一有过贷款记录的樱花银行旗下的樱花投资公司、对于我们今后发展事业不可或缺的租赁服务集团欧力士旗下的欧力士投资公司，还有日本长期信用银行旗下的NED公司；证券公司方面，因为已经接受了JAFCO的资金，所以这次就没有增加别的投资商。出资总额合计2亿日元，全部采取发行附认股权债券的形式。认股权的15%被这些风险投资公司所获得，剩下的85%则属于我和个人出资者郡司先生。

这使得我和风险投资公司之间的联系变得越来越紧密。直到最后，我也一直得到船井投资公司和NED公司的关照。

现在回想起来，1994年末到1996年初那段时间，金融机构发动的投资、贷款攻势可真是猛烈啊。难怪"第三次风险投资热潮"[①]一词在媒体上风行一时呢。

风险投资公司自然是以向风险企业投资为使命的，而银行对于贷款的热情更是有过之而无不及。这我记得很清楚。只是当局者迷，那时我无法冷静地把握现状。不过，只要看看当时的新闻报道，就会明白自己是置身于怎样的洪流之中了。

1995年7月17日的《日经金融新闻》上登了这样一篇报道：

---

① 在日本，20世纪70年代出现第一次风险投资热潮，80年代出现第二次风险投资热潮。——译者注

各家城市银行开始向风险企业进军，向其提供无抵押、无担保贷款，或成立新的风险投资公司。希望以此打开资金需求低迷的局面，同时又能持有对方股份，获得额外收益。

然而，承担着高风险去扶植初创企业是很困难的，这一点已经在前两次的风险投资热潮中得到验证。成功的关键在于——须确立对于未知技术的评估方法，同时在银行基层职员中推行意识改革。这第三次风险投资热潮中的投资商们是否能够修成正果呢？

不能。这是我给出的答案。至少，我公司破产的直接原因，就是这篇报道中提及的各家银行竞相提供的无抵押贷款，以及随后而来的信贷收缩。

然而在1995年，当时不要说我，就是银行里的专家们也几乎没人能预测到后来的变化趋势。只要看看当时给我们公司贷款的那些银行对风险投资寄予了多大期望，就很清楚了。

例如，后来成为我们公司主要交易银行的住友银行就领先一步，于1995年3月与万代公司携手，共同成立了一家旨在为多媒体产业投资的新公司"多媒体金融公司"。同年11月15日的《日经产业新闻》报道称："该公司的融资对象为影视及音乐软件、教育软件、游戏软件等产业，将来还会扩展到商务软件。"据说从软件评估到贷款的整个过程都属于其业务范围。这个公司如今发展如何，我不太清楚。

又如，同年11月7日的《日经产业新闻》这样报道："日本兴业银行规定，可以将软件版权、专利权等财产所有权作为担保进行贷款；朝日银行也加强了与新型风险企业之间的合作，等等。各家金融机构接二连三地推出了对风险企业的扶持措施。"——兴业银行和朝日银行都是我们公司的交易银行。

还有另一家我们公司的主要交易银行——日本长期信用银行则采取了以下措施。据1995年4月19日的《日经产业新闻》报道："日本长期信用银行正在推行一个名为'制定信用管理新办法'的项目——制定新的贷款标准，以扶持那些虽然没有资产可作抵押、但技术开发力和创造力优秀的企业。项目组主要由营业企划部和审查部的成员组成，长期信用银行综合研究所和海外分行的成员也参与讨论。"

我简直感激涕零：这新的贷款标准不正是为我们公司而量身定做的吗？然而，这篇报道刊登两年半后，我们公司就破产了。三年半后，这家长期信用银行自身也陷入了经营危机。一想到此，我就更是潸然泪下。

事到如今，说也无妨。当时日本的银行是第一次真正愿为风险企业提供资金的。没有资产抵押也不要紧，只要你有技术力和发展前景，就给你贷款。这个思路对于一向保守的银行界来说，实在令人耳目一新。

尽管我没有任何靠山，住友银行的国重先生却愿意向我提供贷款——他就是那个时代银行的一个缩影。

遗憾的是，以上种种动向最后只终结于一波"热潮"而已。我们这些风险企业势单力薄，未能抓住时代的机遇；同时，在国际化和金融大改革的浪潮冲击下，不得不迅速改变方针的日本银行也存在体制上的根本问题。恐怕这两点都是导致热潮冷却的原因吧。

无论如何，在这波风险投资热潮中，我们公司是走在最前头的弄潮儿。当然，两年后，也首当其冲地被卷入了"信贷收缩"的巨浪中。

话题还是回到1995年吧。

IMS事业发展得很顺利。

我的工作也很清闲，主要是当系统发生故障时得去向客户道歉；另外就是批准设备投资，以应付日益增加的订单。因为公司业绩上涨，我不需要再为了筹集设备投资的资金而四处奔走，通常都由财务部门自行解决。

于是，从这时开始，我的工作时间几乎都用来为公开发行股票而做准备。公开发行股票？没错，确实如此。为什么那么多家风险投资公司会紧紧簇拥在 HyperNet 周围呢？当然是为了等我们公开发行股票时分一杯羹。

每天都有开不完的会——对外跟管理咨询公司开会，对内是自己公司设立的公开发行股票项目组会议……我的日程安排被这些没完没了的会议占满了。

至于会议内容，基本上都是制订业务规程和公司管理体系等事务性的工作。说实话，非常无聊。例如，"公司资产要进行编号管理""你是总经理，不能自己开车"，等等。对于一向我行我素的我来说，无异于下了一道道紧箍咒。

时而总务部门有事相求："业务规程的草案已经制定出来，请您过目"；时而财务部门又过来说："支出管理的单据已经填好，1万日元以上的款项需要总经理盖章"……唉，像这种活儿，随便找谁做都行呀！

我渐渐产生了一种有力无处使的感觉。从 IMS 的业绩判断，公开发行股票指日可待。可是，眼下的事业似乎缺少了一点什么东西。我想追求别样的东西，想开创一番更加刺激的事业……

我内心那常常按捺不住的欲望又开始蠢蠢欲动了。

第三章

HyperSystem　一九九五年九月至一九九七年一月

1995年，日本正式掀起一波"互联网"热潮。好多家专业杂志涌现出来，书店里到处都摆满了书名带"互联网"的书。

　　其实，互联网在一般大众中的人气还不是很高，当时流行"多媒体"。乍听之下，"多媒体"的含义模糊不清，而能把它具体地展现出来的就是互联网了。互联网把全世界连为一体，在上面，每个人都可以通过电脑自由地收发信息，这首先引起了大众传媒和一部分企业的兴趣。随后，整个计算机行业为促成互联网热潮而起了推波助澜的作用。这就是当时的形势。互联网真正在个人用户间开始流行，是1995年下半年Windows 95面市之后的事了。

　　从这个意义上来说，最初的互联网热潮其实仅限于行业范围内而已。不过，业内人士早就看到了它的前景。随着电脑普及和网络费用逐渐降低，互联网热潮的重心一定会转移到一般消费者。"互联网"这个关键词本身就会形成一个市场——大家都幻想着该如何开拓这个未知的市场。

　　不出所料，在互联网技术最先进的美国已经出现了这样的动向。
　　1995年，美国国内的互联网用户（包括只是使用电子邮件的用户）

已经有2000万人左右。各种风险企业争先恐后地成立，为的是能在业界占得领先地位，制定行业标准。其中，做得成功的企业已经开始在美国注册加入非上市股票交易市场（通称纳斯达克）。

　　我迄今为止想出来的最妙的点子就是在那一年的9月，而且还用上了互联网。我也利用这个点子开创了一番事业。周围的人对此有口皆碑，而且都想参与进来。我之后的两年都在兴奋与刺激中度过，犹如坐过山车一般。

　　然而，过山车的轨道却忽然在半空中断开了……

　　说实话，当周围到处都开始掀起互联网热潮时，我只是在冷眼旁观而已。

　　互联网本身嘛，其实我早就使用过，甚至早在HyperNet成立时就已经导入了互联网。但我从没想过以此为商机，因为我很讨厌计算机——这话出自一个做游戏软件的人之口似乎有点滑稽。

　　我亲手制作过游戏软件。也许正因如此，我对计算机的局限性和不便之处了解得非常透彻。所以，虽然我有时会主动使用计算机以提高工作效率，但却从没想过把它推向消费者市场。这玩意儿那么麻烦，一般的工薪族、家庭主妇、学生有谁愿意用呀——我一直这么认为。

　　然而，就在我冷眼旁观的时候，互联网热潮竟以迅猛之势持续升温。当然，还没普及到一般消费者都开始使用的程度。但计算机相关行业以及大众媒体都大声疾呼：虽然眼下计算机在日本尚未充分普及，但在不久的将来，普通民众全都能使用来自美国的国际信息网络。于是，一时间众多企业趋之若鹜。

　　互联网？好像跟我公司没什么关系嘛。HyperNet是以IMS业务为中心，一直走自己的路的。现在看来，选择这条路也许是正确的。

　　但实际上我和我的公司却走上了另外一条道路。

　　我个人对计算机和互联网都不太喜欢，但在这股潮流席卷而来之际，我还是动摇了。最大的原因是"恐惧"，而恐惧的原因则在于IMS的成功。

我从二十岁左右就自己开公司当老板，当然过程绝不是一帆风顺的。前文有详细叙述，相信读者已经有所了解——曾因缺乏资金而苦恼，也曾因下属突然离去而一筹莫展。但对于我这个乐观的、天生的创业家来说，这些挫折也只不过是快乐游戏中的一个环节而已。靠自己白手起家，给我带来一种兴奋和满足感。

随着IMS业绩上涨、公开发行股票提上日程，我内心的这种感觉却变成了恐惧不安。而且，前文提过，我对IMS业务本身已经感到厌倦了。

我想做点别的。必须重新开始做点别的。对于新事业的野心以及眼前些许小成功带来的不安——在这二者的驱动下，我走向了互联网行业。

需要声明的是，我开始认真地考虑进军互联网行业，并不是随波逐流。

我常常想：怎样才能打垮自己的事业呢？每个人都希望自己的事业永葆长青。可是，时代和环境变了，任何事业都不可能一直以老样子存活下去。那怎么办呢？作为经营者，我常居安思危，想象自己的事业会如何垮掉，从而找出原因，防患于未然。

那么IMS何时会垮掉呢？我的结论是：将来打垮IMS的，既不是竞争对手，也不是经济危机，而是包括计算机、互联网在内的多媒体技术的发展和普及。只要稍微想一下就会明白：IMS服务从理论上来说是有可能被计算机终端和互联网取代的。而且，在营销数据收集加工的便利性和业务延展性方面，多媒体显然占着上风。

所以，从1995年夏天开始，我就每天绞尽脑汁，希望能在计算机领域发现新的商机。

公开发行股票的筹备工作和制定公司内部管理体系之类的事务日

益增加，与之相比，这项"工作"可快活多了——完善公司内部的网络环境、每天浏览各种网页、导入电子邮件系统。本来办公室很小，一伸手就能拍到旁边人的肩膀，可我们还是特意使用电子邮件进行交流，还在全体员工的名片上印了邮箱地址；跟人见面时也会向对方索要邮箱地址，电脑里的邮箱通讯录逐渐增多。

一早回到公司打开电脑时，如果没收到新邮件，就会觉得很失落。于是我要求全公司十多名员工都用电子邮件发送工作报告。这样，早上回来上班时，就会收到堆积如山的电子邮件，让人感到很充实。我回复邮件时，一定会加上一句"期待你更多的回复"。于是邮件数量与日俱增。

处理完邮件后，我开始"偷窥"网页。没错，我不断地在互联网上发现值得"偷窥"的网页，凑近显示屏，独自欣赏，甚至看得直咽唾沫……是什么网页，想必不说您也猜到了吧。身为一个企业老总——虽说是小企业，竟然大白天就上网"偷窥"，简直太变态了。

就这样，我每天积极主动地"利用"互联网，以寻找新的创业商机。至于动机纯与不纯，那可就不好说了。

总之，经过实际接触后，我发现互联网世界比我想象的更广阔、更深奥。怎样把它跟新商机结合起来呢？我脑海里浮现出各种想法，然后再对这些想法进行验证——这个不断反复的过程，就是我每天每时每刻的工作。

可是，无论我如何挖空心思，还是没能想出让自己满意的东西。

不满意有多个理由，其中最大一点就是我常常怀疑某个新点子是否真的值得自己和自己的公司去做。也就是说，我想出来的点子确实很方便实用，但层次不够高端，既然哪家公司都能做，我们又何必来当这个领头羊？

"它"的消失及出现

记得大约是在1995年9月初,距我开始寻找互联网创业商机已经过去了两个月。这天下班后,我去六本木逛了一会儿,然后开着我的爱车——钻石黑的宝马M5驶过东京高速公路,回到位于用贺町的公寓。我从不听秘书吩咐,连上班时间都经常自己开车到处走。回到公寓,并不开灯,却打开电视让它播着。洗个澡,然后上床。时钟的指针已经过了两点。一边看着电视一边想事情,在不知不觉中入睡——这就是我的睡眠方式。

当晚,带着几分醉意躺下后,各种事情在脑里慢慢回旋——公司的各项杂务,最近交的女友,当然还有互联网创业商机。

过了10分钟,20分钟——又或许只是过了1分钟而已,在我脑里翻腾的各种纷繁念头渐渐沉淀,一股浅浅的睡意轻轻袭来。就在这时,我眼前忽然闪了一下。

好点子!就是它了!

可是就在一瞬间,"它"却忽然消失了。

咦,"它"到底是什么?我从睡眠的泥潭里爬起,努力想让自己头脑清醒,把"它"揪出来。过了几秒,过了几分钟,还是想不起来。算了,继续睡觉。"啊,就是它!"不一会儿又冒出来。可是当我醒来、想理清思绪的时候,"它"却又消失了……

如此反复几次之后,我终于沉沉地睡去。

睁开眼睛时已是上午九点。昨晚一直开到现在的电视里传来晨间综艺节目的嘈杂声。我没管它,擦着惺忪的睡眼走向卫生间。一天的工作又开始了。

我有项绝技——能在睡眼惺忪的状态下完成当天的大部分工作。所谓工作,是指规划经营战略和战术。今天的工作次序、目前的业务改善点及其具体的改善方法,还有新的创业商机……简直就是思如泉涌。我并没有特别费力地去思考,但很多想法却自然而然地流淌了出来，就像有人打开了水龙头一样。

我想，这大概是因为前一晚睡觉前考虑的各种事情，经过整夜酝酿后变成明确的思路，然后在第二天一早涌现了出来吧。

当我睡眼惺忪地坐在马桶上时，昨晚的"它"突然变成清晰的画面，出现在我头脑里。

有一台电脑，屏幕上显示的好像是 Netscape[①]网页？反正是用浏览器打开了某个网页。

奇怪的是，在网页浏览器右边插入了竖长条的窗口。一眼就能看出，这窗口并不是浏览器软件本身的画面分割功能，而是其他独立的应用软件。窗口上显示着广告。它似乎只是一个单纯用来显示广告的软件。

终于抓住它了！仿佛有一道光芒从我头顶直贯而下，穿过身体。昨晚想到的点子，就是它！

据那些常有奇思妙想的人说，好点子大都不是经过细致的市场调查后从理论里总结出来的，而是瞬间掠过头脑的东西。

当然，好点子和单纯的突发奇想不一样。以某个目标或需求为基础，每天在大脑里把各种零碎的信息积存起来，只要在某个时刻输入最后一个按键，就会形成一个有机整体——好点子就是这样产生的。以我为例，我在平时的广告业务、市场营销业务中积累了相关技术和经验，我想利用互联网创造商机——这两点互相结合，"它"才会闪现出来。

一缕阳光照亮了新事业的前进方向。问题在于，我在卫生间里想出来的这些画面应该怎样具体落实呢？这项任务可不是在睡眼惺忪时就可以轻松完成的。于是，我打了个电话回公司，取消了当天的所有

---

① 1994年美国的计算机服务公司 Netscape Communications Corporation 开发的网页浏览器。——译者注

预定计划，然后安排在傍晚召开公司内部会议。我打算用几个小时把自己想到的点子具体化，在大家面前公布，看看他们有什么反应和意见。我连睡衣都没换就开了电脑，打开文字处理软件，把自己的思路记录了下来。

刚才浮现在我头脑的画面里，浏览器软件和广告软件是分开显示的。其实，更确切地说，是我自己认为应该分开的。

在影像媒体方面，跟我想法类似的东西早已付诸实践。没错，就是电视。只不过，电视（此处指除了NHK之外的地面波）和互联网有着天壤之别——"频道数"不同。

以东京为例，总共有五家地面波民营电视台。如果某企业要在电视上打广告，只需成为其中一家电视台的赞助商，然后就能在节目当中插播广告。

可是，互联网却不同，上面有无数个"频道"。全世界的企业、各种团体、宗教法人、学校、国家、市町村、个人制作的无数网页，我们基本上都可以进入访问。如果把这些网页看做是"各个频道的电视节目"，那么到底在哪个网页上打广告的效果最好呢？这点很难判断——确切地说，几乎无法判断。

在互联网上，如果也采取像电视广告一样把广告嵌入节目内容的方式，那效率是非常低的。而且，即使把广告贴到每个网页去，能看到的人也很有限。

如果把广告显示和网页浏览器完全分离开来的话，就能一举解决上述问题。因为不管用户看什么内容，广告都会显示出来。

这是我想到的第一点。

可是有两个问题。

首先，仅仅具有广告显示功能的软件，即使研发出来也很难保持竞争力。因为不费什么工夫就能研发出来，所以这项业务做得越红火，就会有越多公司竞相效仿。总之，必须在软件服务上再多费点心思，否则先行研发者就无利可图。

其次，广告并不是随便放给人看即可，还要考虑对象是谁。确实，除了食品、日用品等向非特定人群宣传的商品之外，对于多品种少量化的现代消费市场而言，大多数商品都是需要锁定目标对象的。

以汽车为例。三十年前，一个厂家只生产几种，最多十来种车型。可现在呢，光是一款丰田卡罗拉，算上细小规格变化就有一百多种样式了。这说明企业把商品市场划分得越来越细，在按照各种目标对象的需求生产商品。

既然如此，商品的广告策略也必然会发生变化——不再是向非特定人群宣传，而必须明确地传达给商品的潜在消费者群体。广告只面向那些可能会购买该商品的人，这样能大幅度提高效率。其实，在各种与兴趣爱好相关的杂志以及业内报纸上打广告正是出于这种想法，因为很容易把握该媒体读者群的喜好。

可是，如果按我想到的方式——并非在互联网的特定网页上打广告，而是不管打开哪个网页，广告都一直播放的话，广告就无法向特定的用户群显示。

要把我的点子做成事业，就必须解决上述两个问题。怎么办呢？一个想法很快冒了出来——利用用户数据库。

如前文所述，与电视节目相比，互联网的内容（此处指网页）种类实在是太多了。譬如，做电视广告时可以考虑：某化妆品面向二十多岁的女士，而××电视台每周一×点的电视剧有很多该年龄层的观众，所以广告就安排在那个时间段播放吧。但这样的模式并不适用于互联网。

反过来想一下，为什么电视广告要跟着电视节目内容走呢？因为一般来说，电视无法限定哪些人看哪些节目。广告主只能预测"这个群体的人大概会看这类节目吧"，然后据此来安排广告。

再回过头来看看互联网是怎样的呢？用户首先需要和提供网络连接服务的"服务商"签订协议，才能访问各个网页。也就是说，只要取得互联网服务商的协助，对用户进行调查，就能弄清楚每一个用户的基本情况。

然后，制作一套体系，以便根据各用户的兴趣爱好发送不同的广告。这样的话，广告主因为了解用户情况，所以能比电视广告更准确地锁定目标对象，有效地开展广告活动。举个极端的例子，比如说：我甚至可以把目标范围锁定在东京世田谷区的二十至二十五岁女性身上，向她们发送该地区三轩茶屋町的杂样煎饼店广告。

这样，就解决了其中一个问题。还剩下一个问题——怎样才能保持这项业务的竞争优势呢？同样，可以通过用户数据库来解决。

对这一创业方式来说，用户数据库就是命根子。能否做出质量上乘、数量丰富的数据库，是成败的关键。这意味着，哪家企业越早开展这项业务，就能收集到越多的用户个人信息，在竞争中占尽优势。后加入市场的，即便是大公司，也不可能在一夜之间做成大规模的数据库。也就是说，先行者具有竞争优势。

总结要点如下。

首先，是对用户的好处。互联网类似于民营电视台，通过播放广告可以降低上网费用，甚至可能实现免费。而且，因为用户只接收符合自己需要的商品广告，所以又提高了互联网的使用价值。

其次，对广告主的好处。广告只发送给完全符合该商品需要的目标对象，能进行合理的宣传。例如，事先掌握了用户是否喝酒的信息后，就不必向不喝酒的人发送酒的广告，可节省部分广告宣传费用。不仅如此，将来系统进化了，还能实现某些高级功能，例如向某企业会员的某某发送实名广告。（事实上，这项技术后来在1997年研发了出来，冠名为"One-to-One Message"，在我公司破产前面市。这种广告是这样的——例如，某人寿保险公司在用户生日当天，向其发送打出个人姓名的广告消息："××先生，祝您××岁生日快乐！关于我公司的保险业务……"）

最后，对我们公司的好处。在这种经营方式下，随着事业发展，我们积累的用户信息数据库也不断充实，竞争优势也会变得越来越强。

虽说因为创意简单，谁都可以模仿，但既然要以使用数据库为前提，那先储存信息的企业必定会占上风。

灵光一闪的想法连续不断地变成了具体形象。这个过程令我感到无比兴奋和充实，恨不得立刻把所有想法一吐为快。我趁着思如泉涌之际赶紧做记录，但却发现自己的打字速度竟然如此之慢，完全跟不上喷涌而出的灵感。

把全部想法都记录下来后，我看了一下手表——从我走出卫生间到现在，只过了15分钟。这是1995年秋天的事。

"没有什么是不可能的"

想法是有了。但如果停留于此，那就只是一种自我陶醉而已。我通知大家把开会时间提前，随即驾车奔往公司。"这个点子一定行。"我手握方向盘，心里激动难安，很想尽早告诉大家。偏偏东京高速公路上有点堵车，真是让人心急。

开会时，气氛却有些异样。我独自一人兴奋不已，而其他人则感到莫名其妙。有人手头正忙着别的工作也被拉来开会，所以一脸的不高兴。

我把关于新系统的设想作了大致说明，然后向大家征询意见。

"大家觉得怎样？快说说看。"我一向属于急性子。

"挺好的呀，应该行得通。"有个女业务员附和道，但听起来总觉得像在随口敷衍。

其他人的反应也是马马虎虎的：

"让谁做呢？"

"就是嘛。而且，和IMS同时运营也不太好吧。"

这反应算怎么回事！我一下子火了。这些问题可以接下来再考虑，关键是这个想法本身好还是不好。不好的话，一开始就毙掉它；好的话，再考虑如何付诸实施，总能想出解决办法的吧。净说些现实问题，什么都做不成。

"这些接下来再说！关键是你们觉得这个想法怎么样？"我不耐烦地提高了嗓门。

营业部门回答："非常有趣。"

研发负责人回答："在技术方面没有问题。"

总算得到了肯定的回答，但我却很不满意——不是对回答内容本身，而是对回答方式。

我原本希望大家能靠直觉说出好还是不好，或者说缺乏新意什么的。但这也难怪，他们每天都忙于眼前的工作，而我却总是考虑将来的事情。这两种人之间，当然会存在某种程度的隔阂吧。

先不管这帮家伙吧，到时他们自会发现这个点子的厉害之处。倒不如多跟不同的人说说看，听一下别人的意见。

机会很快来了。不久，刚好碰上HyperNet搬迁到涩谷的其他办公楼去。为了告知搬迁之事，我上门去拜访了众多客户。以前介绍过许多金融业人士给我认识的N先生也在其中。

我打算趁这个机会跟N先生聊一聊。N先生虽然人到中年，却是个电脑迷，平时使用Zaurus[①]管理日程，最近还新买了一台DOS/V系统的笔记本电脑。据说，就是在他的劝说下，住友银行的国重先生才开始用电脑的。

不过，就算N先生对使用电脑很熟练，我的创业构想却也并非只跟单纯的电脑软件有关。如果不具备市场营销和媒体方面的相关知识，可能理解不了。所以，我也只是随口提起了这事，并不期待他有什么明确的回应。

出乎意料的是，我说完大致的想法后，他却给予了高度评价。与

---

① Zaurus：夏普公司生产的掌上电脑。——译者注

其说高度评价,不如说他对其中的要点抓得非常准,令我大吃一惊。

连N先生这种计算机业外人士都能理解我的想法的创新性,这一点具有重要意义。这说明有作为面向大众的事业来经营的可能。

而且,他还是个当机立断的人:"板仓君,这是个绝妙的好点子。我马上跟银行那边打声招呼吧。"

果然厉害。我心中赞叹不已。要把创业想法付诸实施的话,按HyperNet当时的实力来说,资金是最大问题。他凭直觉就看出了这一点。

他从口袋里掏出手机,当即打电话给住友银行的国重先生:"国重先生,板仓变了呀!他现在有个了不得的想法,你看什么时候让他给你介绍一下吧。"

我倒没觉得自己有什么变化。过后一想,他大概是觉得我从一个单纯的"风险企业家"迈向了更远大的事业目标吧。从那时起,我确实开始逐渐意识到,创业需要和世界接轨。

几天后,我前往N先生事务所的所在酒店,去和国重先生见面。N先生的过人之处在于擅长处理人际关系。虽然我和国重先生互相认识,但和住友银行没有业务往来,而且我也不是说非等着对方的钱救急不可。所以,我如果专程去一个没有业务往来的银行拜访的话,会比较奇怪;同样,他作为大银行的董事,如果来我这个没有合作关系的小企业拜访,似乎也说不过去。

N先生正是考虑到这一点,才把会面地点设在他的酒店里。我来到这家位于赤坂的小酒店,被带到一个类似会议室的地方。里面摆着一套沙发和一张小茶几。这里可不太适合用来介绍什么创业方案,因为茶几太矮了,很难写字。而我又没带任何说明资料过来,看来一会儿只能一边说、一边趴在茶几上写写画画了。

在这种状况下,国重先生有耐心听我说吗?唉,管不了这么多了,反正我的解说肯定比蹩脚的资料要管用。我一边自言自语,一边等他过来。预定的会面时间只有一个小时,怎样能在短时间内言简意赅地说明我的想法，这非常关键。

面谈开始了。几乎都是我在说，而国重先生只是频频点头。一个小时很快过去了。他好像在留意时间，可能接下来还有别的安排。

果然，银行业人士还是理解不了。就算能理解，也会先让我把财务报表拿来看看吧。——我暗自思忖。不过，我本来就没想着资金能马上有着落，今天能见上一面就已心满意足了。

国重先生却忽然开口了："需要多少钱呢？"

太出乎意料了。我条件反射似的回答道："单单制作系统就需要3亿，市场化需要至少5亿，再考虑到一些突发问题的话，总共需要10亿日元吧。"

这些数字都是脱口而出的。当然，现在还不到制订详细创业计划的时候，而且我也没料到对方会突然这么问。但这些数字也并不是信口开河，我心里还是有大概预算的，不会太离谱。

听完我的回答，他只说了一句："没有什么是不可能的。"随即就匆匆离去，因为还有下一个安排。

对于新事业，对于创业资金，我忽然觉得有了几分把握。

虽然资金有了着落，但要启动这个大项目，还必须先获得大股东的同意。我们公司的股份，我自己占了大部分，除了我之外持股最多的就是郡司先生。毫不夸张地说，有他才有现在的HyperNet。所以，如果不先听取他的意见，我是什么也做不成的。

于是我马上去拜访了郡司先生。

他不愧是ASCII公司的前任董事长，听我一说起新创业的想法，就立刻领会了。

他的第一句话是："什么时候能开始营业？"

我也立刻明白了这句话的意思。他不单是在问创业计划，而是在暗示说：能不能尽快开始？做这一行的，创意是决定胜负的关键，所以必须尽快着手，以取得制定行业标准的话语权。

我回答说："一年以后，1996年10月可以开始营业。"

"不能提早一点吗？"他立刻问道。

我非常惊讶。在我认识的人里头，郡司先生通常是意见最保守的一个，但他现在却催促说要"提早"。其实，一开始我还有点犹豫，不知要不要跟他说，因为我猜他的反应一定是："这主意确实挺好的，不过还是等IMS大获成功之后再说吧。"

然而，他听完我的创业计划后提出的第一个问题，既不是资金也不是技术研发，而是问什么时候开始。我心里顿时豁然开朗。好嘞，那就尽快开始吧！

那之后，我还向计算机行业、广告行业、通信行业等相关业内人士征询了意见。结果，几乎所有人都对我的想法赞不绝口。

这项事业究竟能否成功的疑虑终于打消了。接下来就是付诸实战的问题了。

我对于创业有一套自己的理论——进行小测试，开创大事业。为了进行测试，必须先研发出整个事业的雏形。

考虑到眼下公司内部正忙于IMS运行和升级，所以我打算把研发任务委托给公司外部人员。可是，寻找研发公司却绝非易事。

首先，这个公司是否具有足够的研发技术能力？另外，要花多少费用和时间才能完成？要了解这些基本信息，就需要先向候选的研发公司说明我的创业思路。可是,全部和盘托出的话,怕被他们模仿了去；不说的话，对方又很难作出准确的估计。

而且，这个系统的研发需要用到各项技术。首先，用于显示广告的软件是客户终端上的计算机应用软件，还要连接互联网；另一方面，存储、管理用户信息和广告的服务器超出了普通计算机的容量，必须使用UNIX或其他大型计算机的数据库管理技术。

很显然，只有同时掌握以上多项技术的人，才可能研发出这次新事业所需的应用系统。

可是，有这种本事的技术人员却太难找了。看来，只能分别委托不同的公司进行研发，最后再由HyperNet的技术员加以整合。可想而知有多麻烦了。我把研发过程中的保密性视为头等大事，所以决定从自己周围挑几家信得过的公司作为候选。

我去走访了其中两三家，但他们都无意承接研发项目，理由是技术员太忙了，抽不出人手。我给长濑先生打了个电话。当初就是他把筒井介绍给我的，而筒井现在已是我公司技术部门的顶梁柱。

虽然我和长濑先生身处同一行业，认识也好几年了，但我俩一直都只是同逛六本木的酒友而已，并没有公司业务上的往来。我把他当作为数不多的朋友之一，所以不太愿意把他牵扯进这个新项目。要是掺杂了业务关系的话，原本的朋友关系一定会受到影响。可是，我实在是找不到帮手，只得把自己的计划一五一十地告诉了值得信任的长濑先生。

没想到，他的Cosmo Technology公司里聚集了很多优秀的技术人员。

长濑先生爽快地把研发任务接了下来，而且两项都做——计算机上的广告显示应用软件以及简易版数据库服务器。真没想到，完全符合我要求的公司竟然近在眼前……看来，逛逛六本木的酒馆有时也能派上大用场。

1995年11月，我去了一趟美国。我应朋友是枝周树先生的邀请，前往拉斯维加斯参观一年一度的"COMDEX"——全世界最大规模的计算机博览会。值得一提的是，后来COMDEX加入了SoftBank集团的旗下。

我和是枝先生最初是通过对战类电子游戏业务而认识的。这项业务其实也是我的点子，不过委托给公司外部的人员去做。和我年纪相同的是枝先生当时正开展"Voice Mail"业务。其概念跟我公司的IMS类似。顺便提一下，是枝先生的父亲是MJS公司[①]的董事长兼总经理。

[①] Miroku Jyoho Service公司的简称。——译者注

MJS公司以开发财务会计系统闻名，在东京证券交易所第二部上市。

这次去美国参观属于某种性质的团体旅游，"旅游团"成员以青年创业家为主，当然包括我和是枝先生在内。出发当天，我们来到成田机场第二航站楼集合。其实我很不喜欢集体行动，以前只参加过一次旅行社组织的团体旅游。

不过，这次是枝先生安排了一条别开生面的行程：先到洛杉矶，然后在那里包车前往相距几百公里之外的目的地——拉斯维加斯。一般旅行社是不会安排这种路线的吧。

我很讨厌坐飞机。并不是因为恐高症，也不怕晕机，而只是因为坐飞机让我心神不定。途中连续几个钟头要一直待在那样狭小的空间里，很不舒服。基本上，我对自己不能驾驶的交通工具都不怎么喜欢。假如能让我开飞机的话，说不定会喜欢的。当然，我只持有小型飞机驾驶证——在旧金山的朋友杰伊那里刚开始学没多久。大型客机可就无能为力了。

不过，既然上了飞机，也就只能忍了。怎么消磨时间呢？喝几杯酒然后睡一觉？看看飞机上播放的电影？或者跟空姐搭讪……

用餐后，我并没有采取上述方案，而是慢慢打开公文包，取出了新买的笔记本电脑。Windows 95一上市，我就把原来的苹果机换成了Windows。因为刚换不久，还没用习惯，正好趁这个时间摆弄一下。

我打算试试已经安装在电脑里的表格计算软件"Excel"的最新版。一打开软件，我忽然想：对了，就用来测算一下那个创业方案吧。

我马上开始动手。首先是整体框架，纵坐标和横坐标分别写什么内容呢？测算周期以多长为宜，以什么为单位？还有，设定计算公式时，以哪个作为变量，哪个作为绝对值？

这跟以前开发游戏软件程序差不多，是我的拿手好戏，因为已经很有经验了。接下来只需稍作设定，把可能会变更的因数输入栏调到表格最上方即可。大致设定完后，确认好算式，才往表格里输入数字。

在飞机上没别的事可干，所以我做得特别专心。新事业的模拟测算很有意思，这种乐趣就好像演示自己编写的程序，看是否能按设想那样运转一样。对应电话线路数量的初期投资额、为了增加用户而投入的广告费、以广告费为因数看能增加多少用户、用户每天的访问时间以及以此为因数的设备增加成本、广告代理商的数量、据此测算出来的预计营业额等等。总之，所有栏目都输入数字，看各项之间的变化关系，进行模拟测算。

制订创业计划时，当然还要考虑更为现实的资源分配、合作方利益等复杂的因素。而现在的模拟测算，只是看看这个项目的基本构造而已，看看其中是否包含能盈利的因素。

万一用户越多越亏损可就糟了。相反，要是订单很多而用户太少，那也不行。像这样的基本构造可以输入数字进行验证。

结果，测算出来的数值非常可观。

虽然其中难免加入了我的期待值部分，但即便如此，测算结果还是太可观了。那数值在屏幕上熠熠生辉，清清楚楚地显示出这项事业将会在几年内给我和我的公司带来巨大收益。

下一步就是怎么实现它的问题了。

不知什么时候，窗帘已经放了下来，昏暗的机舱内正在播放一部武打片。而我独自缩在一个安静、狭小的角落里，无比兴奋。一到洛杉矶，就赶快用电子邮件把这模拟测算文件发回东京去吧。万一我在美国有个三长两短，也不能让这项事业从世界上消失。

做完测算，我茫然地看看手表，不禁吓了一跳——还有一个钟头就到达了。飞机横跨太平洋的这几个小时里，我竟然一直在埋头做测算。

到洛杉矶后先在比弗利山的希尔顿酒店住了一晚。第二天，我们包了两辆车，向拉斯维加斯进发。曾在美国居住过的是枝先生开车在前面当向导，带我们上了高速公路。之后就是一路穿越那些单调的风景。

我一开始并不赞成这个鲁莽的计划。在美国，航空线路四通八达，简直就像东京市内的地铁线路图一样。既然如此,又何必花费好几个钟头自己驾车前往呢?就连一向喜欢开车、讨厌坐飞机的我也不太情愿。要是来度假的话还另当别论,但这次应该是来工作的啊。

离开阴霾笼罩的洛杉矶,在郊外行驶。翻越过加利福尼亚的一座座山后,我能感觉到车窗外的空气变得清新了。

葱翠欲滴的树林、山脊线清晰可见的山脉、笔直得像用尺子画出来似的地平线。头顶是一片深蓝色的天空,如此澄清,以至于让人觉得连大白天也能看见星星呢。

翻过群山,就是永无尽头的沙漠。放眼望去,除了蓝天和灰白色的大地之外,别无他物。在这条延伸向远方蓝白分界线的公路上,我们默默地行驶了好几个钟头。

太阳开始西沉时,天空忽然变得活泼起来——随着夕阳渐远,天空依次呈现出黄色、金黄色、橙色、红色、紫红色、蓝紫色、深蓝色,最后变成了黑色。那黑色的天幕上仿佛被针扎了几个小孔似的,漏出点点星光。地面上已没有了光亮。我们望着车头远光灯照亮的混凝土路面,行驶了大约四个小时。只觉天地浑然一体,难以分清。在漆黑的世界里,头顶上洒落星雨。上一次仰望夜空,好像要追溯到在福岛读高中的时候吧。

前方出现了一片光亮——拉斯维加斯到了。

我回想起初中时看的一部电影——斯皮尔伯格的《第三类接触》。从酒店大楼发出的无数道光束直指苍穹,橙色的街灯一直延伸到地平线尽头。这座世界上最大的赌博乐园突然出现在我们面前,仿佛是漆黑宇宙间的银河一样。

是枝先生花上几个小时车程,原来就是为了给我们看这景观。我们被这沙漠中的银河所震撼,长途跋涉的劳累也在一瞬间消散。

到达拉斯维加斯当晚,我们去做什么了呢?想必您也能猜到——当然是直奔赌场而去了。深夜,从赌场回来时,我不禁感叹:美国这一招果然厉害,在大赌城举办商业展览会,当然来者如潮啦。

即使跟工作没什么必然联系，全国——不，全世界的企业家们都会往这里跑。我就是最好的例子——在美国逗留期间，我天天都会去赌场。

白天嘛，还是去COMDEX博览会随便转了转。一看吓了一跳。素闻美国什么都要做大，但这也太铺张了吧！太大了，甚至在会场里逛都要坐巴士。不知这里究竟能容得下多少个幕张展览馆[①]？

我主要看的是跟自己项目相关的企业的展位，因为想确认一下在美国是否已经出现了类似的业务。把那些像样的展位全部逛过一遍后，我不禁喜形于色。没有哟，嗯，没有。连互联网发源地美国都没有类似的项目。能确认这一点就不虚此行了。当时，我就确信这项事业能成功地打进美国市场。

对了，这次美国之行还有最后一点小插曲。

参观完COMDEX博览会后，我和是枝先生他们分道扬镳了。我坐上杰伊（后来成了HyperNet USA的总经理）的私人飞机，从拉斯维加斯飞往他所在的城市——圣何塞。

从最初想到这个创业点子的时候起，我就认为：美国市场会成为事业发展的关键。所以，我想跟值得信任的杰伊谈一谈具体的创业方案。

杰伊开车到圣何塞帕罗奥图机场来迎接。我上了车，驶向他的新居。果然，美国创业家住的地方就跟我们档次不同。杰伊的新居位于一块横跨两座小山的牧场中央。从五光十色的拉斯维加斯突然来到这里，简直像到了世外桃源。看来今晚能美美地睡上一觉了。

傍晚，杰伊和女友一起带我到圣何塞山上的一家牛排餐厅用餐。我一边奋力嚼着厚厚的西冷牛排，一边把新创业想法告诉了杰伊。他

[①] 幕张展览馆：位于日本千叶县千叶市，是当时日本最大的会展中心。——译者注

听后赞不绝口。我俩打交道也有几年了,我知道他不是那种擅长说恭维话的人。这大大增强了我的信心。

用餐后,我这个烟鬼又犯烟瘾了。于是就转移到同一餐厅的酒吧,要了一杯威士忌,开始抽起烟来。

这时,邻桌有个美国人跟我打了声招呼。这人中等身材,穿着件有点脏的T恤和破洞牛仔裤,脚下是一双穿得很旧的耐克鞋——典型的硅谷范儿。虽然看着像干粗活的,但没准儿是计算机业界的大亨呢。因为这里是在硅谷。

"Are you Japanese?"(你是日本人吧?)

"Yes!"(是呀!)

见他掏出名片,我也慌忙掏出自己的名片来。交换名片后,那美国人看了我的名片,惊讶地说道:"Oh, you have internet-address!"(哇,你竟然有电子邮箱!)

他惊讶的是:日本人怎么也有电子邮箱?

我心想:这家伙也太自以为是了。如今,互联网上哪还分什么美国、日本呀。

这时,他又开口了:"明年春天,我们公司会推出一项互联网广告业务的创举,等着看吧!"(当然,他是用英语说的。)

我把喝到一半的酒杯搁在吧台上,盯着这个白人的脸。

现在来看,互联网创业要带上广告,这想法再平常不过了。但在1995年,据我所知,还没见过这样的新业务。所以我没理由不吃惊。

但这家伙的高傲态度实在让人恼火。我按捺不住脱口而出:"你先别得意嘛,其实我也……"

一旁的杰伊全都听在耳里。他干咳了几声作为提醒,而且还给我使眼色——这是他的看家本领。他在暗中提醒:闭嘴,不能说!

我收到了他的暗号,于是话没说完就闭上嘴,给了对方一个日本人擅长的传统式微笑,就敷衍过去了。那美国人一定是以为我英语不行才支支吾吾的吧,之后也没再透露什么详情。

欢迎加入后浪读书俱乐部 www.hinabook.com

- 加入我们，可以得到定期的新书信息、电子读书报、活动信息、后浪小礼物、购书优惠券、作者签名书籍和海报、毛边书等等。
- 俱乐部将从每月新增会员中抽取 3 名赠送当月最新出版的书籍一本。
- 会员书评投稿如获纸媒发表将有机会获得后浪新书 1 本。
- 欢迎登陆 http://www.hinabook.com 和 www.pmovie.com 了解更多活动信息。

* 本活动最终解释权归后浪出版咨询 (北京) 有限责任公司所有

个人资料（请务必完整填写并回传）

姓名 _____ □先生/□女士

Email _____ 生日_____年___月___日

固定电话 _____-_____ 手机 _____

单位 _____ 职业 _____

地址 _____

_____

QQ/MSN _____ 邮编 _____

读者调查表

您从哪本书得到这张卡片的？_____

您从哪里购得本书的？_____

您的阅读方向？_____

_____

您还希望我们出版或引进哪类书？_____

_____

您的意见或建议？_____

如何加入后浪读书俱乐部？

1. 拨打热线010-57499090，向客服人员登记您的信息。
2. 发短信至18811421266，我们将回电登记您的信息。
3. 将此信息登记表传真至：010-64018116
4. 登陆网站：www.hinabook.com，点击右上角"注册"，填写会员信息登记表。
5. 邮寄至：北京市东城区景山东街纳福胡同13号北楼2层 后浪出版咨询（北京）有限责任公司　邮编：100009

后浪微信：hinabook

后浪官方直营店　http://bjhlts.tmall.com
服务邮箱　buy@hinabook.com
服务电话　13366573072　010-57499090

起身准备离开时，我又看了一眼手上的名片——"POINT CAST INC."。POINT CAST？没听过呀，不知是什么公司。

直到过了半年以后——1996年4月，我才开始了解这家POINT CAST公司。它赖以成名的是互联网信息推送技术[①]。其实是把广告陆续发送到互联网页面的技术——没错，我的HyperSystem新事业的构想正与此异曲同工。

从美国回来的第二天，我独自一人坐在自家电脑前，苦苦思索着如何将新项目市场化的问题。虽然模拟测算结果喜人，但要在现实中推向市场的话，必须对业务内容进行周密检测。

我想到好几种实施方法——我的意思并不是说整体结构或最终形态有几种可能，而是指在实施过程中哪一步由谁来做以及关于业务划分有几种选择。

我试着梳理这项事业的各个要素，一边做着笔记。写了又撕掉，重新画成图，再用红笔在上面写画……经过一个多钟头的反复摸索才最终完成。我在电脑屏幕上打出了以下六大要素。

①系统开发（服务器方和用户方）

就是软件开发。首先，服务器方的软件开发需使用所谓的数据库管理技术。对这个软件的要求是：储存用户信息和广告数据，把两者组合起来。也就是说，哪条广告发送给哪个用户——将与此相关的信息和各广告的实际显示画面数据相结合，进行演算，向符合条件的用户发送相应广告。另一方面，用户方软件的任务是：在计算机窗口上显示服务器发送过来的广告画面数据。另外还包括用户信息更新、网络拨号连接控制，等等。

[①] 推送技术：即PUSH技术，是一种基于客户端服务器机制，由服务器主动将信息发往客户端的技术。——译者注

②专利和版权的申请和保护

对于这个项目所独有的创意,要申请专利权,并且进行维护。

③数据库的管理和维护

刚才提到的服务器方的系统运营、用户信息等数据库的保管和维护。

④互联网服务商

服务商的前提条件是:必须使用这次开发的新系统,必须在用户拨号连接上网时使用专门的软件。

⑤招募用户会员

招募使用该系统的互联网服务商的用户,主要以广告宣传业务为中心。

⑥招募广告主

这是最关键的一环,因为新事业的所有收入都来源于广告主。

罗列出来后,我不禁叹了一口气。这可是个融合了各方面的综合项目,既属于计算机软件开发行业,同时还牵涉到通信设施运营、设备、媒体、互联网广告、数据库以及专利权许可等各行各业。

光靠我们一家公司是搞不定的。无论从经营资源(技术+人才+资金)还是从项目启动速度上来说,我们都不可能单独包揽。很显然,业务和事业风险也需要通过外部委托的方式来分担。

但问题是,并不是说把这些业务随便分给外部公司就行。单纯从成本方面考虑,就需要决定选择以下的哪种方式。是寻求外部合作,还是由我们负担成本、仅仅对外委托业务?

以①系统开发为例,有两种方式。其一,我们公司全额负担开发费用,委托外部的研发公司进行研发,即业务委托,从成本方面来说还是由我们公司自己开发的;其二,我们不负担开发费用,而是采取合作的方式进行外包,项目成功之后,要向合作方支付专利使用费。

也就是说,在制订风险和业务的分配方案时,必须同时考虑将来的发展前景,才能决定那六大要素分别要向谁、以何种方式进行分配。

　　这点很难,而且是影响到事业成败的关键。首先,必须考虑事业的盈利计划。如果考虑到事业刚起步时盈利不佳而想降低风险的话,可以尽可能采取经济上和业务上的外部合作方式;相反,如果注重公司长远利益的话,则应该尽可能承担多一些风险,由我们自己来做,当然前提是事业成功的概率要非常高才行。

　　另外,对项目启动速度的不同要求也会对整体规划产生影响。其一,尽快启动项目,先做出实际成果,然后再寻找合作方、技术开发公司等。这种情况的话,启动规模虽小,但各方面工作都由我公司自己承担。另一种方式刚好相反,项目启动需花费一定时间,但从一开始就是大规模,和大企业合作。

　　在考虑到各要素和这些判断标准的基础上,对项目进行整体规划。这是非常艰巨的任务。我的态度是积极还是消极的,一念之差,都有可能改变整个规划方向。当然,即便能保持客观态度,需要考虑的因素还是太多了。例如,什么时候开始营业为好?我们所需的资源(主要指资金)用什么方法筹集,能筹集到多少?

　　我不由得抬起头来。

　　想做这么大的工程,我是不是太不知天高地厚了?我真的能做成吗?

　　为了一个想法已经被折腾得够呛了。

　　万一我现阶段做的模拟测算有误,可能就全完蛋了。不光是新项目,还有我的整个公司。当时,我就有这样的预感。

　　第二天一早,我在自家卫生间里下了结论:

　　无论罗列多少客观数据都毫无意义。是否能成功,只有试过才知道。现在,到底想不想做这个项目——我的主观意愿、我的信念才是最重要的。那么,我想做吗?

　　想。

　　我换好衣服,出门了。11月的风已经带有冬天的寒意。我坐进新买的沃尔沃轿车，一拧钥匙，车马上发动了，穿过小路，上了246国道。又很快因为堵车停了下来。我对自己说："我一定要做成这番事业。"

"不过……"我想，"以下这条初衷必须坚持——这项事业的价值全在于创意，所以，无论要承担多少风险，能申请专利的业务必须由自己出钱来做。"

回到位于涩谷的事务所时，我已决定要把它作为这次创业的理念。

我召集了相关负责人，和他们商讨之后，最终决定项目规划如下：

首先，专利、版权、数据库等知识产权的申请、拥有、维护以及储存、管理这些信息的计算机设备，在此基础上的软件开发——以上这三项全部都由我们公司自己负担。另外，关于直接联结用户和广告主的营销技术，由包括我在内的公司员工加以存储、利用。除此之外的业务，则尽可能考虑对外委托。

问题在于跟哪家互联网服务商签订协议。当时在日本有一千多家互联网服务商。但是，对于这样一个非常浩大而且似乎有些稀奇古怪的新项目，到底有哪家互联网服务商肯出手呢？无论从技术方面还是成本方面都打了个问号。我决定起步时暂时由自己公司承担服务商的任务，等上了轨道之后，再对外销售。

项目的规划大致完成。接下来就是实施了。需要什么呢？资金、设备、技术、人。这四项都要尽快筹备。可是，怎么筹备呢？

我正犯愁时，电话响了。是住友银行的国重先生打来的。

从天而降的2.5亿

当然，我还记得去美国前跟国重先生见面时，他对这个新项目很感兴趣。我知道他是想做的。但具体的事宜还都没谈呢。他打电话来，大概是让我追加详细的财务资料或是商讨贷款担保的事吧。

我从秘书手中接过电话,就听见国重先生在电话里说:"板仓先生,这个项目最好尽快开始呀。我先给你贷款2.5亿日元如何?反正得快点开始啊。"

之前我听说了:我不在公司这段期间,住友银行的负责人联系过我们财务部,应该还咨询过很多详细数据。即便如此,这2.5亿日元也太突然了吧!

说实话,和银行打交道,我还是头一回碰上这样的好事。这十几年来,我作为企业经营者,少不了要和银行打交道。但迄今为止,我最多的一次贷款也只有3000万日元。前文提到过,那次陷入经营危机的时候,我以父母的房产作为抵押,点头哈腰地恳求,好不容易才从国民金融公库申请到2000万日元贷款。而且,申请书上还得罗列出许多详细的数字。我也忘了当时是怎么拼凑出来的。

他真的肯贷款给我吗?那还款计划如何制订呢?欣喜之前先感到疑虑,这也是理所当然的吧。带着这种疑虑,我重新推敲事业计划——把赴美国途中做的模拟测算再具体化,同时还把合作方和客户的资源、市场状况等加进去,做成了更加详细的方案。

说到事业计划,通常只是记入五年收支计划的表格。但我做的事业计划却与众不同。我会把商品计划、销售计划、研发计划、组织计划以及资金计划等各部分都详细地列出来,这样才觉得满意。实际上除了资金以外,其他方面也需要做详细计划,否则根本做不出真正的事业计划来。

商品计划——商品的详细说明、特征和现有竞争商品的比较等,以后会把这些信息做成商品目录;销售计划——用多少人员、用怎样的宣传方法销售,当然还包括所需的经费;研发计划——从技术上对研发的可行性进行验证,为此需补充多少人力,还包括粗略的设计方案以及所需经费;组织计划——为了实现以上任务的人员配置、指挥方法、权限范围等。如果不完成这些模拟测算的话,究竟何时需要多少资金、何时产生多少利润这些问题都无从谈起。

每次一想到做个计划这么困难，我就会吓得直打哆嗦。但计划不做出来，其他全都无法开展。刚开始写没多久，公司财务人员就过来找我签字，准备向住友银行申请个人担保借款。也就是说，我在上面签字的话，银行就会贷款给我。

别人常说：尽量不要用个人担保借款。但我无所谓——我是个创业家，不愿标榜什么"我与自己创办的公司休戚与共"这种廉价观念。

创业才是我唯一的表现方式，才是我自己。万一公司倒闭了，就算我没有在个人担保借款合同上签字，我也是人生的失败者。既然这样，那还犹豫什么呢。我立刻签了字。

关于偿还贷款，因为是第一次合作，银行允许我过六个月之后再还，每个月偿还5000万日元。反正还能随时追加贷款。

这简直太幸运了。天下有这样的好事吗？总之，不能辜负大家的期待。

住友银行成为我们的靠山之后，它的强大影响力立刻显现了出来——从1995年末到1996年初春，许多金融机构争相来我公司探访。

还没弄清楚新事业全貌的时候（其实我自己也不知道最后会做成什么样子），银行和证券公司就主动跑来打听消息。至少在我看来，这不符合常理。更何况，HyperNet虽说前景很好，但毕竟只是个中小企业。而这么多金融机构蜂拥而来，除了前文提到过的当年兴起的"风险投资热"之外，关键还是因为看见"连人家住友银行都出手了"，所以才纷纷行动的吧。

因为来访的金融机构太多了，所以我在1996年初举行了说明会，参加对象是从1995年末开始提出愿意向我公司提供贷款的金融机构。我向他们说明了事业计划，打算跟其中确实有意向的机构进行合作。各家城市银行的贷款负责人、风险投资负责人、租赁公司等来了有二十多人，集中在一起开说明会。

我的第一句话是这样的："如果您注重贷款抵押或公司业绩的话，那么现在就请回吧。因为我们公司既没什么可抵押的，过去的业绩也很一般。跟即将开始的这项新事业相比的话，几乎等于零。"

我的态度相当强硬。说实话，当时我是这么想的："反正对方也不会贷款给我，自己想说什么就说什么吧。"每次和金融机构打交道时，我都提不起精神。介绍完事业计划后，我总会问一句："有什么问题吗？"但这些金融机构却从来没人提问过。事业计划的内容好还是不好呢，他们根本没有任何反应。一个个都皱着眉头，绝不会当场表现出自己的意向。过后才会各自来询问。表面上个个都装作随大流，其实是在暗地里较劲，想抢先下手。在我看来，这就是他们的行动方式。

这次说明会，他们的反应也一样。不过，后来我看公司的财务报告时才发现，当天出席会议的金融机构几乎全都向我们提交了无抵押贷款意向书。每家最少出1亿日元，有些属于租赁的特别情况甚至还达到了几亿日元。

有住友银行牵头，筹集资金的事很快就搞定了。1996年全年大约从银行借款20亿日元，租赁方面筹措到10亿日元。而在这之前，我总共只借过几千万日元，这简直是天壤之别。于是，我不需再为资金担心，可以全心投入到研发和营销上。当然，这是后话了。

聪明的读者大概已经注意到了，我失败的原因就在于此。

大多数金融机构其实不是贷款给我，从某种意义，可以说是"贷给"了一开始就和我们签约的住友银行这块招牌。而我也并没有完全获得住友银行整个法人的信任，只不过当时住友银行推行"扶助风险企业"战略，所以才暂时获得了国重先生的个人信任而已。

两年后，这点"偏差"要了我的命。但在当时（1995年末），我被"新事业"冲昏了头脑，完全没有估计到这一点。

招兵买马

资金已经有着落了。但还有另一个不可或缺的东西——电话线。前文说过：我们打算一开始就由自己承担互联网服务商的业务。所以当然需要大量电话线以及能够容纳它们的场所。没配备好的话，就不可能开展业务。

我公司原先有500条用于IMS业务的电话线路，规模已经相当大了，但对于新项目的互联网服务来说还是远远不够的。

所以，我们需要再重新准备大量电话线，铺设到某个办公楼里。这是个大工程。首先，办公楼的房东要同意我们大规模地铺设电话线才行。其次，动工之前必须先确认好：这座办公楼连接的公路是否有足够的NTT线路？如果不够，还得在公路上施工铺设——当然须尽量避免。光是想想脑袋就疼。

如何确保足够的电话线路是个大难题。从长远来看，大约需要1万条线路，至少在起步阶段也需要3000条，否则无法开展业务，这是显而易见的。要确保这么多线路的话，就必须和NTT总公司进行磋商。

我去找住友银行的国重先生商量。他不愧是个头面人物，竟然帮我约到了NTT董事长兼副总经理泽田茂生先生。

1995年12月，我去拜访了位于新宿西初台附近的NTT总公司。

我多年前曾患过腰椎间盘突出。二十岁那年，有一次打了个喷嚏，突然感到腰部剧痛，随即倒在了床上。应该是闪了腰吧。那两个星期里，我几乎不能动弹，连上厕所都成问题。

从那以后，每年一到冬天，这老毛病就会发作。从二十三岁到二十七岁那段时期，可能是因为我经常滑雪、打高尔夫的缘故，腰疼暂时好了。可是后来因为每天忙于工作而缺乏运动，那多年前的老毛病忽然又犯了——而且偏偏是在约好要见面的这天早上。

一起床，我就觉得不妙。我是"经验丰富"的腰痛患者，所以很清楚自己的身体状况。别说走，现在就连站也站不起来。

每次犯病时，最难受的是什么呢？腰痛本身当然很难受，但最受不了的是周围人的眼光："因为一点点腰痛就请假。"……有时腰痛得厉害，甚至不能上厕所，只能立刻住院治疗，过着与尿瓶相伴的日子，说起来真是无地自容。可是，周围的人非但没有同情，反而把这当做笑料。真是太过分了。

我立刻打电话给N先生——就是把国重先生介绍给我认识的那位N先生，我们约好了今天一同上门去拜访NTT副总经理。我向N先生说明了情况，请求改期。可是，N先生却说：

"不行啊，板仓君，一定得今天去。"

"但我现在躺在床上，连站都站不起来呀。"

"那我背你去吧。反正今天是去定了。"

"那怎么行……"

"哎，你想想看，病成这样还坚持去一定会给对方留下好印象的。这可是难得的好时机！"

"怎么成'难得的好时机'了呀！"

真拿他没办法。我最了解自己的身体状况，要放在平时，都该叫救护车送医院治疗了。不过，N先生说得也有一点道理。我知道今天要去拜访的人有多重要。谈得怎样，将决定新项目能否顺利启动。

我拿着电话考虑了一会儿，终于决定：还是得忍痛坚持去。

"我明白了，去就去吧。"

既然已经决定下来，就要积极面对。这是我的性格。现在是关键时候，要加油！连我都觉得自己转变得太快了。

约好当天一起去的有国重先生、N先生、公司董事兼技术负责人筒井，还有我。得知我的情况后，N先生和筒井一大早就上门来接我。

我不禁嘀咕道："这家伙，还真来了呀。"

两人架着我的肩膀把我扛上了车。附近经过的行人投来诧异的目光，让我感到无地自容。

我让筒井把车开慢一点："拜托了，开慢一点，慢一点。"

"明白，明白。就是跟您平时正好相反，对吧。"

虽然被人挖苦，但我已经顾不上反驳了。因为稍一刹车，我就会痛得叫出声来。无论车加速、减速还是拐弯都会痛。呜呼，早知道就不出门了。

从我居住的世田谷区濑田到位于初台的NTT总公司，这一路上，筒井开车时已经使出了浑身解数。这个我相信。但同时我又在心里暗暗说道：筒井，你的开车技术真烂。

NTT不愧是大企业。N先生一下车就跟泽田副总经理的秘书说明了情况，对方立刻备了一张轮椅，送到停车场来。我坐上轮椅。筒井推着我进了董事专用电梯，来到会客室。

我们四人边聊边等，不一会儿，泽田副总经理进来了。他看起来很有绅士风度，很和蔼。我作项目说明的时候，见他一直微笑着，不由得心生好感：不愧是NTT的副总经理。而且，他充分理解了我想表达的意思，最后还答应让相关部门去联系铺设电话线的事情。没想到会这么顺利。

趁这个机会，我还请求他帮忙将我们介绍给NTT的广告部门，希望到时新业务开始以后，NTT也能成为我们的广告主。不能浪费这大好时机。

之后，按泽田副总经理所说，由NTT在日本最大的分公司——东京分公司的经理和筒井进行复杂的细节磋商。终于，第二年(1996)3月，我们租借到了一处面积约500多平方米、配备了互联网服务专用计算机设备的事务所，正巧住友银行日本桥分行也在这栋办公楼里，国重先生就是这里的分行长。我们在事务所里新装上了计算机专用的空调设施，铺设了1000条ISDN1500光纤电缆！（据说这是NTT公司首次制造的电缆，而ISDN1500的光纤1条就相当于23条普通电话线。）另外，还有嗡嗡作响的各种计算机。铺设电话线路和安装不间断电源设备等工程花了将近1亿日元，不过总算顺利完成了。应该归功于那次"腰痛外交"的苦肉计吧。

就这样，电话线的问题也解决了。可是，项目要启动的话，还缺了一样东西——人。

必须重新征集能干的员工，才能胜任这项大工程。我对其能力的要求并不比大企业低，我希望他懂技术、懂业务，还要懂英语。这样的人才上哪儿去找呢？

我找到的第一个人是夏野刚。

那是1995年秋天我准备去美国之前。一天在酒吧里喝酒时，有个在银行工作的朋友介绍夏野刚给我认识。听说此人在东京煤气公司里负责用地开发项目，而且刚在美国获得了MBA学位。

他皮肤白皙，貌似有点虚弱。白领精英里头很多都是这副模样。他说对我的项目很感兴趣。我本来非常注重这次项目的保密工作，不过看他也不像个间谍，于是就邀请他出席当时几乎每天都举行的新项目说明会。

这次说明会邀请的对象是对新项目感兴趣，而且都是信得过的人——IMS业务的合作广告代理商、有可能承包新项目业务的研发公司和互联网服务商的代表、成为HyperNet股东的风险投资公司负责人以及夏野。

我开始对这次的新项目进行说明。之前已经说过不下十次了吧。我一边讲解，心里一边期待着听众的反应。

不出所料，几乎所有人都对新项目表示赞许。其中，有一个人对我的话反应迅速，而且能具体地、明确地指出好在哪里。这个人就是夏野。

我在介绍这个新项目时已经形成了一定的模式：一开始就先简明扼要地说重点，以便使大家能集中精神听我解说。

放最前面说的，当然是通过这项业务，可以免费连接互联网服务商。虽然免费上网只是这个项目的副产物，但对于一般人来说，却是非常具有吸引力的。人们总是难敌"免费"之诱惑。一开始就亮出"免费上网"，这样大家才会对这个新项目感兴趣，才会认真地听我说明。然后再提跟广告的联动关系。

其实，我认为：这个项目最核心的部分并不是免费上网，也不是广告的表现形式，而是拥有用户信息数据库，并在此基础上开展营销活动。可是，在听我讲解时，几乎没有人意识到这一点的重要性。

夏野却与众不同。他一下子就看出来这个项目的核心在于利用数据库进行营销活动。而且，他还当场提出了这样的建议："板仓先生，数据库商务的主战场毕竟是在美国，所以应该马上进军美国市场。"

开这个说明会的时候，我还没去美国。正因如此，当我听他说出"进军美国市场"这句话时，不由得吃了一惊。他当时还是东京煤气公司的员工，却主动请缨："请让我做美国市场调查吧。公司那边我可以请假。"

虽然我对他的实际能力还一无所知，但我立刻决定："夏野先生，那调查方面就拜托你了。另外，欢迎你随时来我们公司。"

六个月后，夏野辞掉了原来的工作。1996年7月，他成了我们公司的董事。

第二个人是中山佳久。

这次筹划新项目需要成立一个项目组。虽然公司业务繁忙，但我还是从董事会、营业、研发、管理等部门中各指派一人，成立了项目组。在新事业部正式成立之前，由我和项目组成员从原有工作中抽空召开例会。

这时，我才忽然发现：缺乏一位领导项目组的负责人。因为IMS业务正处于发展期，公司里的人个个都忙得不可开交，找不到谁来担任专门的项目负责人。既然公司里没人，那只能去外面找。当时我偶然认识了人才中心的总经理，从他那里要来一份可能适合担任此职的名单。上面有五位候选人，都获得过MBA学位。

说实话，我并不知道MBA学位究竟有多大价值。不过，前面提到过夏野获得了MBA学位，而他已经把美国市场纳入了视野之中。这样看来学过美式商务知识的人才大有前途啊。

我决定先去见见其中一位人选。

他身高差不多1.70米，圆脸，看起来性格很稳重。

"您好，我叫中山。"他点头行礼。

我想先了解一下他的情况，就问了许多问题。他结结巴巴地作了自我介绍。

他和我年纪相仿，从上智大学理工学院毕业后，进了索尼公司，后来辞职去读MBA并获得学位，现在就职于一家叫"Uniden"的知名电机厂家。我所认识的MBA学位获得者大都是奉公司之命在职读的，例如夏野；而中山却是从大公司辞职，自费去美国读的MBA，这点让我颇感兴趣。虽然他看上去并不起眼，但应该是个很有毅力、很专注的人。

于是，我决心试他一下。在介绍HyperNet概况时，我故意不提新项目的事，只介绍了现有的IMS业务。我这次要物色的是新项目负责人，当然，这个人必须能成为公司将来的顶梁柱。正因如此，我希望招到一个想在我公司工作的人，无论是否有这次的新项目。他是这样的人吗？

我介绍完后，中山问了几个问题。比起IMS业务内容，他似乎对HyperNet公司本身更感兴趣。算是通过了我设置的这一关吧。我无暇多想，见面当天就决定录用他。

招进公司后，我暂时把他分到IMS的营业部门，让他熟悉公司业务。当然，我打算等试用期一结束，就任命他为新项目负责人。

不久到了1995年12月下旬。

得先给新项目起个名字。因为是全新的业务，所以颇费思量，不知到底该起什么名字好。就拿人来说，一个人的名字对其一生的命运都会产生很大影响吧。我还没结婚，当然也还没小孩，所以并没有给小孩起名字的经验。不过不难想象，那恐怕是一件大伤脑筋的事。因为，这次的新项目就相当于我的小孩。

考虑之后，我决定使用公司名HyperNet的一部分作为项目名，以此来表示我的决心——公司的命运就取决于这个新项目。

就这样，"HyperSystem"的名字诞生了。

名字一确定，接下来，项目组就正式启动了。这回可要看看刚进公司的中山有什么真本事了。

召开第一次会议那天，我并没有事先将HyperSystem的内容告诉中山，想故意考验一下他。能不能当这个项目负责人，就看他对我讲解的哪部分内容感兴趣了。

我果然没有看错人。中山一下就看出，HyperSystem的核心在于数据库营销。会议结束时，我任命他为项目负责人。突然被委以重任，他似乎略显吃惊，不过还是欣然受命。新项目终于启动了。那天是1995年12月26日——我的生日。在年末夜深之时，我迎来了最美好的三十二岁。

HyperSystem何时才能运行？

1996年1月，为了使HyperSystem系统早日启动，我们全力以赴地投入了工作中。

HyperSystem是个相当复杂的项目，所以必须对营业、市场、研发、运营、设备等各方面的业务进行详细规划。其中，关于系统研发有许多技术上的问题，所以在项目组下又专门设了一个研发课题组会议，由技术人员参加。

在课题组会议上，我不仅就HyperSystem的概要进行了说明，而且还提出了对于将来HyperSystem升级的设想。我自己是做计算机软件开发出身的，所以深知这一点：设计软件时，如果不预先考虑软件升级的问题，那么等到将来真的要改良软件的时候，就会非常麻烦。

我预先想到什么关于 HyperSystem 的追加功能，都会在课题组会议上畅所欲言。每当我接二连三地说出自己的设想时，出席会议的技术人员却都显得面有难色。这也难怪，要把我这些信口开河的设想付诸实施的话，在技术上相当有难度。

另外，还有更为根本的问题——这个 HyperSystem 到底什么时候才能开始运行呢？

虽然接二连三地冒出了许多系统追加功能的设想，然而，要过多久才能正式对外营业，却无法估计。因为我心里还有两点疑惑：其一，公司内的运营体系何时才能最终准备就绪；其二，何时投放市场效果最好。

为了消除这两点疑惑，我连日召开会议，详细地询问其他成员。例如，公司内的体系何时完成。关键还是要看控制整个系统软件的完成时间。我问了研发负责人，他回答说：1996年10月应该可以运行。

我心想：要十个月以后呀……然后又去询问市场调查负责人，看何时投放市场为好。得到的回答是：根据对股东和合作商的咨询结果，开始时间越早越好。这样的话，开始运营时间也就自动确定下来——即从软件开发全部完成的10月开始。当然，这只是公司内部技术人员预计的时间而已。其实在1月份的时候，还没确定委托哪家公司进行服务器软件的研发。

至于用户方应用软件的研发，则已经在我去美国之前就委托给了我的朋友长濑先生的 Cosmo Technology 公司。

现在剩下的问题是，服务器软件交给哪家研发公司来做呢？这个却迟迟没有确定。

到了1月下旬，一家计算机公司的业务员来公司拜访。这个年轻的业务员跟筒井见面时递上一张名片，上面印着公司名"日本 Tandem Computers"。

它的总公司是美国的 Tandem Computers 公司，作为管理客户服务器系统的企业，其实力在业界数一数二。这点常识我还是有的。听筒井一说，我决定跟对方谈一谈。

简单寒暄之后，那位业务员说道："板仓总经理，能否请您跟我们公司的专务董事和泉先生见个面，介绍一下这次的新项目呢？"

喂，等等，我可是你们公司的客户哟，凭什么非让我去给你们的专务董事作说明呢？真是岂有此理……我一下来了气，正要回应时，那业务员忽然抛出一句很有杀伤力的话："您不是急着要做软件研发吗？"

真是一语中的。他说对了。虽然在公司内暂定的目标是10月份，但实际上我希望尽早开始。于是，我话到嘴边又咽了下去，随即说道："那我什么时候可以去拜会贵公司的专务董事呢？"

几天后，1月末的某一天，我和筒井去了Tandem公司。

走进一间大概是董事专用的会议室，和泉法夫专务董事已经在里面了，还有几位貌似是技术部门的主管。大家互相交换名片、客套一番之后，我取出保密协议书，请对方签字。

大多数日本企业看到这份保密协议书时会表示抗拒。有的会搪塞说："要经上司同意才能在协议书上签字。"这还算好的，有的甚至会当场翻脸："难道你信不过我们吗？"

真是可笑。碰到这种情况，我常常这么想："连签个字都做不到的公司，又如何能相信？要不是你们心中有鬼，在保密协议书上签字也没什么坏处吧。"

不过，Tandem公司毕竟是外资企业，和泉专务董事毫不犹豫地在协议书上签了字，随后便催我开始介绍新项目。这样就简单多了。

我一如往常地介绍完后，和泉专务说："有点意思。预计什么时候开始呢？"

我回答道："4月份。"

研发课题组里定的目标是10月开始。然而，在初次见面的外人面前，我却故意提前了六个月。这当然是有用意的。

我原本就对10月开始营业的目标不满意。如果可以的话，我想赶在春季就对外公布。根据三个月前去美国参观COMDEX博览会的见闻以及在圣何塞餐厅里偶然跟POINT CAST公司员工的交谈，不难预见：1996年的互联网行业将会接二连三地出现许多新的广告系统。

正因如此，必须尽早公布，在全世界打响业界先行者的名号，才能制定行业标准。否则，这项事业的优势就会一下子荡然无存。

尽管知道这一点，但既然公司里的技术人员说10月完成，我也就没有强迫他们非得在春季前完成。因为我担心：如果对计算机研发人员施加太大压力的话，只会引起他们的不满，反而造成工作延误。

不过，假如外面的公司(这里指Tandem)答复说4月前能完成的话，那情况又不一样了。公司里那些心气颇高的技术人员受到刺激，一定会努力提前完成吧。

那Tandem是如何答复的呢？

和泉专务回答得很爽快："我知道了。为了按贵公司的要求完成，我们会安排最优秀的技术人员来做的。"

我和坐在旁边的筒井对视了一下。他似乎对和泉专务的话有些吃惊。我没说什么，只是朝他微微一笑，意思是："嘿，4月开始哟。筒井君，那就拜托啦。"

筒井一边苦笑，一边轻轻地点了点头。

Tandem公司的答复可帮了大忙。开始营业时间从10月变成4月，一下提前了六个月。筒井等技术人员也总算同意按照这个日程安排工作。

对了……我这时才忽然想到：Tandem公司的系统研发到底需要多少费用？

几天后，对方送来了报价单。

整个系统研发竟然要5亿日元！无论银行给我增加多少贷款，手里都没有这么多资金呀。可是，除了Tandem公司之外，又找不到其他公司能够委以重任。怎么办呢？

不过，这个问题倒是没有困扰我太久。

以前打过交道的长期信用银行旗下的大型租赁公司——日本租赁公司忽然决定：从Tandem公司购入系统，然后租给我们公司。

其实我也并没有死乞白赖地恳求，为什么日本租赁公司肯承担这项巨额租赁业务呢？原因之一当然是他们知道各家金融机构对我公司的发展前景十分看好。此外，其实还有更加明确的理由：日本租赁公司是日本Tandem公司的销售代理商，而且，据说当时它的销售额在Tandem公司的营业额中排名第一。也就是说，我公司从Tandem公司引进系统的话，Tandem公司和日本租赁公司双方都能获得很大利益。

我是在公司破产以后才明白这个中细节的。由此看来，为什么Tandem公司的业务员会忽然来访，而后日本租赁公司又上门来和我们签订巨额租赁合同就都不难理解了。当年1月份向金融机构举行新项目说明会时，日本租赁公司的负责人应该有来参加。可能就是他们把新项目的相关信息透露给Tandem公司的吧。

事到如今，已经无法去验证了。后来，Tandem公司在1998年1月被康柏计算机公司兼并；而日本租赁公司呢，众所周知，在1998年9月27日申请"公司更生法"——实际上也就是破产了。

总之，在1996年2月时，我通过租赁合同的形式，获得了总额值5亿多日元的Tandem公司的Non-Stop计算机系统。我当时天真地为此欣喜了很久。

通过和Tandem公司签订合同,系统研发方面的问题已经基本解决。于是，只剩下了一项从某种意义上说也是最麻烦的工作——暂定由我们自费开发的互联网服务业务。

当初为什么考虑自费开发呢？因为在现有的互联网服务商看来，这新项目八字还没一撇，自然不可能贸然跟我们合作。虽说如此，但我心里一直有这个念头：要是哪家服务商愿意承担这项业务就好了。

想不到这问题竟歪打正着地解决了。

起因却是一件很不愉快的事情。ASCII公司和我们公司之间产生了一些小纠纷。

至于纠纷的具体内容，因为和这本书没有直接关系，所以在此不提。总之，我考虑到和ASCII公司的多年合作关系，不想把关系搞僵，于是和ASCII公司的领导层进行了多次会谈。对方出席者有：西和彦总经理、从日本兴业银行跳槽过来的副总经理，还有经常指点我的滨田常务董事。

我的立场是要控告ASCII公司损害了我们公司的利益。可是，另两人姑且勿论，要指责滨田先生的话，我总觉得过意不去。我能做成这么大的事业，全有赖于他的帮助。要不是他的指点，恐怕连最开始的游戏软件公司也办不成。

不过，比起个人情面，当以公司利益为重。因为这些问题会严重损害HyperNet公司的利益。所以我还是公事公办，向对方申诉。

经过多次磋商之后，滨田先生忽然说："板仓先生，考虑到眼下这事，不如我们来做第一家使用HyperSystem的服务商吧。"

他提出这样的方案："你们自费做互联网服务商应该很费劲吧。既然这样，这项业务就由ASCII公司包了。虽然不能算是交换，但上次的纠纷就这么和解了吧，你看怎么样？"

大致的合同内容如下：首先，HyperNet把ASCII公司定为HyperSystem的第一家互联网服务商。在该服务开始运营的6个月内，ASCII公司拥有互联网服务的独家经营权。作为独家经营权的报酬，ASCII公司向HyperNet支付3.9亿日元。

对于HyperNet来说，我们不需要再自费开发互联网业务，而且还能委托在互联网行业颇有名气的ASCII公司作为服务商。无论从成本方面还是营销方面都相当有利。另一方面，对ASCII公司来说，可以占有新系统六个月的独家经营权，而且，通过宣传免费上网这一点，也可以大幅度地增加用户数量。

很显然，只要合作顺利的话，就能实现双赢。

其实我也有些犹豫：从上次纠纷以及其他情况来看，先不说滨田先生，至少ASCII公司和我是根本合不来的。

不过，从商业立场考虑，ASCII公司——不，滨田先生提出的方案确实不错。

虽然心存芥蒂，但我最终还是决定和ASCII公司合作。ASCII公司即将成为第一家运用HyperSystem的互联网服务商。

接下来的工作可有点麻烦。ASCII公司担任互联网服务商，这意味着我公司之前设立的互联网服务部门要全部转让给ASCII公司。

虽然迟早是要对外转让的，但谁也没想到会这么快就转让给ASCII公司。眼下不要说设备运转，就连系统也还在研发阶段呢。

事到如今，研发还可能更改吗？

不过，现在已经是骑虎难下了。我向全体项目组发出指令："互联网服务部门全部转让给ASCII公司。"

这一过程所需要的工作量之大远远超出了我的想象。

例如，互联网服务业务原本是准备自己开发的，所以，在HyperSystem中，负责存储、使用用户数据的数据库中心部门和负责用户上网的互联网服务部门并没有分开，无论是技术方面还是设备方面。具体来说，数据库中心的一部分设备在互联网服务部门的设备里头，相反的情形也有好几处。

而且，各自在网络安全方面也并不完善。对于数据库业务来说，妥善管理用户信息的安全部门是极其重要的。在这一点上，研发部门还需要改善。

还有更为现实的问题——已经签订好的互联网服务设备租赁合同以及在日本桥租下的办公楼，原来的所有合同签订人都是HyperNet，现在不得不更换成ASCII公司。

这项工作遇到了麻烦。在我看来，HyperNet只是个没上市的中小企业，与之相比，跟ASCII这样的知名上市企业签合同会更加安全吧。然而，金融机构和房地产公司却不这么想。无论租赁公司还是房地产公司都说，原本是预留给 HyperNet 新项目的，现在很难改成 ASCII 公司的名义。

无奈之下，我只得考虑把租借来的设备和办公楼转租给 ASCII 公司。获得批准后，HyperNet 就和 ASCII 公司签下了转租合同，内容几乎和原来那些租借合同一模一样。从结果来看，ASCII 公司所使用的办公楼和设备是由我公司进行担保的。

就这样，和 ASCII 公司合作的环境总算准备好了。可谓转祸为福吧。应该感谢滨田先生——当时我确实是这么想的。

可是，这些合同在后来引发了很多问题。

和媒体过招

我想以某种方式向大众宣传我们的新事业，但又不知道媒体是否愿意采访。

终于，我得到一个机会去拜访《日经商务》编辑部，对方说想了解我们的新项目。于是，我带上事业部长中山前往编辑部。

赤坂王子酒店后面有一栋看上去很整洁的办公楼，可是位于办公楼里的编辑部却杂乱无比。我们坐在旁边的沙发上等候。室内到处弥漫着一股烟味。噢，原来杂志编辑部就是这样子的。正暗自思忖时，有个似曾相识的大块头男人走了过来——在电视上见过几次，他有时会担任东京电视台的新闻节目讲解员。这人是杂志社的总编，名叫永野健二。

永野先生在我们面前坐下来。还有另外一个小个子男人搬来一张椅子坐到旁边——经介绍，这位是副总编德田洁先生。

首先是新项目说明。我像平时一样口齿伶俐地开始说了起来。可是，今天的情形却不太一样。永野先生会时不时发问："哎呀，你刚才说的我不太明白，能不能再说清楚一点？"有时则说："嗯……你说是这么说，但真的是这样吗？"

这就是媒体人呀，果然和银行职员不一样。不过，我毫不示弱地继续往下说。我有的是底气。

听我大致说完后，永野总编说："这主意虽然不错，但谁都能做呀。"

这话可真损。不过，从某种意义上来说确实有道理。在此之前，听了新项目说明的人要不就全是溢美之词，要不就是觉得莫名其妙、不予理睬。而这位总编一定是听懂了新事业的内容，并且想问为什么非得由我来做。

我立刻回答道："确实是谁都能做。不过，一旦开始运营，数据库的数据就会渐渐存储起来。几个月之后，就不再是谁都能做的了。"

永野先生又问："你认为能达到什么高度呢？"

我夸口道："我认为这项事业能超过Netscape。"

其实，原本在我看来，Netscape也只不过是一家软件开发公司罢了。虽然它的软件开发技术要远远超过我公司，但也仅此而已，竞争优势并不算很强。

即便如此，我这话也说得太狂妄了，毕竟我的新事业八字还没一撇呢。但永野总编并没表示出不屑，他又继续问道："你认为Win-Tel的时代已经结束了吗？"

我迟疑了一下。不过，这种场合说些强硬的话才管用。于是我回答道："我认为是的。"

最后我们告辞回去时，永野总编说："改天再好好采访一次。"

说个题外话——我在回答永野总编的问题时稍有迟疑，是因为我不知道"Win-Tel"这个词是什么意思。当时我见在座的人好像全都知道似的，所以也只得不懂装懂地作出强硬回答了。

在回去的车上，我向中山请教这个词的意思。他一脸愕然："总经理您真的不知道吗？这是在计算机行业呼风唤雨的Windows和Intel的组合呀！"

现在，这当然成了一个无人不晓的关键词。可是当时在我的知识体系里，却遗漏了这方面的信息。从结果来看，那样回答是对的，至少表现出了自己的好强个性。无论如何，幸亏没在当场问 Win-Tel 是什么意思。

以住友银行为中心筹集到了资金，在 NTT 协助下备齐了设备，招到了有 MBA 学历的优秀人才，研发业务委托给了 Tandem 等一流企业，互联网服务业务嘛，虽有麻烦，但最终也交给了 ASCII 公司。距 1995 年 9 月清晨我在卫生间里想到这个创业点子以来，只过去了四个月。

事情的发展规模和速度远远超出了我的预期。这到底是因为我的能力，还是别的什么东西？我已经无法分辨。

事业迅速发展的同时，从 1995 年末到 1996 年初，我的个人生活也发生了重大变化。

首先是换了车。原先开的是宝马 M5。车迷朋友肯定都知道这款运动型跑车，价格也不菲，动辄超过 1000 万日元。四车门的车身看似其貌不扬，其实速度性能并不比保时捷差。这一点很出乎意料，也让我这个车迷为之迷恋。

之所以要换掉这辆已经开了三年的爱车，就是因为它"看似其貌不扬"，而这本来是我当初购买这款车的原因之一。

我常开车去六本木的俱乐部。散场时会带女孩子去兜风，可是她们已经坐腻了宝马。我只得一一向其解释："我跟你说，这款车叫宝马 M5，可不是普通的宝马哟……"这话说得连我自己都嫌烦了。虽然对车还是很钟意的，但我的生活方式需要另一种"外在"的东西。

于是我买了一辆法拉利。车款为 F355 Spider，深红色。这下，谁都一望而知："哇，名车呀！"俱乐部里的女孩子没有不认识法拉利的，我也就不必再解释了。

不过，一辆双座跑车还不够用，所以又顺便多买了一辆沃尔沃，用来平时开。两辆车都是我自己掏腰包的。

可是，特意购置的法拉利却没什么用武之地。

"眼下正是新事业起步和筹备公开发行股票的时期，万一出现什么意外的话就麻烦啦。"秘书常常严厉地叮嘱我说，"您要外出的话，必须乘坐公司签约租用的车。记住哟。"

除了换车之外，还换了女朋友。

我和原先的女朋友在1995年的最后一天分手了。我俩交往的期间基本上就是我开宝马车的那段时期。她二十岁，拥有接近一米七的高挑身材，脚很美，细腰，胸部丰满，脸小巧而清秀。她读短期大学时曾在一家俱乐部打工——我就是在那里认识她的。她性格开朗、随和，我的朋友们都经常夸她。

为什么分手了呢？我已经记不清具体的原因了。反正并不是因为讨厌她，这点可以确定。或许本来就没什么原因，又或许是我自己的原因，跟她没关系。

总之，和她分手后，新年伊始，我又跟另一名在其他俱乐部混熟的女孩子开始交往。她二十五岁，不太高，经常身穿范思哲名牌连衣裙和高跟鞋——"六本木女郎"的典型打扮。至少，她很适合坐在法拉利的副驾驶座位上。

房子也换了。

原先住在用贺的公寓里。虽然只有50平方米，不算太大，但一个人住足够了，而且宽敞的客厅和适合远眺的阳台也令人心旷神怡。这公寓离东名高速公路入口处很近，对于我这有车一族来说是非常理想的位置。

之所以要搬走，是因为1月初我陪新女友在青山公路旁逛宠物店时，她央求说想养一只狗。

我一向喜欢小动物，所以随口答应了。见有一只刚生下三个月的金毛犬从笼里伸出鼻子、吐着舌头撒娇，而且还附有价值80万日元的血统证明书，就买了下来。买下来后才想起："哎呀，我那公寓禁止养宠物的。"

于是我把狗寄放在店里，到处去找房地产中介，终于看中了一套位于港区白金的独门独院的房子。从宽敞的林荫坡道上拐进来，有一片安静的住宅区，房子就坐落在这里。两层高，面积180平方米，带有一个小院子，对于饲养体格高大的金毛犬来说，是个不错的地方。房租每月50万日元——考虑到地段和面积，这个价位也不算太离谱。

1996年2月初，公司里因开发HyperSystem而忙得不亦乐乎。我收拾好用贺的公寓，搬到了白金的新房子里。就这样，家中的院子被金毛犬占领，家中的沙发被新女友占领。而我呢，每天都忙到半夜才回来，只要有个睡觉的地方就足矣。

至于出现在媒体报道中的我，则是"开法拉利名车、住白金豪宅"的"年轻创业家"形象。

当时，无论是对工作还是个人生活，我的内心都开始逐渐膨胀。觉得自己应该穿大一圈——不，大两圈的高级西装。为了使自己的形象更高大，我总是踮起脚尖，穿增高鞋，开始打肌肉针。当然，这种"兴奋剂"对身体有害，可是等到发现它的副作用时，往往已经无可救药了。我也不例外。

1996年2月时，我可没考虑得这么长远。我不遗余力地宣传HyperSystem，努力使日益膨胀的新事业显得更加辉煌，以及使自己的形象显得更加高大。

而且，我还在六本木的Velfarre巨型舞厅[①]举办了一场记者招待会。

1996年2月，距离HyperSystem开始运行只有两个月了。有必要

---

① 是当时全亚洲最大的迪斯科舞厅。1994年12月开始营业，地上3层，地下3层，可容纳1500多人。——译者注

对外界大肆宣传一下。要做成这项事业，广告主是必不可少的。如果信息传达不到各企业的宣传负责人手中，业务就无从谈起。

可是，在杂志、报纸、电视上打广告又太费钱了，投入多少都不够。尤其是我们这样的中小企业，预算很有限。

我打算举办一场记者招待会。当然，要想请来记者，而且还要上新闻报道的话，一般的发布会肯定不管用。必须让他们了解到：这项HyperSystem事业非常具有新闻价值。这种时候，不必难为情，要办就得办得热热闹闹。

开记者招待会的主意其实老早就想好了——租用六本木的Velfarre舞厅，在那里举行HyperSystem发布会。邀请一百多名记者，还有广告代理商、客户以及相关合作企业的老总等，预计四百人左右。邀请大家到会场里，把电脑连接到舞厅的大屏幕，然后做HyperSystem的现场演示……

用华丽的手法介绍崭新的事业，首先吸引大众眼球，然后再好好地宣传新事业的创新性和重要性——剧本已经写好了。

然而，受我委托筹办本次活动的广告公司却不同意这个方案。广告公司的负责人长得很像笑星长濑修一，但没想到竟是个傲慢的家伙。也许他经常和大企业客户打交道，所以渐渐练就了一副专家面孔吧。

我向他说明HyperSystem的创新点、合理性、市场适应性以及和当下正如火如荼的互联网的关系，希望尽可能让他对新事业有个准确的印象，同意在Velfarre舞厅开记者招待会。可是，无论我如何劝说，对方都无动于衷。

"板仓先生，在Velfarre舞厅开记者招待会的是可口可乐、NTT这样的大公司哟。而且，如果他们请不到担任形象代言人的艺人、体育明星出席的话，也是根本没有人来看的。"

这家伙在胡说些什么呢。

我有点来气了，不光是因为被他瞧不起，更让我生气的是他们作为广告公司，头脑却如此僵化，不愿意去尝试新颖的策划方案。归根到底，还是对风险企业抱着轻视的态度。

就这点来说，美国实在令人羡慕。短短十年之间，风险企业就成长为足以代表一个国家的巨大产业了。计算机行业尤为显著，以微软为首，还有康柏、戴尔、苹果等，数不胜数。虽然这些成功人士确实有能力，但单凭这一点，是不可能在十年不到的时间里做成世界知名大企业的。应该还跟美国的成长环境有关吧。在美国，大家有扶持风险企业的意愿，而且会对其给予积极的关注。

而日本正好相反——眼下这位广告公司负责人就是一个缩影。从一开始的碰头会就谈不拢，那往后实在是不容乐观。可是，对于这种人，如果我不一个一个扭转他们观念的话，这样的现状就会永远持续下去。

我本想训斥说："哼，都像你这样的话，风险企业就没希望了！"不过话到嘴边还是忍住了。我花了很长时间来劝说这位广告公司的负责人。

"因为风险企业刚起步时都是一无所有的，一开始就拿来跟大企业比，那风险企业永远也发展不起来呀。你说是不？索尼一开始也是风险企业嘛！当年盛田先生①在美国的超实力发挥，结果才造就了索尼今天的地位呀。这个你应该听说过吧？"

我几乎是在苦口婆心地进行说教了，跟《好家伙！》这部老电视剧里的西乡辉彦有得一拼。说起来，有一次我在Velfarre舞厅的VIP房里偶然遇见艺人山城新伍时，他还对我说："哇，你长得好像西乡辉彦呀！"可能因为我俩看上去都是浓眉大眼的，所以有人觉得像。说不定是我小时候太过沉迷于《好家伙！》，才越长越像他的吧。

最后，这位广告公司负责人总算接受了我的方案，可能是因为不得不接受客户提出的要求吧。无论出于什么考虑，只要肯做就行了。因为我对这场记者招待会信心十足。

当时的我总是充满自信，不论是对自己还是对自己公司的未来。

---

① 盛田昭夫（1921—1999）：索尼公司的创始人之一。——译者注

至少在当时，我这过度膨胀的自信心确实在带领着公司向上走。

有趣的是，我的自信心一下子就在公司里传染开了。无论是对记者招待会的筹划还是HyperSystem的准备工作，大家都非常踊跃。我的个人意志和整个公司保持同一步调，不必对细处作出一一指示，各部门都能完全把握各项工作的目的是什么、需要做什么，从而推动整个公司向前迈进。

因此，即使是关于记者招待会的筹备工作，我也只需要开会交代一下大概要点即可。整体如何构成、现场演示多少分钟、回答现场提问多长时间、要邀请哪些客人等，相关人员都会根据我的意思制定计划。

就这样，记者招待会的大致流程确定了下来——

首先是我上台演讲。主题是：在多媒体和互联网引领潮流的这个新领域里，从市场角度来看存在着怎样的可能性？在这种场合，只有先重申多媒体和互联网的定义和问题点，才能让听众们最大限度地理解HyperSystem的价值。

然后进行现场演示说明。说明时会动用Velfarre舞厅的大屏幕，把手边的显示屏和大屏幕连接起来，演示加载广告的实际效果。随后，以广告中出现的比萨送餐公司为例，实际演示下订单的过程。然后我再次向大家说明：之前我指出的多媒体和互联网中存在的市场方面的问题点，如何通过HyperSystem得到完美解决。说明结束时，刚才订购的比萨正好送到会场……

可能有点过于兴师动众了。不过，只有这么折腾一番，才会给大家留下深刻的印象。随后是正式的现场提问环节。最后，再告诉大家：ASCII公司已经申请成为使用HyperSystem的互联网服务商。

太完美了。这时，我已经陷入自我陶醉的状态之中——不，不光是我，所有参与策划的公司员工都是这样。

记者招待会在2月末举行，只有两周左右的准备时间。项目组和我每天夜以继日地通宵加班，可是谁都没有露出一丝疲惫的神色。看这热火朝天的气氛，仿佛大家正在为文化节活动而做准备呢。涩谷的事务所里，一直到天亮都还是灯火通明的。

唯一担心的是，还没完成的"Hot Cafe"演示该怎么办。所谓"Hot Cafe"，是指HyperSystem出现在一般用户界面——在互联网页面旁边用来显示广告的应用软件的名称。

只剩两周时间，正式版Hot Cafe当然是完不成的。所以，我们赶紧让承包了研发任务的Cosmo Technology公司加急制作一款用于演示的特别版，只要操作过程看起来和正式版相同即可。

结果，这款测试版的Hot Cafe在记者招待会前一天才完成。一般来说，谁都会急得六神无主了吧。但即便在这样的情况下，我仍然坚信会有办法。

唉，万一实在不行，就凭我的三寸不烂之舌也能对付过去，不至于让来宾扫兴。

我这底气并不是全无来由的。

2月8日《日经新闻》晚报头版上，刊登了关于HyperSystem的专栏报道。标题是《HyperNet推出免费上网新业务，4月先在东京试点——页面DM式广告[①]》。

当天傍晚，我一看见送到事务所的晚报上登着这个标题，就情不自禁地握拳挥臂，然后向正在各自埋头工作的员工们大声宣布："喂，你们看，登在《日经新闻》头版呢！"

大家都停下了手边的工作。

"咦，真的吗？"

"那当然啦。看，这里，这里！"

"哇，真的呀！"

"总经理，我马上拿去复印！"

"拜托啦！"

[①] DM：direct mail（直接邮寄）的缩略形式。——译者注

1996年2月29日，星期三。

万事俱备。公司员工从一大早就守候在Velfarre舞厅。营业部门人员忙着迎接应邀前来的广告代理商和客户；HyperSystem项目组成员则负责布置和测试现场演示的器材。

其实我对举办这种活动颇为得心应手。在本书最开头提到过，我高中时曾经拉过几支乐队搞演唱会，卖票，订场地，自己还上台弹吉他。如今，我又重新感受到现场演唱会那种特有的"热血澎湃"的激情。快点开场吧！我已经迫不及待了。

离开场还有30分钟。忽然，我内心开始变得忐忑不安起来。上次那位广告公司负责人说过的话又浮现在了脑里：如果大企业请不到明星出席的话，就算在Velfarre舞厅开记者招待会也根本不会有人来看。

我离开后台，到Velfarre舞厅入口处观察。

Velfarre舞厅位于这样一个地方：从六本木的十字路口沿着外苑东路往北走50米，在红绿灯处往左拐进一条小路就到了。一楼大门进来有个宽敞的空间，正中间是通往二楼接待处的大型自动扶梯和步梯。地下三层打通了作为巨型舞厅，这次的会场就设在这里。

我乘坐专用电梯上到二楼，从上面俯瞰入口处的情形。这一看，心中的不安顿时消散殆尽。

有几百人正在排队进场。

人群中不时闪现出熟悉的面孔，银行方面的人士尤为显眼。这阵势，跟周五晚来跳舞的人有得一拼了。当然，今天来的人跟平时可大不一样。

因为排起长龙，很多人一时进不了场。按这栋建筑物的结构设计，必须先上二楼，再乘坐专用电梯通往位于地下层的会场。但电梯又不够大，导致有的来客等了30多分钟还没进场，纷纷跑到前台去抱怨。有个记者说，他从没见过参加记者招待会还要等这么久的。

终于轮到我出场了，比预定时间稍微推迟了一些。

因为多少有些忐忑，所以我准备了讲稿，这很少见。其实在家里时，我已经在女友和金毛犬这两位"观众"面前彩排过很多次了，但常常结巴或忘词。毕竟，要讲40分钟呢，而且还不允许出错。

该我出场了。

我紧紧地攥着讲稿，带着些许紧张和从前玩乐队时的那种兴奋，走过昏暗的通道，登上聚光灯照亮的舞台。后面的大屏幕正泛着白光。讲稿已经毫无必要了，我滔滔不绝地说了下去。"Hot Cafe"运转顺利。比萨已经订好。

程序结束时，比萨也刚好送到会场。

接下来是现场提问时间。听众会提什么问题呢？或许根本没人问？比起刚才的演讲来，现在可紧张多了。大家却全然不顾我的紧张，个个争抢着提问，令我应接不暇。

"是否考虑进军海外市场呢？"

"您说要存储用户的信息，这样会不会侵犯个人隐私权呢？你们有什么对策吗？"

"从什么时候开始正式营业？"

"一开始就不限对象，谁都能使用吗？"

"实际广告费用是多少？还有，你们预计第一年的营业额是多少呢？"

"现在已经确定广告主了吗？"

"'Hot Cafe'和'Hot Java'名字相似，没问题吗？"

……

对于这些问题，我基本上都没有自己回答，而是让相关的董事或工作人员代劳。我想借这次机会，让他们学会如何负责任地说话。而且，我还想给观众传递这样一种印象——我不是一个人在战斗，有强大的团队成员在背后支持着我。

他们没有辜负我的期待，在众多观众面前作了准确而得体的回答。

记者招待会大获成功。从第二天开始，报纸、杂志上全是关于HyperSystem的报道。筹办本次记者招待会才花了不到1000万日元，但宣传效果却相当喜人。

《日经商务》上也有报道——3月11日在"挑战"专栏里用5页篇幅介绍了我和HyperNet，标题是《"怪人"奇想攻势猛，顾客营销手法新》。

这篇报道出自德田副总编之手。他采访了住友银行的国重先生、ASCII公司的滨出先生、电通伟门直销公司的H先生等人，写得很细致，令人印象深刻。文章里并非一味吹捧我和HyperSystem，反而特别提到我个性上的问题，最后来这么一句总结："其实，风险企业的成功人士，也可以是板仓先生这样的'怪人'。"

我甚至还上了电视，虽然不是直接采访报道。
那天，我在家里和女友唱卡拉OK。
二十五岁以前，我一直是很讨厌卡拉OK的。玩吉他的热血青年当然瞧不起卡拉OK。可是，后来常去俱乐部和女孩子一起玩，竟然渐渐地迷上了唱K。跟她们在一起，不是吃吃喝喝就是跳舞唱歌，所以没理由不去卡拉OK。
拜她们所赐，我终于成了卡拉OK迷，甚至还在家里安装了电视卡拉OK设备。
这种家庭电视卡拉OK和店里的不同，屏幕上只显示歌词，而没有MTV画面。所以，我通常会随便打开电视节目，当做歌词背景。这天晚上，我一如往常地打开电视作为背景，高唱我的成名曲《最后的雨》。这种时候，独门独院的房子最好了，可以无所顾忌地一展歌喉。唱至深夜，酒兴渐酣。
忽然，电视屏幕上出现了HyperSystem的"Hot Cafe"页面，当然图像是彩色的。我已经喝得醉醺醺的，一开始还在想：为什么卡拉OK里会出现"Hot Cafe"呢？后来才忽然清醒过来——那是电视里播放的新闻节目。

于是我急忙按停卡拉OK，把声道切换到电视。电视里正在播放日本电视台的一个叫做"明日早报"的深夜节目，介绍第二天《读卖新闻》早报的主题内容。第二天的《读卖新闻》上竟然用彩色印刷刊登着关于我们公司的报道，就这样在电视上播出来了。

我们还上了日本电视台的"新闻秀"节目。这个节目是这样的：艺人们先介绍一些焦点新闻，然后由担任评委的其他艺人给新闻打分。节目里赫然出现了关于HyperSystem "Hot Cafe" 的新闻，可是那位担任评委的女艺人却以一句"我不懂这玩意儿"给我们判了死刑。结果我们输给了另一条新闻。

记者招待会取得了非常大的轰动效应。不过,也不全是叫好声。"枪打出头鸟"实乃世间常理。各种嫉恨、批评的声音也通过各种渠道传到了我这里。

但出乎意料的是，其中大多数并不是对HyperSystem这项新事业的批评，而是对我个人的指责。最典型的是，有些报道写我"开法拉利豪车"，周围很多人对此颇有微词："板仓君，这么写可不行呀！"

大家提出"忠告"主要是因为：我一边从各家金融机构借款，却一边开着法拉利。这可是花天酒地的象征啊，所以登到报上很是不妥。甚至还有金融机构的相关人士当面对我说："板仓先生，我们可不是贷款给你开法拉利的哟！"

开法拉利有什么错呢？我是用自己的个人收入买的呀，又没花公司一分钱。那些整天坐公家车的人没资格这么说我。我为什么在采访时要特意将个人生活公之于众，他们知道吗？我要是回答说："创业家们生活简朴，一天二十四小时都全心扑在工作上。"那么，那些有能力的年轻人还愿意投身到风险企业中来吗？恐怕都逃往大企业去了吧。我是考虑到后来人才故意那么说的呀……

我至今都觉得自己的个人主张并没有错。但站在经营者的立场来看，我的主张只不过是强词夺理而已。考虑到周围人的反应，我这种想法显然是不明智的。一年后,金融机构开始撤回对我公司的贷款,也许起因之一就是这件微不足道的小事吧。

纳斯达克——我蓬勃的野心

3月份,HyperSystem的研发到了最后关头。

前文介绍过,HyperSystem是个相当复杂的网络系统。

首先,系统整体运作需要一个数据库中心把互联网服务商的签约用户的个人信息和广告数据存储起来,然后判断与各用户相关的广告并向其发送。这是HyperSystem的核心部分。根据承包研发业务的Tandem公司的指定,数据库中心设置在板桥的计算机专用大楼。

其次,使用HyperSystem系统结构的互联网服务设备也必不可少。这方面由ASCII公司负责。HyperNet在日本桥的办公楼进行设备的开发、设置,然后转让给ASCII公司。另外,还需要专用线设备,把数据库中心和互联网服务设备连接起来。

同时,最终向用户端显示广告的应用软件"Hot Cafe"则由Cosmo Technology公司研发。

以上这三大部分分别委托给不同的公司进行研发,最后再结合起来测试。

开发任务正式启动是在1995年12月末,而完成预定目标是1996年4月。仅用四个月,真的可以顺利运行吗?对各开发公司进行统筹指挥的,主要是筒井以及1995年刚从东京工业大学毕业的新员工。

最麻烦的是结合测试。实话说,自始至终,我们都没有一份关于HyperSystem的详细设计书。大公司里的系统管理者们大概会觉得难以置信吧。这个系统,本来只是我突发奇想派生出来的,筒井等设计人员也只是在用白板黑笔向各研发公司进行说明。

结合测试是这样的：在用户端显示广告实例，一点击它，就必须要显示出广告主的网页。2月份那次记者招待会期间，技术人员们几乎不眠不休地投入到了研发工作中。

进入4月后，才确定试运行日期——4月15日。虽然比最初计划推迟了十五天，但到底能不能顺利运行还是个未知数。说实话，连我自己都半信半疑。然而，ASCII公司已经委托各大报纸刊登"ASCII Internet Freeway"——即HyperSystem ISP[①]的运行公告。既然如此，那就无路可退了。

开记者招待会时我还是信心满怀的，可是一到即将开始运行时，却每天都坐立难安。跟以往自己开发的软件和业务不一样，这次是把多家公司分别制造的部分组合起来，最后形成一件大作品——HyperSystem。如果大家步调不一致，就无法成功。光凭我自己是无济于事的。

我几乎每天都请研发团队把目前的最新成果拿给我确认。可是他们拿给我看的，都只是研发系统画面上的一大堆源程序。一问他们，每次都回答说："虽然还有些问题，但我们会想法搞定的。"我虽然是做程序开发出身，但眼下也是一头雾水了。

4月14日。明天就要试运行了，但我还不确定HyperSystem到底能不能正常运转。这也难怪，因为直到现在还没有人向我汇报说"已经完成"。

晚上大概8点多，筒井走进我办公室。

"总经理，已经做好了。"

"噢，真的？真的做好了？"

他没有回答，而是开始摆弄起我桌面上的笔记本电脑来。

"我现在安装个Hot Cafe程序，请您亲自确认一下HyperSystem的运行情况。"

---

① ISP：互联网服务提供商（Internet Service Provider）的缩写。——译者注

安装完毕后，他让我确认。

我在测试页面上启动 Hot Cafe 程序，点击上面的拨号按钮。熟悉的调制解调器的运转声持续了片刻。果然可以拨号连接。

调制解调器的运转声停止了，又等了一会儿。Hot Cafe 在与互联网服务商进行 PPP 连接的同时，还要访问 HyperSystem 数据库中心，因为要转发广告。比普通上网的拨号连接时间长。

时间一分一秒地过去。真的能顺利运行吗？

突然，一个对话框若无其事地弹出来，显示说：Hot Cafe 已经完成了所有连接。

第一条广告出现了——是我们 HyperNet 的广告。我立刻点击广告按钮。这时，只见以前从来没启动过的互联网资源管理器自动开始运转，随即打开了 HyperNet 主页。

运行很顺利呀。

HyperSystem 运行了。虽然一定存在问题，但总算是开始运行了。

明明是我自己想出来的点子，但此时却有点不敢相信。

我抬起头来，看着筒井，说道："成功啦！"

筒井笑了一下，回答道："嗯，成功了。"

这是试运行前一天晚上的事。

1996 年 4 月 15 日。终于到了试运行的这一天。

策划、筹集资金、设计、研发、记者招待会、营业准备——我们渡过了一个个难关，终于迎来了最重要的这一天。就算系统能顺利运行，也不能到此为止。只有等一般用户实际参与进来，才能验证它作为一项事业是否可行。

HyperSystem 的收入来源是广告，所以全取决于是否有广告主出广告费用。当然，如果没有用户聚集于此的话，就没有谁会在这里打广告。对于 HyperSystem 这一广告媒体来说，用户数量就好比杂志的发行数量。相反，如果能获得大量的用户会员，就迟早能吸引来广告主。

所以，现实中能争取到多少用户，是这项事业的第一个难关。

当天的各大报纸上，登载着负责招徕用户的ASCII公司打出的广告。

那天早上，我在家里一看见登在报纸上的广告，就立刻打电话给研发团队——他们从昨天开始一直待在公司里监控系统。我想确认用户注册的情况。

"喂，怎么样了？"

"太厉害啦，好多人访问系统申请注册啊！"

现在才早上8点多。应该是前期宣传和ASCII公司的广告起到了效果吧。即便如此，这开门红还是超出了预期。回公司时，我甚至开始担心网络线路是否够用。

到中午时，注册会员已经有几千人。因为是试运行，暂定会员人数上限为1万人。结果，从4月15日开始，仅仅十天就满1万人了。

做互联网这一行的应该知道，对互联网服务商来说，1万人是个不得了的数字，而且刚开始营业十天就达到了。值得一提的是，ASCII公司的收费上网业务花了一年多才好不容易获得近2万名会员。我后来听说，HyperSystem会员数满了1万人限额之后，还有很多没能注册的用户向ASCII公司表示不满呢。

无论如何，十天1万人。看来，我们需要抛开以往的常识了。我和ASCII公司协商后，把试运行的注册用户名额增加到了2万人。然而，仅仅十天后，注册用户就一下满额了。

HyperSystem顺利地开始运行了。接下来，只需以如此庞大的注册用户数为卖点募集广告主，业务就能走上正轨。按这势头来看，一定会有很多企业蜂拥而来。

我确信一定能成功。而且，这时有另一件事加深了我的确信。有人建议我说不如在美国公开发行股票吧。

对于高新技术领域的创业者来说，"纳斯达克"（NASDAQ）这个词听起来有一种特殊的魅力。很多高新技术风险企业就是在这个众所周知的股票市场公开发行股票，而后才发展成为大企业的。对于风险企业的精英们来说，美国梦的第一步就是纳斯达克。

可是，对于日本的风险企业来说，纳斯达克却十分遥远。到1996年为止，只有唯一一例——Sawako建筑公司在日本公开发行股票后，在纳斯达克成功注册（没有发行新股）。当然，日本的风险企业没能进军纳斯达克，恐怕并非因为自身实力不济，而仅仅是因为大多数企业都想当然地以为：在纳斯达克公开发行股票无异于痴人说梦。

其实我并不是在说大话。我本身就是个例子。

HyperNet有JAFCO等多家风险投资公司出资，当然，这是因为他们预计到HyperNet将来会在日本公开发行股票。从我们致力于IMS业务时开始，这些风险投资公司和证券公司就已经定期举行协商会议，为公开发行股票做准备。1996年春天，当HyperSystem的蓝图渐渐变成现实时，考虑到筹集资金的规模，决定把在国内公开发行股票的目标时间设在1999年之后。

然而，无论是经常异想天开的我，还是金融机构的相关人员，都从没想过要直接在纳斯达克公开发行股票。

这事来得太突然了。

1996年4月HyperSystem试运行成功以后，我从公司外邀请了多名相关的商务人士作为顾问，每周举行经营会议。为的是集思广益，制订经营战略。作为企业应该如何以HyperSystem为中心开展事业呢？

在这些顾问当中，有一位叫作黑部光生。

5月初的某一天，经营会议的议题是关于如何在美国开展HyperSystem事业。在美国开展事业比在日本国内需要更多资金，可是计划在20世纪末公开发行股票的公司已经拿不出一点余钱。但我又无论如何都想在美国开展HyperSystem事业——根据半年前赴美国时的经验，我敢肯定比国内的发展前景更广阔。

即便如此，没钱的话一切都无从谈起。会议接近尾声时，黑部先生忽然提议说:"板仓总经理,在这种情况下,不如在纳斯达克公开发行股票以筹集资金吧?"

起初我不明白他这话是什么意思。

想要在纳斯达克公开发行股票的话,首先须在美国成立法人,实际开展事业并有一定业绩才行吧。问题是我们没有资金用于开展事业呀!现在不正讨论这个问题吗?他的思路反了吧……

我对黑部先生提出了质疑。他的意见好像根本就站不住脚。莫非……

"黑部先生,您的意思是日本的HyperNet公司直接在纳斯达克公开发行股票吗?"

"当然。"他点了点头,脸上的神情似乎在说:你总算听懂了呀。

我只觉得浑身颤抖了一下。

黑部先生可是Salomon Brothers[①]亚洲证券公司的managing director——相当于日本的董事。天下闻名的Salomon,美国大型证券公司的董事,竟然建议我在美国公开发行股票,而且是在正式的经营会议上,显然并非戏言。

从理论上来说,像HyperNet这种资历很浅的公司,在纳斯达克公开发行股票要比在日本国内容易。因为日本市场要以过去的盈利状况为条件,而美国市场则不同。说得极端一点,即使正在亏损的企业也能通过公开发行股票来筹集资金。

本来,筹集资金就是为了企业发展。对于投资股票的人来说,比起企业过去的业绩,当然是自己投资以后的发展前景更加重要。

作为日本的风险企业,跳过国内市场,直接在美国公开发行股票是史无前例的。如果我成功的话,就等于为日本企业掀开了历史新的一页。会议结束后,我还独自沉浸在幻想之中。

我将成为日本企业的先驱者。

[①] 成立于1910年的美国投资银行。——译者注

从那天开始，我就陷入了在纳斯达克公开发行股票的"幻想"。不过，这绝不是"幻想"，而是并不遥远的"现实"。

主要负责 HyperNet 在日本公开发行股票项目的是野村证券公司。我担心会得罪他们，所以决定和 Salomon 公司暗中推行纳斯达克项目。如果闹得野村证券公司和 Salomon 公司产生矛盾的话就麻烦了。但这事不可能一直隐瞒下去。我打算找个合适的时机向野村证券公司说明。怎么开口才好呢？我去找黑部先生商量。

"没什么问题吧。"黑部先生轻描淡写地说，"也可以和野村证券公司一起合作，争取使纳斯达克项目早日获得成功。"

只要 Salomon 公司同意的话，倒是可以考虑……

过了几天后，野村证券公司的相关负责人来公司商量在国内公开发行股票之事。我战战兢兢地把纳斯达克项目的事情告诉了对方。对方是一位三十岁的年轻人，颇有绅士风度，对人彬彬有礼，看起来有点像影星尊龙——虽然这么说略有过誉之嫌。顺便提一下，他后来从野村证券辞职进了我们公司，负责纳斯达克项目。

把事情告知对方后，我担心他会当场指责我。出乎意料的是，他只是回答："明白了。一周后给您答复。"

野村证券公司的负责人说完就提前退场，匆匆回去了。按原计划，本来当天还有一大堆事情要讨论的。难道是生气了？又或许……

一周之后，对方又来到了我们公司。不过，这次不是一个人来，还有另一名同伴。他做自我介绍时，把我吓了一跳——来人竟是 Sawako 建筑公司在纳斯达克成功注册的项目负责人。而且，他初次上门就忽然跟我说起纳斯达克需要哪些基本条件。当然，这些内容我已经全部了解，因为之前和 Salomon 公司开过几次碰头会。

于是我插了一句："不好意思，我们和 Salomon 公司已经着手筹备纳斯达克项目了，上次跟野村证券公司那边也说过。"

"嗯，我听说了。野村证券希望能和 Salomon 公司合作，一起完成贵公司在美国公开发行股票的项目。"

之后，野村证券和Salomon公司站在平等的立场上签署了一份备忘录，共同担任HyperNet在纳斯达克公开发行股票的承销商。我们的项目就这样启动了。

现在，股票市场上的日美公司强强联合，成了HyperNet的后盾。我对事业的成功更是深信不疑。

1996年6月19日，HyperSystem开始正式运行。

正式运行意味着要收取广告费用。此前试运行期间，有100多家知名企业在HyperSystem上打广告，但那只是免费的"测试"阶段而已。

不出所料，试运行期间的广告效果十分可观，相关证明数据都已收集好。然而，参加了测试的广告主们是否都愿意付费使用我们的系统呢？这就不得而知了。

正式营业一个月后，我们首次统计了广告收入。1996年7月，营业额只有300万日元。比起试运行期间，广告主大幅减少。

看了这数据，我却依然乐观：HyperSystem是全世界首个推送式（向特定用户发送特定广告）的互联网广告系统，人们接受起来需要一定时间。

之后的月营业额——8月1200万日元，9月3000万日元，虽然增长率喜人，但绝对额太少了。照这个程度，不要说在美国发行股票，就是国内业务要走上正轨也会大幅度延迟。

一向乐观的我也变得焦躁起来。

我后来才知道，当时这营业额在互联网广告市场里已经算是非常高的水平了。当时雅虎等企业也通过其他方式开展了互联网广告业务，收入多少则无从得知。但根据电通公司公布1996年互联网广告市场报告中的非官方信息，在该年度16亿日元的总营业额中，占市场份额排名第一的竟然是HyperSystem。总之，绝对额不仅不少，而且还算是多的呢。

尽管如此，我还是对这个成绩非常不满意。而且，我自以为是地认为原因并不在HyperSystem，而应该归咎于广告主们的落后意识。

按事业计划，眼下的营业额应该数以亿计，可现实中一个月的营业额却只有几千万日元。预测和现实的落差使我日益焦躁，而这焦躁又使我对现有的营业额感到不屑，同时也是对现阶段付费使用HyperSystem业务的广告主的不屑。

既然野村证券和Salomon公司力劝我们在美国发行股票，就相当于举世公认了呀。如此先进的系统，居然还有企业不愿加入，简直难以置信。不在我们这里打广告，只能说他太傻了，通过我们系统打广告的倒是理所当然。你难道不这样认为吗？

那时，每次和下属出去喝酒，我总会这么大发一通牢骚。对那些认可我们系统、愿意在这里打广告的企业，我几乎从来没有感恩之心。

我已经忘了自己穿的是"又肥又大的高级西装"。而我的自我意识更是日益膨胀，几乎要把那件"西装"撑破了。

而且，从美国那边传来的消息更加助长了我的气焰。

1996年夏天，跳槽到我公司、任海外业务董事的夏野告诉了我一个喜讯。

美国第二大计算机通信公司CompuServe的互联网连接服务部门SPRY和我们签约了。所谓签约，其实是LOI（Letter of Intent），相当于日本的备忘录，但也是具有法律约束力的正规合同书。

为了在美国开展事业，我们通过商业新闻社（Business Wire）在美国公布了HyperSystem。公布之后，反响非常热烈，不光是美国，还有加拿大、墨西哥、英国、东南亚等各国企业都来询问合作意向。在美国，报纸上刊登过好几篇附有HyperSystem示意图的报道，虽然没开记者招待会，媒体宣传却做得比日本好。不愧是IT技术发达的国家。和CompuServe签订LOI，正是其中成果之一。

这样的话，在美国也能保证大量用户。我当即派遣公司的技术团队赴美与CompuServe开碰头会，商讨互联网连接问题。另外，为了进军美国市场，我们在美国成立了HyperNet USA，并指示其强化营业体制。

HyperSystem在美国也大获好评，这让我更加得意扬扬：这样下去的话，说不定在美国的营业额还会超过国内呢。无论如何，眼下必须尽快招募广告主，首先要开拓美国的广告代理商……我坚信，在日本国内市场打出名堂前，我就已经在大洋彼岸获得了成功。

一个企业，如果在经营方面疏于防范，就会很容易垮掉。如今，我对此深有体会。可是在当时，我已经被纳斯达克项目、进军美国市场等冲昏了头脑。然而，HyperNet的经营却出现了阴影。

不过，我是在公司破产后才意识到那是阴影的。

他们的离开和系统故障

回溯当时，最先遇到的是"人"的问题。

从HyperSystem开始，到海外，特别是到美国开展事业的念头就占据了我的身心。

关键是开展事业的速度。尤其像HyperSystem这种互联网行业的业务，速度快慢具有重大意义。哪怕稍有延误，竞争对手可能就会马上推出相同的业务，转瞬间抢占了市场。所以我对速度的追求简直到了极限。原先预定10月开始的HyperSystem提前到4月开始，也正是出于这种考虑。

在互联网如此发达的美国市场，要开展HyperSystem的话，自然对速度有更高要求。既然如此，我们就需要成立一个专门负责美国市场的新组织。

从1996年春季开始，公司经营会议上就会时常讨论由谁负责美国市场、担任组织领导的议题。有两种思路——或者我把日本这边的业务交给别人，自己专心开拓美国市场；或者另外招人来负责美国市场。

Salomon公司的黑部先生主张应该由我亲自去美国开展

HyperSystem事业。他大概是觉得，若非公司经营者专门负责，在美国公开发行股票一事恐怕会遥遥无期。他的意见颇具说服力。但另一方面，HyperNet的董事们却极力反对，因为担心日本这边的业务："总经理，日本国内的业务都还没上正轨，您这么一走了之肯定是不行的。"他们的意见也很有道理。我一时左右为难。

最后，我决定新招聘一位美国市场的负责人。毕竟还是放心不下这边的摊子。这时，我想起夏野来。从1995年末开始，他就表现出对这项事业的兴趣，而且在没有任何报酬的情况下赴美国进行市场调查，并参加了我们的筹备会议。

夏野当时仍就职于东京煤气公司。我开门见山地对他说："希望你来我们公司。"游说一会儿后，我开出条件，说让他担任董事兼副总经理。要在美国开展业务的话，需要"Executive Vice President"这样的头衔。当然，我认为他有能力当此大任。这半年多以来，他作为HyperNet的其中一名外部顾问，一直在利用业余时间参与我们的经营活动。

"板仓先生，我不是这块料呀。"听了我的劝说，夏野一开始是这么回绝的。他希望像之前一样继续担任我公司的外部顾问。但既然要去美国开展业务，"外部"人员显然就不太合适了。

"夏野君，只有你能担此重任了。来我公司当董事吧，拜托了！"

他终于答应了。7月辞去原来公司的职务，成了我公司的董事兼副总经理、海外业务负责人，以美国为舞台开展工作。

此前，在HyperNet短暂的历史当中，还没人一进公司就直接成为董事的。最近升任董事的是筒井，但他也是进公司干了至少一年之后才晋升的。

不过，此时我只能把发展速度放在第一位考虑，已经没时间慢慢来了。我毫不迟疑地在公司内公布了人事变动——夏野按预定就任董事兼副总经理、海外业务负责人；筒井升为董事兼副总经理、技术部负责人。两人各自负责不同业务，不分职位高低。筒井似乎也没什么异议。

但问题随即出现了。

有人对这次人事调动感到非常不满——这人就是中山。

1995年末，中山作为HyperSystem的事业部长进入公司，指导项目组不可思议地实现了HyperSystem的成功运行。而且，各种报纸、杂志来采访时，他还代替我进行了得体的回答。

当然会有不满。中山和夏野都各自在美国获得了MBA，在日本的学历和资历也不相上下，年纪也大致相同。而且，夏野迄今为止还没有任何业绩；而中山进公司半年，已经取得了HyperSystem成功运行的重大成果。但是，这次的人事调动却使夏野在职位上超过了中山。

中山直言不讳地对我说："我不能接受。夏野先生没有任何成绩却受到提拔，即使不掺杂个人感情因素，我也会反对的。"

他说得确实有道理。我想尝试尽力说服他。他是公司的重要一员，对于开展HyperSystem业务不可或缺，要是这么走掉可就麻烦了。

"中山，这个人事安排主要是为了进军美国市场，不是针对你个人的。"

"问题不在这儿。"中山不服气地说，"板仓先生，看来您是不会明白了。"

一旦心存芥蒂就很难解开。他提交了辞职书，最后还留下了这么一番话：

"我并不是妒忌夏野先生，我妒忌的是你，板仓先生。无论在哪里，我跟别人讲解HyperSystem时，别人都会说：'太厉害了,谁想出来的？'每当这时，我就会非常妒忌你。"

在小规模的风险企业里，每一个人的存在都具有重要意义。因此，对经营者来说，放跑优秀人才是最大的失误。而我就犯了这个错误。中山是公司里少数能给我提出忠告的员工之一。但已经太迟了。那是1996年8月的事。

而且，就在同一时间，公司外部发生了从某种意义上来说更严重的问题。

那位滨田先生突然从ASCII公司辞职了。

ASCII公司之所以能成为HyperSystem的第一家互联网服务商，最大的原因就在于ASCII公司里有滨田先生。

前文提过好几次，从我二十岁第一次创业时开始，滨田先生就给了我业务指导。他还是HyperNet成立时期的一位好参谋。我把比我年长十五岁的滨田先生当作了朋友。这么说或许有些失礼，应该是介于朋友和前辈之间，像一位可敬的叔叔。他的爱好也和我一样，是个车迷。我俩聊车的时间比谈工作还多。

我喜欢滨田先生有很多原因，从工作方面来说有两点——我这种"毛头小子"说的话，他会认真听取；对于我"离经叛道"的性格，他也认为对创业来说是很有利的。

总之，我经常会在他的帮助下振作起来。和ASCII公司签订互联网服务合同，也是多亏了滨田先生。我虽然对与ASCII公司合作有过犹豫，但因为对方负责人是滨田先生，所以才打消了疑虑。然而，正是这种依赖性造成了我的疏忽吧。我在1996年初与ASCII公司签订的合同中犯下了重大失误。

我公司作为HyperSystem的运营主体，与利用该系统提供互联网服务的ASCII公司之间签订了合同——六个月的独家经营合同。这个倒没什么问题。

失策的是接下来的一份协议——用户每上网1分钟，HyperNet就要向ASCII公司支付8.33日元。

这对于HyperNet来说具有很大风险。无论我们广告收入如何，都要向ASCII公司支付固定的费用。于是，我在合同上追加了两个附带条件——每三个月可重新调整单位支付金额；我公司可对ASCII公司的用户数量加以限制。但这并不能改变HyperNet单方承担事业风险的现状。

尽管如此，因为对方负责人是滨田先生，所以我还是相当放心的。

在这份合同中，我们确实承担着很大风险。不过，如果

HyperSystem 的广告收入增长不理想，只需减少单位支付金额即可。相反，如果广告收入大幅增长，则对我们非常有利。因为无论广告收入增加多少，向 ASCII 公司支付的费用总是固定的。反正 ASCII 公司那边有滨田先生在，应该没问题的。

可是，6 月份时，滨田却突然离开了 ASCII 公司，没有任何预兆。

我不知道发生了什么事。其实 ASCII 公司里身居要职的董事或干部辞职的现象并不少见。我也半开玩笑半认真地问过他："滨田先生，您不会突然辞职吧？"

"不会的，你放心好了。"他笑着说道。

不料玩笑却成了现实。

这时我才意识到：跟我合作的，并非 ASCII 公司，而是滨田先生；并非企业，而是个人……

当然，实际签合同的双方并不是我和滨田先生，而是 HyperNet 和 ASCII 公司。

滨田离职的 6 月份正好是签合同后的第三个月——可以重新修订合同。

我们通过分析此前的用户上网情况，发现了几个倾向。其中最值得注意的是，直接影响到我们收益的用户上网时间的"偏差"。

调查结果令人吃惊。

用户整体的月平均上网时间约为 170 分钟，但这是平均值。其中存在很大偏差。每月上网 600 分钟以上的用户仅占整体的 5%，而不到 100 分钟的则占了 90%。

也就是说，绝大多数用户的每月上网时间都在 100 分钟以下，只是因为那 5% 的用户经常上网，才导致平均时间被拖长了。不过，根据当初的合同规定，无论谁上网多长时间，我们都要按每分钟 8.33 日元的标准支付给 ASCII 公司。

这对我们非常不利。因为作为广告媒体而言，即使某个用户上网时间长，但人数还是一个人，跟上网时间无关。这样的话，无论他上网多长时间，我们从广告主那里收取的广告费用也只能按一个人算。可是，我们向 ASCII 公司支付的网络服务费用却是按分钟设定的，用户上网时间越长就支付越多。

首先必须重新修订这部分条款。而且，最初的广告收入远远低于预计，所以每分钟 8.33 日元的标准也要改。

于是，我们向 ASCII 公司提出了新的条件：支付费用标准降为每分钟 3 日元，并且再附加一条——最多只需支付每位用户每个月 300 分钟的上网费用。这就是新的合同条款。

按新合同内容，即使某个用户上网时间超过 300 分钟，我也只需支付 300 分钟的费用；如果时间不足 300 分钟，则按实际上网时间算。这样的话，作为广告媒体的价值（用户数量）和支出（支付给 ASCII 公司的费用）应该可以达到平衡。

合同问题暂且告一段落了。然而，从今往后，HyperNet 和少了滨田先生的 ASCII 公司能顺利合作吗？我感到不安。反过来说，ASCII 公司也必定对此感到不安。双方的不安，很快就会变成互不信任。

麻烦事还没算完——这次是 IMS 出了问题。

我已经很久没过问 IMS 业务了。不过，IMS 的订单数倒是稳步增长。而且，随着 HyperSystem 在媒体上的曝光度越来越高，对 IMS 也形成了促进作用，客户数量逐渐增加。我的工作就是在营业或系统运行方面发生故障时，要去处理客户的投诉。说实话，我作为公司经营者，最近一直忙于 HyperSystem 的相关事务，无暇顾及 IMS。

问题就在这时发生了。

"总经理，对不起。"这天，IMS 的营业经理哭丧着脸来向我报告，"我们跟代理商之间发生纠纷了。"

业务上的一些小纠纷嘛，早就习以为常了。我问道："是怎么回事？说来听听。"

"唉，是我们这边的过错。"

"我猜就是。那对方是哪家公司？"

"嗯……是电通公司。"

"什么？"

我一听是电通公司，声音都变了。到底闯了什么祸？

仔细听完业务员的汇报，才知道事情的大致经过。

如前所述，IMS业务是这样的：消费者看了报纸、杂志上刊登的企业有奖广告或活动广告后，打电话进来参加活动。当然，广告上留有联系电话，是从我们系统的大量电话号码中随机抽取一个。如果号码写错，当然会造成严重后果——有奖活动将无法进行。

这次的失误就在于，我们的业务员把错误的电话号码给了对方。对方是跟我们有合作关系的电通的子公司——电通伟门直销公司（后改名为电通伟门营销顾问公司）。这次告诉他们的那个电话号码已经用于其他活动了。

不幸中的万幸是，在正式刊登广告前就发现了错误，所以并没有造成实际损失。

可是，电通集团却大发雷霆。而且，错误还是他们发现的，而不是我们，这也让我们十分被动。事情越闹越僵，最后对方竟然向我们索取100万日元的赔偿金。

我不肯同意。毕竟，没有造成实际损失。

除此之外，和IMS还发生过多起纠纷。如果是我们的过错，而且造成实际损失的话，我们都会立刻接受客户提出的赔偿要求。实际上，在IMS的年度营业额中，有好几个百分点是由于这方面的赔偿或类似的折扣而亏掉的。

然而，这次失误并没造成实际损失。我向营业部门作出指示：诚心诚意地向对方道歉，写检讨书，并制订防止再次发生的具体对策，以此平息对方怒气。

一开始，对方的态度并没软化。我便吩咐营业部门负责人，不仅向电通伟门公司，而且还专程去向电通总公司道歉。最后，赔偿的事总算不了了之。可问题是，接下来电通伟门公司骤然减少了IMS的订单，不到三个月竟然降到了零。对方大概是认为我们道歉态度不诚恳，所以不肯再给订单了吧。一开始确实是我们的错，但闹成这样，总觉得心里不太痛快。

后来，我和朋友谈起此事，那朋友劝道：与其跟对方理论，不如先付赔偿金，从公司经营来说，那样方为上策。现在，我也觉得他的建议是对的。但当时我却愤愤不平，不肯接受。

HyperNet并不只是一家从广告代理商承接业务的公司，接下来我们还要开创举世瞩目的事业呢，岂能为了一点眼前利益而委曲求全……当时我是这么认为的，因为我的整个身心已经被HyperSystem事业的发展以及在美国纳斯达克公开发行股票这两件事所占据。

我真是愚不可及。真正的经营者一定会更加珍惜经营了数年的IMS。在生意场上，每一笔生意是否合情合理也许并不重要，重要的是结果。只因我一味认死理、维护自尊，结果失去了重要的客户。这是无比惨重的损失。

然而，当时我并没有意识到。我已经完全沉浸在"HyperSystem"和"进军美国市场"的美梦之中。就在这时，发生了一场最大的事故，仿佛冷水迎面泼来。

终于，HyperSystem系统本身出了故障。

根本原因在于，我们对承包系统研发任务的公司催得太急了。如前所述，HyperSystem虽然提前开始运行，但系统却留下了许多细小的缺陷。

其实，从试运行期间就经常发生故障，但因为都是小问题，所以也没怎么重视。但这次却不一样——广告的历史记录显示不出来了。

HyperSystem的特点在于，根据用户的属性发送相应广告。要准确地把握广告效果，就需要详细的历史记录数据——向多少位用户、何时、显示过多少次什么广告，其中有多少人实际点击广告画面，访问了广告主提供的主页。获取这些用户的历史记录数据，其实正是广告主使用HyperSystem打广告的意义所在。对于广告主来说，这些数据可以成为各种市场营销的材料。反过来说，如果这些历史记录数据因故不能输出的话，广告主在HyperSystem上打广告也就毫无意义了。

1996年9月，HyperSystem最严重的问题出现了。由于系统故障，所有广告的历史记录数据都不能输出。

当时每个月的广告收入正呈上升势头。大部分广告主已经连续每个月在HyperSystem上打广告。通过逐渐扩大这些广告主的数量，能迅速有效地实现营业额增长。从这个意义上说，这些"长期广告主"是最最重要的客户。另一方面，在纳斯达克公开发行股票的项目也在进行中，现在正是考验HyperSystem含金量的重要时期。

可偏偏在这时候出了事故。

本来打算继续打广告的那些广告主们，得知不能统计广告效果后，马上就明白打广告毫无意义，于是几乎全都暂停了10月份开始的广告。

眼下已经不是吹毛求疵地说什么"营业额绝对值太小"的时候了，HyperSystem的营业额将全部化为乌有。事态紧急，我急忙督促公司员工以及合作的研发公司对系统进行改善。

过了大约两周，系统恢复正常了。然而，一旦失去广告主们的信任，要重新赢回来就并非易事了。而且，进入1997年后，这样的系统故障还频频发生过。

继续进军纳斯达克

每当我回想起1996年春天至秋天这段时期的自己和公司，总会喟叹：在那样的状况下，我居然还敢夸口说什么在美国公开发行股票！

公司骨干人员离我而去、合作公司的重要人物辞职、一直以来的基础业务因闹纠纷失去了重要的客户，而且连关键的HyperSystem也发生事故导致营业额暴跌……单是这么几件，就已让人不敢相信我们正准备公开发行股票。不知情的人听了，也许还以为这家公司快要倒闭了呢。

虽然事故频发，但我仍然坚信自己的公司能在美国获得成功。不光是我，许多聚集在周围的知名企业也持相同看法，至少在当时是这样的。

从1996年秋天多次召开的纳斯达克项目会议的出席人员就可窥见端倪。尽管当时HyperSystem正处于事故之中。

会议出席人员有：野村证券公司、Salomon公司、我们公司的律师事务所——美国Pillsbury、承销商方面的律师事务所——Simpson Thacher、担任会计监察的Price Waterhouse、HyperNet USA的总经理杰伊，还有我公司的经营层以及项目组。这二十多位响当当的人物聚集在一起开会时，每次都讨论得非常热烈。

以上所有人员都出席会议时，一定会使用野村证券涩谷分公司的大会议室。那个会议室大概可以容纳一百人，最里面备有黑板和高高的讲台。二十人用这么大的会议室，未免有些奢侈。

简单的折叠式桌子摆成"コ"字形，横竖各十米。一边是野村证券、Salomon公司，对面坐着各个律师事务所的负责人。参加会议的律师大概有五六人吧。坐在正中间那一列的是我、HyperNet的董事以及纳斯达克项目组成员。其他的野村证券涩谷分公司人员则似乎比较谦让，坐在外围的折叠椅上。

我高中时曾在一千多名观众前开过演唱会，也曾在二百名广告代理商面前作营销演讲，还试过在六本木同时应付六名漂亮妹子——无论何时，我总是面无惧色。但唯独每次开这个会时都很紧张。也许是因为这个创业以来最大的项目会对HyperNet的前途产生重大影响吧。

如果公开发行股票项目进展顺利的话，HyperNet就能确保有几十亿日元的现金。我个人一夜之间就会变成亿万富翁。而且更重要的是能在日本企业发展史上留下美誉："HyperNet 成为第一家在纳斯达克公开发行股票的日本企业！"

可是因为会议内容是进军美国纳斯达克，与会人员以美国人为主，所以开会时大家全都在说英语。这是理所当然的，但却苦了我。

开过几次会后，我越来越怕英语了。本来我的英语听力还凑合，虽然语法一塌糊涂，但总能把自己的意思表达清楚，即便是在商务领域。在一般日本人看来，我应该算"会说英语"的那类人吧。我自己也这么认为。

可是，在这次的项目筹备会议上，经常接二连三地出现很难的财务用语、非常正式的英语措辞。与会者既有日本人，也有土生土长的美国人。而会议上所说的英语，无论速度还是内容都超出了我的理解程度。

幸亏有我们公司的精英董事们在场，可以帮我一把，会议总算能勉强对付过去。但要在美国发行股票的话，我自己必须站到"舞台"上说英语——这就是所谓的"Road Show"①。

当然，这里不是指电影的"Road Show"，而是在纳斯达克公开发行股票前，须去美国以及欧洲等地二十多个城市向投资者们进行宣传演说。经过连日会议，我已经对英语望而生畏，如果可以，真不想搞什么"Road Show"。但公司内外的人自然都不答应。大家异口同声地说："凭板仓先生的英语水平，一定没问题！"

当然，我没把他们的话当真。即使英语再差，作为公司董事长，也应该亲自向投资者们进行宣传演说。这点我明白，但毕竟这项任务还是太难了。

不过，一向爱出风头的我，虽然表面上很不情愿，但内心已经暗

---

① Road Show：原义指电影新片专场放映。这里指证券发行商在发行证券前针对机构投资者的推介活动，是国际上广泛采用的证券发行推广方式，或译作"路演"。——译者注

自决定：一定要完成这项艰巨的任务！自从开会时提及"Road Show"以来，我就每天在家里对着小狗背诵《Form F-1》（公开发行股票项目计划书），进行演讲训练。家里那只金毛犬一定不知道，居然有人用蹩脚的英语跟自己说发行股票的事！

就这样，纳斯达克项目筹备会议几乎每天都开，相关手续也在按部就班地进行。为了做会计监察，Pricewaterhouse事务所的几名会计师在我公司摆了几张桌子办公，而我们管理部门的几名相关人员则进驻新租下作为项目准备室的楼层，每天加班加点地工作。只要没什么特别的变故，在纳斯达克公开发行股票只是时间问题了。

通过公开发行股票，HyperNet预计能筹集到几十亿日元的资金。我们打算用这资金来改善财务体系——从完全依赖银行贷款的间接金融体系转换为拥有自有资金的直接金融体系。由于系统故障，再加上国内互联网广告市场一直没有打开，所以HyperSystem的营业额明显低于原计划。不过毕竟才刚开始几个月。在我看来，接下来可以采取各种对策进行改善，而且HyperSystem本身的口碑依然很好。

日本企业第一次在纳斯达克公开发行股票，这个项目充满了刺激感，我和公司员工以及周围的企业都为能参与其中而振奋不已。

不过，我也并非高枕无忧。要进军海外市场，需要增强人员阵容。其中，招聘一名财务方面的董事，对于开展纳斯达克项目是必需的。也就是设置首席财务官。

要胜任CFO，须满足以下条件：首先必须熟悉日本和美国两边的会计知识；其次当然要精通英语；然后要尽可能有在美国的商务经验。9月份，当我们连日开会讨论CFO人选的条件时，我想起一个人来。

森下贤二。他符合所有的条件。

这个人是我的酒友，国家注册会计师，同时还是美国的CPA（注册会计师）。他曾经在大型会计监查法人里当会计师，还在洛杉矶的监查法人里工作过三年。他的这些经历简直和我们这次招聘不谋而合。

森下比我大两岁，体型浑圆，举止大方，性格温和。初中、高中是在开成中学读的，但不知为什么没上东京大学，而是去了庆应大学。后来考了注册会计师。他怎么看都像个东京的公子哥儿，并不是那种争强好胜的野心家。

我一想到此人，就立刻联系了他。他好像是自己开了一家咨询公司，然后又在公司的客户——数字卫星电视节目制作公司里担任董事，而且刚上任没多久。真是不合时宜。

但我并没气馁，游说了好几次。他最终决定来我们公司，是在我向他说明了HyperSystem的概况之后。深知数据库营销重要性的森下看到了这项事业的发展前景，所以才决定来我公司。

我游说他的时候，用了追女孩子所用的技巧——以"已经追到手"为前提展开各种话题，让对方就范。对话情形如下。

"这样吧，项目组的人员由森下先生你来指定即可。"

"啊哈哈，这话说得太早了吧。板仓先生，你是要硬拉我去吗？"

"还有，因为你是CFO，所以薪酬得由你自己定。"

"啊？噢，这样呀。"

"另外，你最好再兼任HyperNet USA的董事，这样以后工作起来会方便一些。"

"确实是。"

"对了，你的下属需要什么样的人？"

"嗯，跟公司里的干部见过面再说。"

"那你就跟各部门的部长先谈一谈呗。对了，到时让他们其中一人给你讲解一下HyperSystem吧。"

"嗯。"

"总之，一旦公开发行股票后，公司董事们个个都会在Tax Haven（避税天堂）住上别墅的。"

"好嘛。"

"对了，财务部最里面有一张空着的办公桌，你坐那里可以吧？"

"嗯，没问题。"

……

就这样，森下在9月时正式成为公司的CFO，同时就任纳斯达克项目的负责人。前文介绍的项目筹备会议，其实森下每次都有参加。

又发生事故了。

1996年10月，我正在办公桌前处理电子邮件时，夏野走了进来。

"现在有空吗？"

他并不是问我，而是问坐在办公室门口旁边的秘书。每次要告诉我坏消息的时候，夏野总是这样；有好消息的时候，则往往会无视秘书，径直走到我面前。我瞥见他来了，却装作不知道，继续看我的电脑。

"总经理，现在有空吗？"

要在平时，他会满脸堆笑地先问我有没时间，也不着急说正事。但今天他却一脸凝重。我故作镇静地抬起头。

"什么事？"

"唉，CompuServe拒绝了。"

"啊？"

"嗯……对方说要取消LOI。"

他说话开门见山，简单明了，说明他已经采取过相应措施了。事到如今，我再着急也于事无补。

两个月前刚签订的LOI，CompuServe为什么单方面提出取消呢？我想知道原因。但夏野却说，对方并没有明确给出能让我们接受的理由，只是说要取消。

我们已经向HyperNet USA投入了相当多资金。目前HyperNet USA员工人数已超过二十多人，正在和美国大型广告代理商进行代理合同洽谈。而且，HyperNet USA所需的数据库中心也在积极筹备中。可谓势在必行了。

鉴于CompuServe不肯改变态度，我们讨论是否在美国起诉对方。

虽说双方签订的是LOI，但所依据的文件在各处细节上都有规定，还量化到了数字。我们当然打算诉诸法律，起诉对方违反合约，要求赔偿损失。

然而，经过权衡，我们最终在经营会议上却作出了"忍气吞声"的决定。因为考虑到打官司需要耗费大量的金钱和时间，而且我们公司在美国还没取得任何业绩，贸然起诉CompuServe的话，会对以后在美国的事业发展造成负面影响。

虽然心有不甘，但也无可奈何。我们只好寻找另外的服务商。当时，除了CompuServe外，还有好几家美国的互联网服务商向我们示好。既然如此，与其浪费时间去打官司，还不如尽快选定下一家合作商。然而，新"对象"却迟迟无法确定下来。因为每一家互联网服务商都要求支付固定的费用。在美国，虽然互联网运营成本比日本低，服务商报的价也相对便宜，但支付固定费用的风险还是太大了。

有一家服务商报的价格是：每位上网用户每月收取7美元。如果我们能按计划完成广告收入目标的话，这点钱还是出得起的。但如果上网用户数量增加而广告收入没有相应增长时，我们就入不敷出了。事实上，日本这边就因为故障频发而导致广告收入远远低于原定计划。

最后，我们决定还是自己来做互联网服务。调查结果显示，在美国，即便没有基础设施，也能开展互联网服务业务。

美国的大多数互联网服务商本身并没有通信设备，而是从大型公用电信公司（相当于日本的NTT、DDI等拥有通信基础设施的企业）租用设备。和电信公司签订合同后，只需设置邮件服务器以及用于用户认证的服务器，并设置好连接互联网的网关，就能开展互联网服务了。

在日本，开展互联网服务则更加费事费钱。须自备办公楼，在里面设置调制解调器、服务器等设备，而且还须在全国各地有事务所作为接入点，在里面放置调制解调器等设备。否则，业务就无法开展。

在美国，互联网服务是市场营销产业，其核心并不在于设备，而在于如何争取用户、为用户提供支持。

问题是需要多少成本。其实比我预想的低很多。Pacific Bell公司报的价是每位用户只需每月2美元。这样的话，即使再加上招徕用户所需的营销成本、为用户提供支持的成本，也比现成的互联网服务商便宜得多。而且，因为不牵涉到第三方，所以一旦广告收入不如预期，也可以通过限制用户数量以保证收支平衡。

我向夏野作出指示：自己开展互联网服务。HyperSystem终于要进军美国市场了。接下来是能否确保广告收入的问题。

我们在纽约的广告业中心——麦迪逊大街设立了事务所，开始营业。业务员人才济济，都是我从Grey、J.W. Thompson等大型广告公司挖过来的。他们为了找广告代理商签约而四处奔忙。几周后，他们寄到日本的报告书仿佛给我打了一剂强心针。

眼下，HyperSystem在美国尚未启动，当然一个用户也没有。然而，委托我们打广告的企业却接踵而来。而且据说有近五十家像宝洁、联合航空、美国航空、通用汽车等无人不晓的大企业曾联系过我们。不仅如此，一家在主页上有购物网站的小型风险企业还下了订单。

我想：纳斯达克已经近在眼前了。

这时有一件事加深了我的确信。

东京涩谷区笹冢甲州街道旁的大楼里有一家美国企业的事务所，事情就发生在这里的会客室。

这家企业，名字叫做微软。

比尔·盖茨要见我！

1996年12月某天，计算机销售大公司Sofmap的铃木庆总经理带我前往微软日本法人总公司，去拜访该公司的成毛真总经理。

我和铃木总经理是在一个叫做YEO（Young Entrepreneur Organization）的青年创业家协会上认识的。一周前，我为了游说铃木总经理担任HyperSystem的广告主而登门拜访时，他邀请我说："板仓先生，下周我要去拜访成毛先生，你也一起去吧。"

铃木先生此行的目的是为Sofmap的子公司——Sofmap Future Design公司制作的新软件做现场演示。这是一款用于开发应用软件的利器，可以用它把预先做好的软件组成部分连接起来，制作成应用软件，就像小孩子玩拼装玩具一样。

其优势在于运行速度。一般软件大都是像堆积木似的一层层叠起来，所以规模越大，运行就越慢。然而，用这款新工具制作软件时，并不是把软件的各部分纵向叠加，而是以横向方式连接。所以，无论规模有多大，软件的运行速度都不会下降。

在成毛总经理的注视下，铃木先生打开用此工具制作的地图软件进行演示，在电脑显示器上不断地滚动画面。那地图画面灵活快速地到处移动。

其实我已经在铃木先生的办公室里见过多次，所以在旁听得心不在焉，颇觉无聊。

忽然，成毛总经理问我："板仓先生，那你呢，听说最近在忙些新东西？"

他似乎对我的新事业已经有所了解。

"嗯，其实我就是想聊聊这个，所以才跟铃木先生一起来的。这次我们开发了一个名为HyperSystem的互联网广告系统，请让我为您介绍一下……"

"好像口碑不错嘛。"说完，成毛总经理就催我快讲。

于是我立刻开始对HyperSystem的基本特征做了详细而浅显的说明，并且在自带的笔记本电脑上把实际画面演示给他看。

同样的说明，不知道已经做过多少次了。现在又当着成毛总经理的面演示了一次。

演示结束时，成毛总经理高声说道："这五年来我所见过的软件当中，要数这个最强大了！"说完就忽然起身出去了。

莫非是去上厕所？我一时愣住了。过了5分钟左右他才回来，后面还跟着三个人。我和他们一一交换名片——一位是广告宣传部长，第二位是互联网部门的总负责人，最后一位……哇，不会吧，这位竟然是古川亨董事长！

他们似乎都没听过关于HyperSystem的讲解。大概是成毛总经理跑去说："有个新鲜玩意儿，快来看吧。"才把他们请过来的。

我又重新开始作简要的说明。讲到一半时，古川董事长打断了我。

"板仓君，好久不见啦。"

"嗯……"

"你们公司的情况我可了解得很哟，因为有调查过。"

"调查过……是什么意思呢？"我突然有些不知所措，不由提高了嗓门。

浓眉大眼的古川董事长面不改色。我记得他当时说了这么一句：

"说实话，是比尔让我们调查的。"

"比尔"？在微软公司里提到"比尔"，只可能是他！没错，就是公司创始人比尔·盖茨。

比尔·盖茨为什么要调查我们公司呢？

古川董事长把事情经过告诉了我。这是前不久的事。比尔·盖茨和ASCII公司的西和彦总经理是老朋友了，两人见面谈起互联网服务的问题时，西总经理向他炫耀说："微软的营销网络在日本遍布全国各地，可是用户也只不过二十万人吧。而我们ASCII在短短六个月里，光是东京地区的业务就超过十万人啦！"

于是，好胜心天下第一的比尔就立刻联系古川董事长，让他调查ASCII公司到底是用什么手段吸引了众多用户的。微软日本公司经过调查发现：ASCII公司自从开始利用HyperSystem这一新的广告系统之后，用户数量就急剧上升。而且，他们还探听到：实际研发、运营那个广告系统的并不是ASCII公司,而是一个名为HyperNet的风险企业……

事情朝着始料不及的方向发展。我正发愣时,古川董事长问道:"对了,现在这个HyperSystem的所有权关系是怎样的?"

"嗯,全部产权都归我公司所有。我公司的资本构成当然跟ASCII公司没关系,而且跟任何一家计算机行业的公司都没关系。"说完,我没忘补上这么一句,"虽然我们常被人误认为是ASCII的子公司。"

"噢,原来如此。"古川董事长点点头,"跟ASCII没关系,那跟SoftBank[①]呢?"

"当然也没有关系,我们是独立公司。"

"噢,这样啊。"

古川先生究竟在打什么主意呢?我脑里浮现出一连串问号。

正在电脑前摆弄"Hot Cafe"的互联网部门总负责人突然问我:"这系统用的是什么浏览器呢?"

我回过神来,小心翼翼地回答:"默认用Internet Explorer,不过,有时也可根据用户的设定用Netscape的Navigator启动……"

我这么回答自有我的考虑。众所周知,Internet Explorer是微软的产品,而且当时正在拼命追赶Netscape的Navigator。所以我故意站在中立的立场上来回答。

"明白了。"他点点头,随即又嘀咕道:"不能设定为只用Internet Explorer吗?"

这句玩笑话听起来又不全是在开玩笑,这正是微软之所以成为微软的原因吧。

我也半开玩笑地回答说:"行呀。那微软是不是也打算用我们的Hot Cafe呢?"

---

① SoftBank:即软银集团,1981年由孙正义创办,是一家综合性的风险投资公司,主要致力于电信和互联网相关产业的投资。——译者注

之后，我们又聊了一会儿从前在ASCII公司的快乐时光，然后就回去了。古川董事长和成毛总经理都出身于ASCII公司，我二十出头刚做游戏软件那会儿也常去ASCII公司拜访，所以从那时起就跟他俩见过几次面。古川先生对我说"好久不见"大概就是因为这个缘故吧。谈起往事时，我就在一旁随声附和。

这天会面之后，微软提出了在HyperSystem上打广告的委托申请。我的最初目的算是实现了。不过，这已经不是我所关注的重点。在回去的车上，我心不在焉。对于铃木总经理，我觉得有点过意不去，因为刚才抢了他的风头。然而，此时占据我头脑的，却是这件事情——鼎鼎大名的微软，鼎鼎大名的比尔·盖茨居然知道我的情况，而且还调查过我的公司……

这意味着什么呢？当时我还无法猜测。

大家听说过"新商务协议会"（通称NBC[①]）这个组织吗？

NBC成立于1985年，目的是振兴风险企业。历届会长都是由大名鼎鼎的经营者担任的，例如：NEC的关本忠弘、朝日啤酒的樋口广太郎、CSK的大川功。作为风险企业的组织，无论从规模还是权威性来说，NBC都是全日本最有影响力的吧。

NBC有个例行活动——每年年终举行对风险企业的表彰大会。在十多个奖项当中，最高规格的是"新商务大奖"，候选企业由各家有业务往来的金融机构和风险投资公司推荐。

1996年，HyperNet竟被提名为了NBC的表彰候选企业。是由我们公司的股东——日本长期信用银行旗下的风险投资公司NED推荐的。推荐手续很简单，只需在报名表上填写相关事项即可。

然后，评委会参考报名表的内容，对各个候选企业的发展前景、独创性、财务状况等进行评审，然后对企业经营者进行面试，最终决

---

① NBC: New Business Conference 的简称。——译者注

定大奖归属。大致是这么个流程。

1996年9月，我收到来自NED的联络："我们推荐了贵公司参加NBC新商务大奖的评选。"不过我也只是当做耳边风而已。

当时，我一方面要处理频发的事故，一方面在紧锣密鼓地筹备纳斯达克项目，每天工作十五个小时，根本没有时间和闲情去管那八字还没一撇的什么大奖。而且，即便得奖，银行的贷款额也不会因此放宽，风险投资公司也不会因此增加投资。总而言之，这奖对我的事业没有任何直接帮助。我是这么考虑的，所以也从没想象过自己会得奖。

10月进行材料评审和调查，由此确定各个奖项的候选企业，最后还有最终面试。我又收到NED的联络消息："板仓先生，贵公司进了最终候选企业名单，而且还相当有竞争力。请务必参加最终面试。"

虽然还是很忙，但既然说有望获奖，那就另当别论了。我本来就是一个爱出风头的人嘛，哪怕这奖跟业务没什么直接关系。面试安排在市内一家酒店举行。我前往参加。

到酒店后，我被带到等候室。这是一个最多只能容纳十人的小房间，里面摆放着折叠式桌椅。

几个中年男人正默默地喝着绿茶。我感觉仿佛走进挤满人的电梯里一般，一股温热的空气扑面而来，发蜡的气味和汗味混在一起，直往鼻孔里钻。莫非来错地方了？我又看了一眼立在门外的招牌，上面写着"NBC等候室"。没错，就是这里。

然而，等候室里的这几个人却怎么看也不像是风险企业的经营者。真可谓：人不可貌相。没人规定说上了年纪就不能创业。不过，至少我所认识的"创业家"跟眼前这些人大异其趣。天大地大，果然还有很多我不了解的事。我一边想着，一边坐到角落的椅子上。

我跟这些喝绿茶的大叔们偶尔互相对视，但谁也没开口，大概是因为等待面试而紧张吧。我从双排扣的西装内袋掏出烟，先抽了一会儿，跟在外地工商会议所的等候室差不多。

正要点燃第四根烟时，门开了，有人叫我的名字。

我没参加过就业招聘会，所以今天还是第一次接受上级的面试。我穿过天花板奇低的长廊，来到会场前，敲门进去。从门口往里大约5米的地方摆着细长的桌子，有几位评委面向门口而坐。一位是经常在电视和杂志上露面的三菱综合研究所的牧野升，其他几位的姓名一时想不起来，不过都是经济界名人。推荐HyperNet参选的NED的中岛省吾总经理也在其中。

我已经记不清当时被问了些什么，大概都是很平常的问题吧。例如：公司迅速发展的原因是什么？HyperSystem是怎么想出来的？听说你们要去海外开展业务，那怎么招聘员工呢？……

对于评委的几个问题，我应该回答得颇为得体，虽然记不起当时怎么回答的了。然后又用炉火纯青的讲解技术把HyperSystem业务介绍了一遍。面试完，我走出会场时，听见守候在门口的工作人员说："比其他人的面试时间长很多呀。"我心想：看来评委特别关注我呢。过了一会儿才意识到，其实只是因为我的讲解拖长了时间而已。

面试之后不知过了多久，11月的某一天，我没去公司，而是跑出去玩了久违了"小型赛车"。

大家应该知道游乐园里的卡丁车吧？小型赛车和卡丁车基本类似，只是场地和引擎性能不同。小型赛车是在真正的赛道上行驶，时速100公里，转弯时的最大加速G值能达到3G。F1赛车也只不过4G而已。因为小型赛车体积小，离地面低，一加起速来势头很猛。在欧美，就是用这种车给小孩训练赛车技术的。F1车手里头，有很多都曾开过这种小型赛车，例如舒马赫。

我认识一个进口车经销商，他每个月组织一次活动，租下赛车场，向车迷朋友开放。当然都是些法拉利、保时捷的车主。这一整天，我们能过一把赛车手的瘾。对于应邀前来的车迷们来说，什么法拉利，什么保时捷，都只不过是赶来赛车场的交通工具而已。而开着小型赛车在赛道上奔驰，那才充满魅力，那才叫刺激。

在秋高气爽的天空下，我转过弯道，一路疾驰，眼前又出现一个急转弯。我把用双手就能盖住的小方向盘往左打，顿时身体倾向相反方向，仿佛一下被巨人拉拽过去似的。我努力稳住，轻轻反打方向盘以防车尾打滑，然后猛踩油门。在转弯处减慢的速度又一下子提了起来，仿佛被人从背后踹了一脚似的直往前冲。

回到场边的修理站，我下了车，拿起一罐略冰的可乐，打开拉环就喝。这时，包里的手机响了。

"喂——"

周围到处是尖锐的汽车奔跑声，听不清对方在说什么。于是我走进卫生间，再把手机贴近耳边："喂——"

"喂，是总经理吗？"电话里传来秘书的声音，"HyperNet获得NBC的大奖了！"

没想到竟会在这里听到这意外的消息，我感到无比惊喜。偶尔忙里偷闲玩飙车，却接到喜讯，真是无奇不有。我从卫生间走出来，仰望高空，深深地吸了一口气。

NBC表彰大会的邀请函寄到了事务所。举行时间是1996年12月10日至11日，地点位于横滨樱木町的大型填海造陆区——未来港的"横滨国际和平会场"。这次表彰大会是NBC组织的"1996年新商务展览会"其中一项活动。

我正看着一同寄来的小册子上的表彰会流程安排，忽然目光停住了。

比尔·盖茨正在演讲！

当时，微软正准备推出用于网络的操作系统"Windows NT 4.0"。比尔·盖茨这次来日本应该主要是为了这个事，然后才顺便出席NBC表彰大会吧。

一定会发生点什么事。

在那一瞬间，我预感到：我和比尔·盖茨之间一定会发生点什么事。

自从HyperSystem项目组启动以来,我们公司里流传着一句玩笑话。每当业务进展不顺或者发生故障时,一定会有人说出这句咒语一般的话来:"我们这项目会引起比尔·盖茨关注的。说不定哪天就给板仓总经理发来一封邮件:'How much is HyperSystem?'(多少钱能买下HyperSystem?)"

收到邀请函的那天下午,我乘坐公司包的车从涩谷事务所去往银座的广告代理公司。前文好像提过,我是从1996年1月以后开始乘坐包租车出行的。当时正值IMS营业额迅速增长同时HyperSystem研发项目也正式启动的时期,秘书下令说:"不许再开私家车回公司。"一开始我还当做耳边风,不过后来随着银行贷款增加、事业规模日益扩大,我也不得不遵守了。

但我一向比较任性,所以很难找到合我脾气的司机。而且,我本身是个年行驶距离达4万公里的老车迷,若对司机的驾驶技术稍有不满,便会立刻将其解雇。短短十个月内,已经更换了好几名司机。汽车出租公司那边一定伤透了脑筋吧。

幸而最后来了小野先生,他是做司机的不二人选。五十岁,单身,擅长驾驶,也善于言谈。每三个月他会请假一周,去海外旅游。他的脸呈浅黑色,很是精悍,纯白的手套十分显眼。看上去要比实际年龄年轻十岁。他的梦想是退休后去菲律宾居住。我俩经常讨论美元存款以及将来的日元汇率问题。

小野先生开车驶过首都高速中央环状线内侧的草坪公园,来到滨崎桥的转弯处时,车上的无线电话响了。周六半夜时我常以不可告人的车速穿越这里的S形弯道,但眼下却碰上堵车,1分钟还前进不了10米。

"喂——"小野拿起电话,"喂,怎么回事……喂?总经理,这电话不知怎么回事。"

似乎是电话那头有些异样。

"怎么啦?"

"哎呀，好像很嘈杂，可能是您秘书打来的。"

"哦，给我听一下。"

我把小野先生递过来的电话贴在耳边。一个尖锐的女人声音几乎刺穿我耳膜："总经理，总经理——"

这嗓门也太大了。我不由把电话从耳边移开一些。

"总经理，总经理，刚才有您的电话！嗯，我给您定下来了！"

"定下来了？怎么回事嘛？"

真是莫名其妙。我有些恼火。

在电话那头激动不已的正是我的秘书。

我换秘书比换司机还频繁。二十多岁时，我主要看长相。三十岁以后，我希望能招一个能妥善处理各种事务的"熟手"。

从这个意义上说，这位现任秘书工作非常出色。她原来在Sofmap的铃木总经理手下做秘书。在我的历任秘书中，她工作能力是最强的。

不过，她也有些小缺点。从刚才打来的电话就能看出来——不够沉稳。从相反的角度来说，也正因如此，她才会留意到许多细节，到处忙前忙后，出色地完成工作吧。

在电话里，她一听我责问，慌忙回答："对方说只有那个时间有空，但又跟您原先的安排有冲突。"

"你说的到底是什么事嘛？别急，慢慢说！"

我脑里忽然闪过一个念头，就条件反射似的问道："难道是比尔要约我见面？——比尔·盖茨？"

"正是！您怎么知道的？然后……嗯……"

果然被我猜中了！

"嗯……简而言之，就是微软公司打来电话，说比尔·盖茨想约见板仓总经理。"

"真的呀……然后呢？"

"然后对方指定了会面时间和地点。虽然那个时间您已经有其他安排，不过我还是擅自答应下来了。嗯……是不是不太好呢？"

"没关系，没关系。我知道了。"我挂了电话。

小野先生颇为兴奋地问我："总经理，比尔·盖茨——是那个比尔·盖茨吗？"

"没错，就是那个比尔·盖茨。他们之前就说要约我见面什么的。"

"太好啦！不过，平时大家都经常开玩笑说比尔·盖茨会找上门来的嘛。"

"是呀，这下玩笑成真了。"

我坐在宽敞的后车座上，兴奋不已。心情难以平静，简直如坐针毡。看看窗外，才发现车已经过了滨崎桥的转弯处，畅通无阻地往汐留方向驶去。

我又换了个坐姿，双臂交叉在胸前。心中的疑虑油然而生。

他为什么想约我见面呢？

比尔·盖茨专程约见日本一家小型风险企业的总经理，究竟是出于什么目的呢？这个全世界最富有的人、实际操控整个计算机行业的美国人，为什么想约我见面呢？

我冷静下来，兴奋渐渐退去，被疑虑所取代。

在银座办完事，我就马上返回涩谷了。

一进办公室，随即吩咐秘书："召集董事开会。"

不一会儿，夏野、森下、大内以及其他几名干部来到我办公室。

我开门见山地说："比尔·盖茨说想约我见面。"

"啊！？"有人大声惊叫，也有人因为事情太突然而还没反应过来。

"是对方提出的吗？"夏野问道。这种时候，就数他反应最快了。

"微软公司打电话过来说的……对吧？"我问秘书。是她接的电话，就让她告诉大家好了。

"是的。"

"怎么样，厉害吧。可不是我提出来的哟。"

我装作很兴奋，可脑子里却想着别的事情。

比尔·盖茨是个精明之人，绝不会不求回报地去扶持大洋彼岸的一家小型风险企业，他不是这样的慈善家。在各种媒体上都曾详细描述过——他像拿破仑一样有着强烈的征服欲，无论对方多么弱小，只要觉得可能对自己不利，就会不择手段地扼杀之。这就是比尔·盖茨。

从阿尔布开克[①]起步的小型风险企业，成长为全世界最强的微软，并从王者IBM手中夺过计算机行业的领导权——这段历史就是最好的证据。

我从很多具体实例了解到比尔·盖茨冷酷无情的一面。例如，美国硅谷有一家风险企业被比尔·盖茨盯上了，最后事业被其夺去，而这家企业却破产了。这是我从书上看到的。

这本书叫《硅谷冒险记》[②]（日经BP社出版）。作者即主人公——杰瑞·卡普兰，是凭借手写电脑而风靡一时的硅谷创业家。那时，这本书在我公司里颇为流行。大家的读后感可总结为一句话："看似别人之事，实则与己相关。"

风险企业一旦被比尔·盖茨盯上，就只有两种下场——被收购或者破产。前一种的话，创业家梦想破灭，但好歹还能捞到一点钱；后一种则什么都没有了。那么，我的命运会是哪一种呢？不过话说回来，难道我的事业真的是"被盯上"了吗？

向各位公司骨干们简单汇报之后，我又向秘书确认了会面的相关事项。

"对方这么盛气凌人呀！"

"就是嘛。"

会面定于12月某日下午，地点由对方指定，而且会面时间只有10分钟！

唉，这就是比尔·盖茨的作风吧。恐怕他来日本之前已经排满了每一分钟的行程，而且约我见面一定是后来临时追加上去的。只要能

[①] 位于美国新墨西哥州中部。——译者注
[②] 中国内地译作《IT创业疯魔史》，凤凰出版社，2012年3月出版。——译者注

见上一面就行啦。

比较麻烦的是，正如秘书在电话里所说——那个时间我已经有了别的安排。我看了一下日程预定表，不由皱起眉头。

表上写着："××时，与东急代理公司总经理会面。"

为了加强 HyperSystem 的广告业务，我四处去拜访大型广告代理商的高层领导，好不容易才约到业界排名第三的东急代理公司的总经理在那天见面。大型广告代理公司的老总，不是那么容易约到的。而且，至少在当时来说，能给我公司带来切实利益的并不是比尔·盖茨，而是广告代理商。

在那一瞬间，我犹豫了，仅仅是一瞬间。随即立刻吩咐秘书："不好意思，先帮我取消掉跟东急代理公司总经理的会面安排。"

若按工作原则而论，这明显有悖常理。毕竟是我向东急老总提出会面请求的，而与比尔·盖茨的约见则是他们单方提出的，而且别人有约在先。尽管如此……我还是努力说服自己：比尔·盖茨难得来一趟日本，即便来也未必能见面，这次可是千载难逢的好机会。

考虑到东急代理公司的总经理答应从百忙之中抽时间安排会面，我未免心生内疚，除了打电话取消之外，还另外写了一封道歉信。当然，关于比尔·盖茨约见的事只字未提。后来，我试过好几次想再约东急代理公司的总经理见面，但都没有成功。

如果，在犹豫的那一瞬间，我作了另一种选择的话，现在会是什么样呢？如果当时我优先考虑和东急代理公司总经理会面，那会是什么结果呢？如果我没有去见比尔·盖茨，那又会如何呢？

事到如今，再多想也没用了。生意场上没有"如果"。

1996年12月10日，横滨国际和平会场里排满了"1996年新商务展览会"参展企业的展位。HyperNet 也在其中。获奖企业若不参展的话，未免有点失落。于是我们也在会场里设了一处展位，以凸显自己的存在感。表彰会明天举行，不过我现在却另有要事——去听比尔·盖茨的演讲。

我走向演讲会场。

昏暗的会场响起基斯·理查兹的吉他曲，这首滚石乐队的 *Start Me Up* 是 Windows 95 的主题曲。接下来，王者登场。台上聚光灯照亮之处，正是我们的比尔·盖茨。整个会场沸腾了，掌声震耳欲聋。这哪里是演讲，分明就是演唱会嘛！比尔·盖茨将给我们带来什么样的精彩表演呢？

演讲准备得很充分，还巧妙地穿插播放了视频。可是，内容却平淡单薄。讲的是始于1970年的计算机历史，最后得出结论：计算机的未来前景一片光明。这样的内容，其实没必要请比尔·盖茨来说。全场观众一开始反应热烈，后来渐渐虎头蛇尾，最后竟变成一片嘈杂。

然而，对我来说，他在台上讲什么都无所谓，我只是想先看看几天后即将会面的比尔·盖茨的"真人"而已。声音是怎样的，说话时是什么样子，笑起来是什么样子。他的一举一动都印在了我的脑海里。

当天傍晚天已全黑。小野先生开车载着我从樱木町入口上了首都高速公路横滨线，往东京行驶。路上堵车。我觉得很疲惫，想稍微打个盹儿。这时，却忽然发现邻车道上有一辆巨型的美国厢式轿车。刚才好像在 NBC 会场里见过这辆车。周围很暗，而车内开着灯，所以看得一清二楚——比尔·盖茨正坐在里面。

他独自坐在最后的座位上看报纸。前排坐着几个谈笑风生的外国人，大概是他的下属吧。

过了芝浦汇流处，车流开始顺畅起来。小野先生一踩油门，车子猛然加速，把那栋小房子似的厢式轿车远远地甩到后头去了。

第二天举行颁奖仪式，我又跑了一趟横滨国际和平会场。

12月是一年之中白天最短的时候。太阳西斜时，NBC 的颁奖仪式就开始了。我随工作人员来到台上，发现已经有其他人并排着坐在了那里。他们年纪都比我大很多，跟那天在面试等候室的没两样，应该是其他奖项的获得者吧。我被带到貌似上座的椅子前（怎么说也是获了最高奖嘛）。我像一名举行钢琴公开演奏会的少女一样，两手整齐地放在膝盖上，双脚并拢，保持着优雅的坐姿。这么一动不动地坐着，可真难受。

颁奖仪式进行得很顺利。终于轮到我了。

HyperNet获得"新商务大奖"和"通商产业大臣奖"两项殊荣。据说，通商产业大臣奖在过去3年一直空缺。我至今也不知道他们的评奖标准是什么，但至少可以确定的是，我在这里被授予奖项，正象征着我们公司获得了官方的认可。

CSK的董事长大川功作为NBC的代表走到台上来。按照流程，他负责颁发奖状和奖杯。首先是颁发奖状。我都忘了自己最近一次领取奖状是什么时候了。我一本正经地从他手中接过奖状，深深地鞠了一躬。

颁完奖状，大川董事长就转过身，快步往台下走去。

"咦？"我小声嘀咕道，"奖杯呢？"

工作人员事先跟我说过，除了奖状之外，还会颁发奖杯。可是大川董事长却并未停留，准备要离开会场。会场里似乎有好几个人发现异常了，坐最前排的人小声议论起来。我向旁边的礼仪小姐使了个眼色。她好像也发现了，大吃一惊，急忙上前请大川董事长留步。

"噢——"大川董事长点点头，不慌不忙地走回台上，若无其事地拿起奖杯递给我。我和他互相对视了一眼。他板着脸，嘴巴紧闭，只有眼睛带着笑意。

想不到还来这么一招，真服了他。了解大川董事长的人都知道，他有时会"装糊涂"，其实心里清楚着呢，只是故意这么做，想看看别人的反应。这次显然也是他设计好的，真是个老滑头。

一阵忙乱之后，颁奖仪式结束了。接下来由我这个大奖获得者作演讲。关于演讲内容，自然无须赘述——想必大家对我的HyperSystem讲解都已经听腻了吧。

获得NBC大奖后过了几天，在和比尔·盖茨会面的前一天，我们把关于HyperNet公司和HyperSystem事业的全部资料都翻译成了英语，并且由我们的海外项目人员以及副总经理夏野制作资料，以便能在有限的时间内进行简洁的说明。

幸而公司里有几名员工曾在英语国家生活过，所以准备工作毫不费力。不过，我内心还是有一点顾虑。

制作资料的前一天，美国HyperNet USA总经理杰伊以及负责纳斯达克项目的律师得知我即将和比尔·盖茨会面后，曾打来好几次电话说："Don't speak too much. So many people have failed by speaking with Bill Gates too much in Silicon Valley."

意思是：别跟比尔·盖茨说太多话，硅谷有很多人就是因为跟他说得太多才导致破产的。我得感谢他们的忠告。从《硅谷冒险记》这本书里就可见一斑。但这些美国的商业伙伴如此严肃地告诫我，似乎有些小题大做了。

当然，我们在制作资料时，也会考虑可以公开哪些资料的问题。讨论和做资料一直进行到深夜。不过，由于会面时间有限，所以关于信息公开范围竟然很快就有了结论。总而言之，只需把报纸、杂志等媒体上已经报道过的信息归纳出来即可。

次日的会面地点安排在东京近郊的微软办公楼里。我们一行三人——我、副总经理夏野（他读过MBA，英语也很好，当天所用资料大都是他做的），还有一位刚进公司但是会说英语的业务员。我们决定提早开车前往。

本来估计路上会塞车，不料却畅通无阻地到达了目的地。于是我们在附近一家餐厅里消磨时间。时间大概还有30分钟。我们的"议题"是确定谁说什么内容、说到什么程度。

"怎么办？"我先发话了。

"总经理和对方寒暄之后，就由夏野先生进行内容说明，例如……"

"那我只需说'Nice meet you'就行了吧。"

"总经理，您得说'Nice to meet you'。"

这家伙，虽然是个刚进公司的新人，却敢挑我毛病。别看我英语不咋地，但HyperNet USA总经理杰伊可是我自己结交的朋友呢，也并非完全不能交流嘛。

"我倒是觉得应该由总经理来说。"

夏野的意见颇有道理。也就是说，不管英语如何，由公司总经理亲自说是很重要的。

"嗯。"我点点头，想了一会儿。前文讲纳斯达克项目筹备会的时候提过，我并非一点英语都不会说，特别是谈论跟计算机相关的话题时，我多少还是有些信心的。当然，在他俩面前自然甘拜下风。而且，如果让我用生疏的英语讲解，就不能从容自若地观察对方（比尔·盖茨）的反应了。

我说："不，还是全都由夏野来说吧。"

最后决定，夏野基本上负责全部内容解说，这样我可以充分地观察对方。

时间到了。我们走进办公楼。微软果然与众不同，接待非常周到。我们跟随接待人员来到一个会议室。会议室和走廊之间用烟灰色玻璃隔开，还装了一扇木门。

不久，成毛总经理和古川董事长走了进来。

简单地打过招呼后，我问为什么比尔·盖茨要约我见面，但他俩都有点语焉不详。我们又简单聊了一会儿。

已经超过约定时间十多分钟。若按原来安排的话，已经没有会面时间了。不知是怎么回事。我心里越发感到焦急。正在这时，玻璃外闪过一个人影。

比尔·盖茨出场了。

他走进会议室，身上穿着便装。之前在电视、杂志上以及上回演讲，我已经见过他无数次了，但出现在眼前时我还是被他的眼睛震慑住了。透过镜片，他的大眼珠看起来就像玻璃珠子似的，给人一种冷冰冰的感觉。也许只是我的个人感受吧。

　　交换名片之后，双方入座。我们把资料交给对方，开始进行说明——夏野出场。他好像有些紧张，平时很流利的英语竟然说得结结巴巴，讲解也不得要领。

　　但比尔·盖茨似乎并不在意，或许因为考虑到我们是日本人的缘故吧。他一边听夏野讲解，一边用左手在我们给的资料上认真地做着笔记。幸亏把解说任务交给了夏野，我才能仔细观察比尔·盖茨的表情，并留意他听到哪一部分时会做笔记。

　　资料讲解完后，我们又在自带的笔记本电脑上实际演示了一下。

　　接上电源，启动Windows，打开"Hot Cafe"软件。这软件能随时在页面上播放广告，而且，即使同时打开其他软件，广告画面也必定保持在最前面。我们正把这效果展示出来。

　　"Wow！ See it！"（哇，你瞧！）

　　比尔·盖茨发出一声赞叹，转头向成毛先生和古川先生示意，让他们看页面。不过，他的口头禅"Cool"并没出现。

　　我仔细观察对方的一举一动，觉得他的反应有些做作。比尔·盖茨会为这点小玩意儿而吃惊？百分之百不可能。他又对着屏幕继续操作。

　　忽然，他叫了起来："I can't see the web！"（网页看不见了！）

　　惴惴不安地在旁看着的夏野吓了一跳："Why？"（为什么？）

　　比尔·盖茨冲我们指了指屏幕。

　　Hot Cafe的广告画面和网页浏览器的窗口重叠在一起，所以有一部分网页被遮挡住了。这就是他所谓的"网页看不见了"呀。

　　Hot Cafe这款软件的特性就是如此，用户不能改变窗口大小，所以纵向点数较多的显示器的上端或下端（或者上下两端）会有空位。这样，网页浏览器放大至全屏时，网页就会被Hot Cafe的画面遮住一部分，只能显示上下两端。

　　其实，只需把Hot Cafe粘贴到屏幕的左边或右边，屏幕从上到下就会被Hot Cafe画面所占据，即使网页浏览器放大至全屏，Windows

都会自动调节网页浏览器等所有软件的窗口。所以，在实际运用中是完全没有问题的。

但比尔·盖茨就是想故意挑刺。

"Yes. But…"（是的，不过……）

夏野正慌忙要解释，却被比尔·盖茨一番滔滔不绝的话给打断了。

"……"

比尔·盖茨语速飞快，早就超出了我的英语理解能力。我都不知道他究竟是不是在挑毛病。只见他一边激动地说话，一边拨动鼠标，同时注视着屏幕，口中喋喋不休。有时还盯着我们看，似乎在责怪说："这到底是怎么回事？"

"O…OK！ But…"

夏野想要回答，可是对方却一直说个不停，像机关枪似的。夏野焦急万分，比尔·盖茨大声嚷嚷，而周围的人则目瞪口呆。

我看着在电脑前叫嚷的比尔·盖茨，心想：有什么办法能控制这个意外的局面呢？

等等。我忽然冒出一个念头：莫非他是在故意闹着玩儿？

对方是名震天下的比尔·盖茨，当然应该知道现在讨论的这个问题不会对HyperSystem造成太大影响。唉，算了，在他这种连珠炮语速的攻势下，我也无计可施呀，还是继续观望吧。听不懂他说的英语倒也省心，可以静观其变。

这时，忽然有人从旁插嘴道："Yes, Sir. We provide internet marketing system and this software…"（确实如此，我们公司提供互联网营销系统。这个软件……）

是我带来的新业务员。他一定是在旁边看得忍无可忍了吧，才会突然跳出来反驳。那语速跟比尔·盖茨有得一拼。

这下可不得了。比尔·盖茨和我公司的新业务员激烈地争论了起来。夏野急忙插话，并狠狠地瞪了新业务员一眼，似乎在训斥他："喂，你多什么嘴！"但新业务员却仍然说个不停，比尔·盖茨当然也是不依不饶。

这仿佛是伍迪·艾伦电影中的一幕。我觉得非常滑稽，拼命忍住才没笑出来。看看一旁的古川先生和成毛先生，他俩的茫然表情中竟也露出了一丝笑意。

比尔·盖茨这家伙，分明就是拿我们寻开心！在我看来，只有这种可能。

眼下他们正讨论的"Hot Cafe"（也许是吧，毕竟我只能听懂一点点），它本身只是一款广告显示软件。所以，相对 HyperSystem 所具有的各种"价值"来说，对 Hot Cafe "外观"的评价并不重要。

比尔·盖茨不会不明白这个道理。他来会面之前，应该已经充分了解过 HyperSystem 的核心在哪里。否则，他又怎么会约我见面呢？

比尔·盖茨做笔记的瞬间清楚地反映了这一点——夏野进行解说时，比尔·盖茨对于技术方面的内容毫不关心，全没做笔记；但讲到 HyperSystem 和营销的联动关系，以及 HyperSystem 和广告的关系时，他却记录得非常认真。

在我依然听得一头雾水的时候，"快嘴三人组"的舌战总算告一段落，现场气氛逐渐有了缓和。我说出了当天的第二句英语。（第一句当然是交换名片时的"Nice to meet you"。）

"Are you interested in customizing our HOT CAFE for your Internet Explorer exclusively？"（您是否希望我们把 Hot Cafe 的网页浏览器改设为只用贵公司的 Internet Explorer 呢？）

我其实是向对方表示：我们可以不再使用 Netscape 公司的浏览器"Netscape Navigator"。Netscape 是微软在互联网行业的竞争对手。

对我们来说，网页浏览器用哪家的产品都可以，用 Netscape 还是微软都无所谓，只要有众多用户和广告主就行——这就是 HyperNet 的立场。实际上，目前 Hot Cafe 也设计成了可以用任意一种浏览器打开网页。

但对于在互联网市场上和 Netscape 展开激烈竞争的微软来说，跟我们签订独家经营协议应该是个不错的选择。如果 HyperSystem 短期内所获得的那二十多万用户全都使用微软的浏览器，对微软而言，在销售量以及将来的市场方面都相当有利吧。

所以，我提议的实际意思是：能否将 Hot Cafe 植入 Windows 95 的平台里？没错，我正考虑如何把自己公司的软件推向全世界最广阔的市场。就等眼前这位大人物的答复了。

比尔·盖茨的回答简短而明确："Yes。"

说完，会面就结束了。

"谢谢你给我们带来的好消息。"比尔·盖茨稍点了一下头，随即就退席了。

我看了看手表。原定时间只有10分钟，但刚才不知不觉竟然过了1个多小时。比尔·盖茨接下来的行程不会受影响吗？

至于这次会面会产生怎样的结果，我也只能静观其变了。

最后，成毛先生苦笑着对我说："不好意思哟，我们老板一谈起技术上的事，就分不清对方是自己人还是客人啦。"

然后我们就离开了微软。

收购风波

跟比尔·盖茨这次神奇的会面过了几天后，1996年12月19日，我又碰见了成毛总经理，是在成毛总经理组织的一个私人聚会——俗称"50'论坛"上。

顾名思义，这个论坛大概是20世纪50年代生人的聚会。说"大概"，是因为我并没有直接问过他"50'"的意思。预定出席当天聚会的，全都是些响当当的人物，例如：ASCII 公司的西和彦总经理、Culture Convenience Club（CCC）的增田宗昭总经理、Sofmap 的铃木庆总经理、还有西川隆寻先生等。

生于60年代的我，虽然听说过50'论坛，但之前跟其没有过任何瓜葛。这次之所以忽然参与其中，有两个缘由：其一，上次和Sofmap的铃木总经理同去拜访微软时，我曾经恳请说："能不能也让我去参加一次？"其二，我的朋友——互联网服务公司interQ的董事长熊谷正寿先生邀请我参加。

熊谷先生跟我一样是1963年出生的，脸形稍方，为人彬彬有礼。我俩因为工作接触而认识，渐渐成了同去六本木的酒友。

基于以上缘由，我决定前往参加50'论坛。这天也是坐小野先生开的车。自己长时间不开的话，技术都生疏了。不过今天在聚会上要喝酒，没办法。

在车上时，接到熊谷先生的电话。

"喂，我是熊谷。"

"嗯，我是板仓。"

"现在正赶往会场。"

"我也是。"

他似乎想说什么，但又难于开口。不知道是不是想趁到达会场前告诉我什么消息。但我俩用的都是车上的无线电话，信号很差，结果还没问清楚就到了会场。

会场位于微软租用的高级公寓的套房内。我进场时，已经有好几个人站在那儿边吃边聊了。60年代生人来参加年长十岁的人的聚会，难免有些拘谨。但到现场一看，差不多有一半人我都认识，这才松了口气。我端起一杯饮料走向厅里。

随后发生了令我大吃一惊的事。

厅里已经来了不少于十五个人。其中几人忽然向我打招呼："板仓君，可喜可贺呀！"

CCC的增田总经理、Salomon证券的黑部先生、Sofmap的铃木总经理，当然还有今天聚会的主办者——微软总经理成毛先生。他们都向我致以微笑。

到底发生了什么事？我正感到莫名其妙时，黑部先生开口了：

"我刚从成毛先生那里听说的。"

"嗯。"

"说是比尔·盖茨有意收购HyperNet呀。"

啊？！我一时说不出话来。这到底是怎么回事！

增田先生在旁补了一刀："你今年走大运啦！又拿NBC大奖，公司又有人收购！"

上次同去微软的铃木先生也附和道："你可真厉害！难怪上次成毛先生一个劲地夸你呢。"

"……"

这突如其来之事听得我一头雾水。

"事情是这样的。上次和比尔·盖茨董事长会面后……"成毛先生走过来向我解释，"比尔·盖茨回国后，用电子邮件把HyperNet的情况通报给微软的各位董事，随后在公司内进行讨论，说是最终想把HyperNet变成微软的一个事业部。当然现在还没确定。"

原来如此……

"事业部？"

"这个还不好说。也有考虑别的方法，例如：你们把HyperSystem的海外专利权转让给我们，等等。"

成毛先生也是一讲起话来就滔滔不绝，害得我没法细问，好不容易才插上话。

"哦，这样啊。"我只说了这么一句。

过不一会儿，黑部先生又开口了："板仓先生，这事可真了不得。一转眼就变成亿万富翁了哟！"

也许有可能。可是，HyperNet将何去何从呢？我的工作又怎么办呢？我的思绪越来越乱。

这时，熊谷先生终于出现了。我走到他旁边，小声地把事情告诉他。

他挠挠头说:"其实刚才给你打电话就是想说这事的。来之前我碰到成毛先生,听他提起的。"

后来ASCII公司的西和彦也来了,跟我交谈了几句。他好像也知道我和比尔·盖茨会面的事。

短短几天内,在我所不知道的地方,有很多我所不知道的事情正悄悄地以惊人的速度发展着。

用餐时,我心不在焉;有人跟我搭话时,我随口附和。至于吃了什么、喝了什么、和谁说了什么话,几乎全都记不起来。总之,我的头脑一片混乱。

在回去的车上,我一反常态地沉默寡言,自顾回想着今天发生的事。

我心中有好几个疑问——比尔·盖茨真的打算收购我公司吗?收购对象只是美国那边的业务还是包括日本这边?到时我和公司员工将何去何从呢?

还有更多疑团——为什么连我这个当事人还一无所知时,收购之事就已经传开了呢?按说,在没完成收购之前,这应该属于高度商业机密呀。现在闹得这些精明能干的企业经营者们全都知道了,这又意味着什么呢?

若问我高不高兴?其实还是挺高兴的。毕竟得到了那位比尔·盖茨的认可;说不定能得到一大笔钱;或许还能和比尔·盖茨共同创业?连我自己都不知道自己在想些什么,不知道自己有何感觉了。

我忽然很想喝酒,想一醉方休。

我拿起车上的移动电话打回公司。接电话的是夏野。

"喂,我是板仓。"

"哦,总经理,论坛开得怎样?"

"……电话里说不清楚。这样吧,叫上其他董事,到六本木那家常去的俱乐部见面。我先过去啦。"

叫上各位董事无非是借口,其实我只想喝个痛快。但自己去的话,就没法儿把今天这乱七八糟的事告诉大家了。挂了电话后，我松开领带，对小野先生说："嘿，小野先生，麻烦你了。"

他心领神会地笑道："六本木的老地方是吧？15分钟到。"

从六本木的十字路口沿着外苑东路往东京塔方向走一会儿，左拐进一条小路，就到那家俱乐部了。

"板仓先生，欢迎光临！今天就您一个人吗？"门口有一位穿黑色套装的经理冲我打招呼。他已经认得我了。

每当此时，我心里就想：自己是不是往这边跑的次数太多了……不过，做服务业这一行的，一般一次就能记住客人名字。唉，管他呢。

"不是，还有四五个人随后到。"说完，我就快步走了进去。

室内稍有点昏暗，一整面墙被涂成粉红色，旁边摆放着粉红色的沙发，粉红色的灯光照下来，女孩子们穿着粉红色的超短裙，在粉红色氛围的映衬下显得尤为可爱——这就是这家店的特色。他们的营销策略应该做得很到位吧。近几年，无论世道好坏，这里的生意总是特别红火。

我自己等候着各位董事。过了十多二十分钟，他们才来——夏野、森下、大内三个人。正好，这几个人的话，应该明白我的意思。

"到底什么事呀？"夏野径直问道，满脸好奇。森下和大内也凑了过来。

"事情是这样的……"我摆出煞有介事的样子，正要开始说，眼前却出现了一双纤细的美腿。

"大家好呀。哇，你们好像在说正经事？"她努力挤出一丝职业的微笑，想要参与我们的讨论。不过除我之外，其他三人都明显流露出嫌她碍事的表情。真可怜。说实话，与其跟你们三人谈这事，我倒更愿意和这女孩子随便聊聊天。

"事情是这样的……"

这时我的手机又响了。要说个话也这么难。

"喂——"

"板仓吗？我是熊谷。"

我马上猜到，他大概是想继续说今天在会场没说完的话吧。

熊谷先生问道："你现在在干什么？"

"我在六本木，你过来不？"

"去呀，去呀。"他一口答应，随即就挂了电话。

我又得从头开始说起："事情是这样的，今天去微软的成毛总经理那里……"

我把今天发生的事情一五一十地告诉了大家。

"嗯……"夏野频频点头，脸上露出惊讶的神色。森下张口结舌。大内默默地看着我。

我一说完，森下最先发话："这个……已经定了吧。"他虽然身为注册会计师，可有时候思维过于简单，让人难以置信。他听了我这番话，就以为一切已成定局。

"不，一定有古怪。"夏野歪着头表示怀疑。他和我一样感到担忧。

我们又谈论了一会儿。当然，无法断定这是好事还是坏事，因为没有任何依据可供分析。一方面，隐隐约约地预感到有危险；另一方面，比尔·盖茨的认可又让我无比振奋——这两种心情就像硬币的正反两面一样，在我脑里交替出现。最后，我的混乱思绪传染给了大家。

我注意到，旁边的女孩子们都显出百无聊赖的神情。这可太扫兴啦。

"不好意思，不好意思，这些麻烦事就谈到这里吧。"我正要逗她们开心，忽然传来啪嗒啪嗒的脚步声——熊谷董事长到了。我坐在沙发上挥手招呼。

"哟喝，熊谷先生！"

"嘿，板仓先生。哇，人这么齐啊。"

"好久不见啦。"

"是呀，好久不见。噢，我要加冰的。再来杯水。"

熊谷喝了一口轩尼诗，问我道："板仓先生，那事怎么说？"

"唉，太突然了。"

"其实……挺不错的呀。"

"嗯，不过我现在还是一头雾水呢。"

确实是一头雾水。应该怎么办，甚至连发生了什么事，我都不太清楚。在这种情况下，向外人说太多显然不太明智，即使对方是我的朋友。于是我暂且将这事抛诸脑后，只管连连干杯，又换了几拨女孩子，然后才离去。

回到家时，已经过了晚上12点。

一打开门，金毛犬的巨大身躯就扑了上来。穿着便装的女友从房里走出来。

"我回来啦。"

"老爷，您回来啦！"不知何故她总是称呼我为"老爷"。眼下她辞了工作，住在我家。

平时我常常热情回应，但今天无论对她还是对金毛犬都反应冷淡。

我径直走进厨房，打开冰箱，取出矿泉水喝。然后冲了5分钟澡，用浴巾擦干身体。觉得口渴，于是又喝了点水。刷牙。上床。

睡不着。

只觉得后脑勺发热。是欣喜，还是不安？过了很长时间，可是头脑却越来越兴奋。

在这个时候，只有一种选择。

我从CD架上取出一张范海伦乐队的专辑《5150》，换上牛仔裤和皮夹克，穿上赛车靴，随即向停车场走去。我小心翼翼地剥掉裹在车表面以防猫撒尿的灰色车套，里面露出深红色的锃亮车身。此刻的心情，就像脱掉女人衣服时一样。

12月末，气温接近零度。预热需要一点时间。我打开车门，坐进低矮的座位，伸开脚。接着插钥匙，启动引擎。40气门V8引擎发出低沉的轰鸣声，将车身的细微振动传到我背部。我点着一根烟，感到无比惬意。今天发生的事情一下全抛到脑后去了。

我一见水温计指向70度，就踩下离合器踏板，把变速杆推向左前方的低挡。我拉起驻车制动杆，按下按钮随即放开。在引擎低速运转下慢慢松开离合器。车子没有改变旋转周就飞快地向前驶去。380马力的引擎驱动1400千克重的车身，简直毫不费力。

我打算从天现寺入口上首都高速公路。离入口处大约还有1公里，我放慢车速，似乎在等油温上升到近90度。到收费站时，我支起电动车篷，只觉一股冰冷的空气从头顶直贯而入，从胸前飘落，沿着大腿向脚下流动。我全身的神经仿佛一下子通了电。

收费站的工作人员不屑一顾地接过钱，递给我发票。我接过来随手扔在车里。一踩油门，就上了高速。

这一瞬间，什么公司老总的头衔，什么三十二岁男人应有的稳重，全都一股脑抛到九霄云外去了。

从首都高速目黑线进入环状线内圈。经过草坪公园的S形弯道时，轮胎已经充分热身。我打开音响，两侧音箱顿时传出范海伦乐队那声嘶力竭的歌声。血管里流淌着的血液渐渐沸腾起来。

我从滨崎桥沿着横羽线驶向彩虹桥。全世界最擅长奔跑的V8正以8500转/分转速呼啸前进。从横羽线转入11号线彩虹桥分岔路的弯道时，我脚踩离合器减为三挡。公路向着斜上方来了个大左转。车子的呼啸声激荡到栏杆上，又传回耳边。

在到达彩虹桥入口的左弯道之前，我已将车速提到六挡。此时立刻减速，闪过弯道，径直穿过桥，往横滨方向驶去。随后走海湾沿岸线，钻入东京湾隧道，在橙色钠蒸气灯的世界里穿行。我最喜欢这个地方。法拉利的呼啸声层层叠叠地回荡过来，将我全身包裹。宽阔的三车道路面上几乎没有其他车。我又把车速提到六挡。

这时，右后方有一辆黑红色的Skyline GT-R正以迅猛之势追赶上来，紧紧地贴在我旁边。我和那车手对视了一眼，那人似乎是个以追车为乐的家伙。两辆车你追我赶，时而我领先,时而他超前，十分合拍，身体也似乎变得畅快无比。好家伙，车技颇了得嘛。

快到大黑头了。那辆横滨车牌的GT-R猛然加速冲到前头去，还闪了两次应急灯。我也闪了一下车头灯以示回应。接着，他继续往三泽方向行驶，而我则往左拐入长长的环状线，就此分道扬镳。

到大黑头停车区时，我停下车抽根烟，一边回味从收费站狂飙到此处的几十分钟"旅程"。

就在这时，我忽然把今天发生的事情的头绪理清了。

"没错，就等对方联系吧。按目前状况，我们不宜主动接洽。在那之前，仍然按原计划开展事业，不要受此事干扰。"

我仰望夜空，猎户星座已经开始倾斜。可以看见很多星星，也许是因为空气清新的缘故吧。我反复深呼吸，看看是否确实如此。随后，我驾车慢慢往回开。归途中所花的时间竟然是来时的三倍。

海外事业的发展

1996年12月22日，HyperSystem终于在美国开始运行了。

这是筒井的功劳。

10月时，筒井作为负责技术方面的董事被派往美国。他此行担负了两项重任——其一，自主研发因CompuServe取消协议而延误了很久的互联网服务；其二，当然是HyperSystem的运行。

在美国运行HyperSystem，是我公司最重要的项目之一。能否成功地在纳斯达克公开发行股票即取决于此。无论在日本业务开展得多么顺利，若在美国发展受挫，那就不用指望在当地成功上市了。况且，日本这边的业务也由于受各种事故影响而未必能获得预期成果，所以在美国发展事业就具有更重要的意义。筒井要等做出成果才能回来，实际上无异于遥遥无期的长期出差。他把老婆孩子留在东京，只身远赴美国，在硅谷租了一间公寓居住。即便对他这样一个工作狂来说，这次的任务也相当繁重吧。

之后的两个月，我频频通过邮件跟筒井交流，以确认项目进展状况。从邮件中可知，他的工作相当辛苦。我不禁担心HyperSystem在美国是否真能做得起来。

临近年末的12月22日晚上10点，有个电话打进了东京涩谷的事务所。秘书已经回去了。我还在公司，为了制订明年的计划书而盯着电脑屏幕。我拿起电话："喂——"

"总经理，成了！"电话里传来筒井那震耳欲聋的叫喊声，"运行了，系统开始运行了！"

"是吗，运行了呀……"

终于，这帮家伙还是让HyperSystem运行起来了。

说实话，我真没想到居然用两个月就能完成，因为他们在美国搞研发会受到多方面的条件限制。除了网络服务须自主运营之外，其实还会碰到另外一个大难题。

到美国后，我们没有跟Tandem公司继续合作。

如前所述，Tandem公司是负责日本HyperSystem研发的一家合作公司，其总部在美国。当初我考虑要进军美国市场时，就曾向Tandem公司的和泉专务董事打过招呼说"到时去美国发展业务时还请多多关照"。

然而，Tandem公司研发的系统在日本这边却出现了一大堆问题，系统缺陷太多导致故障频发。而且Tandem公司的技术人员常常自己解决不了，还要求助于我们。照这样看，美国那边的系统不能再让他们做了。于是，我们取消了跟美国Tandem公司合作，改为自己研发。如果没有筒井他们的努力，是绝不可能在年底前完成的。

挂了电话后，我在办公桌前陷入了沉思。美国的HyperSystem业务总算开始运行了，但我还是快活不起来。

因为眼下的状况确实无法让人盲目乐观，在美国开展的业务已经问题重重。

首先，因为和Tandem公司解约的关系，HyperSystem只能实现30%左右的功能。例如，HyperSystem最大的卖点——"目标功能"（针对用户的不同特点发送广告的功能）就不能使用了。只能向所有用户发送全部广告。这样的话，HyperSystem变得徒有其形，实际上跟别的互联网广告几乎没什么区别。

其次，自行研发互联网服务的成本负担超出了预计。我们毕竟能力有限，做不来自主研发。哪怕从降低成本方面考虑，也需要另外寻找外面的互联网服务商。

第三，在征集广告主方面，我们以纽约的大型广告代理商为中心开展宣传活动，可是其他地区的广告主却应者寥寥。今后如何攻占美国这个广阔的市场，现在还拿不出任何具体方案。

当然，不能束手待毙。1996年12月28日——三十三岁生日刚过去两天后，我带着夏野前往美国。当时HyperSystem才刚开始运行一周。

许多公司员工来到圣何塞的事务所参加战略会议，其中还包括许多纽约的同仁。从秋天开始长期出差的筒井也在其中。我们讨论如何解决美国HyperSystem事业遇到的问题。例如，如何改良软件以完善目前欠缺的功能？还有，如何在全美国征集广告主？

"美国不同于日本，这里是以各个地区为基础的。所以仅仅对纽约的麦迪逊大街（广告代理商汇集于此）发动攻势也无济于事。"HyperNet USA的营销负责人说道，"首先要把美国分成四个地区，然后在各地区设置分公司，在各分公司配备几名业务员……"

他说得有道理。可是，我们没有这么多资金来扩大经营。在现实中，这个方案并不可行。

"OK. But…夏野，你来说！"我本来打算自己说的，不过还是立刻交给了夏野。

我如此焦躁，以至于无法从容作答。夏野用英语跟对方交谈起来，但我却一句都听不进去。

在美国开展事业的计划必须从根本上重新考虑。按眼下这种状况的话，正在筹备中的纳斯达克项目无法进展，又如何能征集到广告主呢？但我现在明明缺钱呀。本来，就是为了筹集资金才打算在纳斯达克公开发行股票的嘛。思路弄反了。但这样子的话，纳斯达克项目可就悬了……各种思绪在脑里缠绕在一起，无法解开。一点头绪都没有。我的后脑勺开始发热。

"总经理，您说呢？"突然，夏野向我征求意见。

可是我完全没听他们在说什么。瞬间的迟疑之后，我开口说道："暂时先限定在圣何塞进行试点，这样定位比较好吧。"

我说这话其实并没有经过深思熟虑，只是最现实的妥协方案而已。

"好吧。"夏野点点头，表情稍有些黯淡。他一定会委婉地告诉其他美国同事，不至于让他们太过失望。

夏野拐弯抹角地传达了我的意思。听了他的话后，有人耸耸肩，有人摊开双手，有人两手并拢放在桌上、一边点头。不过大家似乎都表示理解。是呀，没钱嘛，只能着眼于现实进行改善了。

现在回想起来，在美国开展事业时常常都是像这样看一步走一步的。

互联网服务的问题、广告业务的问题、在当地的系统研发问题……这些业务本来打算和美国的企业合作，采取外部委托方式，但从一开始就问题不断，以至于最后全都变成了我们自己做。然而，这么多项繁重的业务，即使在日本国内都独木难支，更何况在国外。HyperNet这么弱小的风险企业要独力开展事业，终究还是太难了。

现在想来，这其实是很浅显的道理。但企业的失败，往往是在还没看到这"浅显的道理"时就已经埋下祸根。虽然在美国的HyperSystem事业开展得不顺利，但另一方面，在日本那边，纳斯达克项目筹备会议却几乎每天都在举行。

会议持续了几个小时。最后，我提出了今后在美国开展HyperSystem的方针：把自主研发的互联网服务定位为"限定地区"服务——仅限于硅谷所在的圣何塞地区，暂且把目标定为在该地区征集广告主。至于其他地区的业务，则等在该地区取得一定成功后再另作讨论。

美国果然很大，比我想象的大得多。

第二天，我把筒井、夏野以及众多问题留在圣何塞，只身回到了日本。除夕的成田机场挤满了准备去国外过年的家庭和情侣。在除夕的热闹气氛中，我坐上来机场迎接的小野先生的车，返回东京。

之所以匆匆回国是有原因的——韩国的大财团提出想跟我们合作。

在美国公布 HyperSystem 是在 1996 年 6 月，当时就召开了记者招待会。会后有行动的不光是美国企业，欧洲、亚洲各国的多家企业都采取了各种方法主动联系我们。其中最积极的是韩国的企业，而且不是中小企业，而是很有实力的大财团。从 1996 年夏天起，三星集团、现代集团以及另外三个大财团都开始跟我们接洽。

我们应该和哪家签订怎样的合同呢？1996 年秋天至冬天，公司内部进行了多次商讨，但却迟迟没有结论。

韩国排名第六的财团提出：可在签合同时支付给我们几亿日元的专利费，但条件是要获得韩国国内的独家经营权。对当时的 HyperNet 来说，几亿日元的合同金额真是令人垂涎。这个方案相当有吸引力。

另一方面，韩国首屈一指的大财团三星则表示愿以合资经营的方式跟我们合作。三星集团旗下有韩国最大的广告代理商 Cheil Communications 公司。HyperSystem 的发展和广告代理商密切相关。如果能跟 Cheil 公司合作，那么在韩国的发展前景至少就有了一半保证。而且，三星集团正是通过 Cheil 公司联系的我们。

这让我大伤脑筋。是优先考虑眼前的资金，还是将来的发展？

年末从美国出差回来，一直到新年假期结束的好几天，1996 年和 1997 年之交，我独自一人发愁，不知要和哪家合作。话说回来，这苦恼也未免太过奢侈了，竟然为了跟国际大企业合作而苦恼，而且选择权还在我方。

不过，这时我已经没有闲情逸致去享受这种苦恼了。

已经有多家企业给我的事业投资，或是结成了业务合作关系。HyperSystem已经不仅仅属于我个人。而且，周围人的期望值日益膨胀，而实际成果却不如人意、纠纷不断。在美国的事业也是问题一大堆。

我多么希望公司的经营能早日摆脱困境，走上正轨。

那么，我应该选择哪个财团呢？

夜里难以入眠。所以，一到白天脑袋就不好使，稀里糊涂的。甚至没有心情开法拉利到处狂飙以缓解压力，也提不起兴致去俱乐部和女孩子们打情骂俏。而且大过年的，俱乐部也不营业。

还是去遛遛狗吧。这一年，金毛犬长大了很多。它走在前头，拉着我走下坡道。道路两旁的树木叶子早已落尽，变得光秃秃的。平时这条路上停着许多进口车，格外引人注目，但新年期间路上却空荡荡的，很安静。

HyperSystem事业正式启动已经大约过了一年。这短短一年的经历，也许是其他普通创业家十年也未必能体验到的，而对我来说却像在录像机上以七倍速度快进播放一样。

在六本木Velfarre舞厅举行记者招待会，《日本经济新闻》头版报道，Salomon公司和野村证券提议在美国纳斯达克公开发行股票，决定在美国开展事业，多家美国企业联系我们，获得新商务大奖和通商产业大臣奖。最后，连微软的比尔·盖茨都约我见面，虽然还不知其目的何在。

这一切都是现实。

另一方面，各种各样的问题也接连发生。公司的精英骨干因意见不合而离去；一向视为依靠的ASCII公司的滨田先生忽然辞职；我们得罪了电通及其相关代理商，导致IMS订单剧减；昂贵的Tandem系统故障频发，令人失望；HyperSystem的一部分功能无法实现，广告收入不如人意；在美国未能与当地企业建立合作关系，事业进展不顺。

这些也都是现实。

走下坡道，来到一片洋溢着老城区风情的商业街。我走进一家便利店，站着看了会儿杂志。随后买了饮料和狗粮，就牵着狗回了家。

1997年1月6日，召开今年第一次经营会议。

虽然刚过年，但大家都沉默寡言。我知道为什么，却故意只字不提。看看会议室里人都来齐了，我就站起来，用尽全力大声地打招呼："大家新年好！"

大家似乎被感染到了，都大声回答："新年好！"

"先说第一个议题。"我让大家坐下，自己继续站着说道，"我们选择三星作为在韩国的合作方。"

大家默默地注视着我。

"新年这几天，我想来想去，最后还是决定选三星。夏野，你觉得呢？"我向他征询意见。

夏野两天前刚从美国回来，新年假期也没休息，为了组织人员在美国开展广告活动而四处奔忙。

他回答说："OK。那我马上联系三星和Cheil公司。"

过了一会，他还说了自己设想的韩国事业发展策略。韩国国土狭小，大财团的市场占有率非常高，只要和Cheil公司这样的大财团旗下代理商建立稳固的关系，就能按部就班地开展事业。很显然，互联网今后将迅速普及，市场前景一片光明……

夏野的话一说完，会议室仿佛吹进了一股清新的空气，虽然并没开窗。

这样积极的业务目标实在是久违了。无论对谁来说，眼下有一项积极的工作可做都会令人感到无比欣慰。

之后，夏野立即率领海外战略部门忙于与三星签订合同。过了一个月，到2月份时，已经达成基本协议——三星集团和我公司共同出资在韩国成立合资公司，资本金10亿韩元，出资比例为对方49%，我方51%。

新公司名为HyperNet Korea。我公司对这家新公司负有技术支援的义务，作为报酬，则签订专利许可合同，收取总营业额的5%作为专利使用费。当然，除此之外，我公司作为股东，还能另外获得分红。

HyperNet Korea在财务方面的支援由三星集团的广告代理商Cheil公司统一进行。也就是说我方没有资金负担。我们提供的只是技术。因此，即使新公司经营不顺利，我们也只是损失了股份出资部分而已。相反，如果新公司走上正轨，我们就能坐收专利使用费。

在美国独力开展事业屡屡受挫才让我们吸取经验，采取了负担较少的专利许可方式。值得一提的是，这个思路为后来公司的改革方案提供了启示。

总之，这下算是打开了亚洲市场。进入新年以来，我第一次笑了。

不过，这是我作为创业家最后的辉煌了。接下来的一年，我从顶点滑落向了低谷。

纳斯达克上市的搁浅

最开始是Salomon公司打来电话。

1997年1月上旬。当时我们一边准备进军韩国市场，一边仍然几乎每天都在开纳斯达克项目筹备会议。和夏野开完韩国业务相关会议，我回到总经理办公室时，看见电脑键盘上放着秘书的留言条："Salomon公司来过电话，说×日×时要来公司拜访。"

我有种不祥的预感。和Salomon公司有关的工作，基本在例行筹备会议上就已经解决了。这次专程来访，只可能为了一件事。

HyperNet一向没什么好事——CompuServe取消合同、系统故障、在美国发展事业的成本超过预算、日本这边的广告收入停滞不前……跟韩国财团合作算是唯一的例外吧。

这些问题，Salomon公司通过会议基本上全都知道了。我只能暗暗祈祷，希望他们来访不是为了"那一件事"。

"平时一直受到您的关照，非常感谢。"Salomon公司的负责人一进办公室，就向我鞠躬行礼。其实大家经常在一起开会的，但今天却显得有些见外，莫非是我神经过敏？

"哪里哪里，我应该感谢您才对。"客套了一两句之后，我就单刀直入地问道："有什么坏消息吗？"

我故意说"坏消息"，是为了让对方更容易进入主题。

他顺势接过话茬儿："嗯，板仓总经理，是这样的，我觉得稍微推迟一下为好吧。"

"……"

果然不出我所料，对方正是为了"那一件事"而来——原本计划三个月后（1997年3月）在纳斯达克公开发行股票，但现在他们却提出要延期。

"最主要的原因是什么呢？"我没有丝毫惊讶，只是想知道：在一大堆问题中，哪一点是最要命的。

"嗯，眼下美国的股价太低，而且公司业绩也不如人意……"

根据Salomon公司的解释，项目延期有两个理由——美国股市低迷、公司业绩没有达到公开发行股票的标准。

哪个是真正的原因呢？也许两个都是吧。

我听美国的同事说过，此前，纳斯达克的互联网行业相关交易品种的股价涨势良好，但最近却出现暴跌。在美国，"互联网热潮即将终结"的论调一时甚嚣尘上。

从当时到几个月后，即1997年3月结算期的HyperNet统计结果显示，营业额为7.85亿日元，经常损益竟然为负9.84亿日元。而另一方面，Salomon公司等证券公司预测的HyperSystem营业额目标为半年10亿日元——和实际情况相差甚远。

其实，就算我公司的业绩能达到对方预期值，但如果因市场低迷导致股价大跌的话，他们也同样面临利润少而风险高的局面；相反，即使公司业绩不佳，而市场涨势良好，作为证券公司，可能也会强行让我们发行股票吧。然而，目前的状况是市场既低迷，公司业绩也差。这下，连不可一世的Salomon公司也束手无策，所以才断定公开发行股票的时机还不成熟。

直到这时，我才猛然发现和证券公司之间缺乏根本意向上的沟通。HyperSystem的营业额目标即是一例。到9月为止的实际营业额远远低于当初的计划。当然，我也没想到证券公司会设定这么高的预期值。

毕竟，HyperSystem是从1996年6月19日才开始正式运行，却突然说要在短短三个月内达到10亿日元营业额。其实，我是今天才第一次正式从证券公司口中听到这个目标值的。这么重要的事，公司总经理和证券公司之间竟然从来没有谈起过。照这样子，公开发行股票的项目恐怕也不会成功。

既然Salomon公司提出延期，那只能听他们的。公开发行新股时，先由他们购入，然后再向市场出售。既然这当事人说不行，我也没办法。

Salomon公司负责人来访的几天后，我把这事告诉了另一家承销商野村证券。

野村证券一行听后的反应却有些出乎我的意料。

记得其中有一位董事是这么鼓励我的："板仓总经理，如果您坚持要如期公开发行股票的话，我们愿意奉陪。"我不知道，他说这话是因为胸有成竹，还是想故意和Salomon公司唱对台戏。他的话至少让我觉得目前还有希望，不由感到欣喜。

但我转念一想：在纳斯达克发行股票本身并不是目的，而只是一种筹集资金的手段。基础不牢固就仓促上马，确实不妥。美国互联网相关产业股价下跌也着实令人担忧。于是，我暂时谢绝了野村证券的好意。

然而，我对于公开发行股票的热情却有增无减。不过如今已经不是为了贪图"在纳斯达克公开发行股票的第一家日本企业"的美誉了。现实情况更为紧迫！是的，资金不足。

资金周转每况愈下。银行都是短期贷款，说不定一有风吹草动就随时催我们还款的。所以，还是想尽早充实自有资本。

不知何时开始，公开发行股票不再是为了"梦想"，而是为了"钱"。现在回想起来，这显然是本末倒置。不过当时除此之外也想不到其他良策。

我又重新思考：为什么非要在纳斯达克发行股票呢？

跟日本国内的场外交易市场相比，可以在短时间内满足发行股票的标准。日本这边，公司收入和利润的增长是不可或缺的条件，而且审批时间很长。对于已经给HyperSystem新事业投入大量资金的我们公司来说，在日本国内公开发行股票的难度太大了。而纳斯达克的必要条件只有一项——在美国开始运营HyperSystem。然而，要正式运营的话，又需要大量资金。

所以，暂时先把日本这边的收益和来自金融机构的贷款投入美国HyperSystem，开展业务试点，以便实现在纳斯达克发行股票。从市场上筹集到资金后，以此为本钱扩大在美国的HyperSystem事业。最终获得巨大收益，再将其投入国内的事业，在日本公开发行股票……这就是当初我和证券公司一起描绘的蓝图。

可是，纳斯达克项目一旦延期的话，这蓝图就从根本上化为泡影了。首先，从资金方面考虑，本来计划近期开始正式运行的HyperNet USA，现在就变成遥遥无期了。但如果因此而从美国撤退，又会对延期的纳斯达克项目造成重大影响。试想一下，一个大张旗鼓地宣称要在美国公开发行股票的公司，刚推出核心业务不久即半途而废实在太不像话了。在美国的事业不能停止。可是，向美国事业投入大量资金，又会导致日本这边的资金周转日益恶化……

当初的蓝图描绘得如此美好，可现在却向着相反的方向发展。

必须从根本上改变HyperSystem的事业形态。

在美国处理完纳斯达克项目延期的事之后，回到日本，我才意识到这一点，虽然有些晚了。

我成为公司经营者已经有十五个年头了。自从十九岁走出校门以来，我几乎只做过公司总经理这一份工作。其间经历过好几次经营危机。每次我都运用自己的智慧、努力和人脉渡过了难关。虽然这次HyperNet面临的形势相当严峻，但由于过去的经历，我仍然心存侥幸：总会有办法的。

我每次要开始新事业的时候，总会遇到麻烦或经营危机。IMS以及之前的VoiceLink都是如此。所以我相信这次也一定能渡过难关。关键是要想办法，想出一个能渡过难关的办法。

我决定把HyperNet面临的问题重新理一下。结果问题多得吓人。

首先，为了准备纳斯达克项目而投入了大量资金，结果却不得不延期；HyperNet USA所需要的资金超出预计；由于出现系统故障，日本这边的广告收入很不理想；和电通伟门公司的纠纷导致IMS营业额减少……

一列举才发现：虽然问题很多，但根本原因却只有一个。

资金严重不足。有两种解决思路：其一，考虑重新筹集大量资金的方法；其二，当前的HyperSystem已经彻底变成了吸血鬼，须将其改变为无须投入资金的经营形态。

第一种方法无论如何都需要金融机构等外部的协助。这么看来，能自己想办法解决的就只有第二种了。那么，有什么办法呢？

跟韩国财团合作，和比尔·盖茨谈话……我回想起这一连串事情，想着想着，竟然一下子得出了答案——专利许可方式。将HyperSystem的专利权提供给第三方，以达到削减经费的目的，即"HyperSystem的OEM[①]方式"。

---

① OEM：是original equipment manufacturing的缩写，意为贴牌生产。——译者注

在此之前，HyperSystem事业的各方面业务我们都是亲力亲为的。例如广告征集活动、数据库中心的运营、用户方软件的研发、用户支持、在品牌以及互联网服务方面的经济负担……全部都由我们公司自己承担风险和成本。然而，关键的广告收入却没怎么增长。所以当然负债累累了。

如果采取HyperSystem OEM方式的话，除了投入重金的数据库中心仍由我们自己运营之外，其余所有业务都向第三方开放。对我公司长期战略具有重要意义的数据库可以继续积累储存数据；其他业务以专利许可方式委托给其他公司后，能大幅削减我们的成本和风险。而且，通过OEM方式，还能大大加快HyperSystem的品牌推广速度。

没时间犹豫了。我立刻对全公司作出指示：全力推行OEM经营方式！

我想先说明一下HyperSystem的专利许可方式是什么样的。

原本，用户在自己的终端上运行"Hot Cafe"这个统一品牌的应用软件，随时显示广告。改用OEM方式之后，"Hot Cafe"品牌可由获得许可的企业或组织按其喜好随意改变，而且获得许可的企业可独自征集会员，自由地销售、使用这广告平台。也就是说，获得许可的企业将在互联网上拥有面向自己会员的"媒体"。

就这点来说，比较有优势的是那些已经拥有自己会员名册的组织。具体而言，例如：网店、信用卡公司，甚至还包括一些宗教团体。以信用卡公司为例，获得我们的专利许可后，可以自己的品牌名称开始提供互联网服务。首先把广告平台出售给信用卡加盟店，从而获得广告收入，以此为资本金向用户会员提供"免费上网"服务。对于会员来说，可以免费上网，而且还能通过广告页面获得自己持有的信用卡的相关优惠信息。加盟店因为能确切地将信息传达给用户会员，所以广告的效率很高。信用卡公司通过宣传这项业务，可以招徕更多的会员。而我们HyperNet则坐收"专利使用费"。

另外，对于现有的互联网服务商来说也十分有利。大家可能不太了解，除了发电子邮件和邮寄信件之外，互联网服务商没有其他联系会员的方法。对于用户会员来说，无论是上网前还是上网时，都没有意识到互联网服务商的存在。而且，服务商也不能向自己的用户会员即时提供信息。所以，互联网服务商成为 HyperSystem 的 OEM 承包方是非常有价值的。

他们一旦获得 HyperSystem 的专利许可，就立刻拥有了以自己的用户会员为对象的"广告媒体"。例如，当地的互联网服务商引进 HyperSystem，向会员提供"Hot Cafe"平台，实际上就产生了仅限于该地区范围的互联网广告媒体。这样，服务商不仅可以收取会员的使用费，还可以通过为当地企业打广告而获得新的收入来源。

OEM 战略是 HyperSystem 运行以来第一次大规模的改革。自己的想法是否正确呢？我决定听取公司外部人士的意见。若在往常，我首先会去请教滨田先生。可是他已经不在 ASCII 公司里了。

所以，如今在工作上，我最信赖的就只剩下了一个人。

我给住友银行日本桥分行那边打了个电话："请找一下分行长国重先生。"

我来到住友银行日本桥分行的分行长办公室拜访。

"这项服务，我希望住友银行也能使用。"这句话竟然出自对方之口。

把 HyperSystem 改成 OEM 方式，以便同时实现降低成本和推广业务，我对这个改革方案颇有自信。不过，说老实话，至于国重先生如何评价，我原本是有些惴惴不安的。毕竟，住友银行的贷款对象，是"自行开展所有 HyperSystem 业务的 HyperNet 公司"。而现在我正考虑把相当大部分的业务委托出去，这个方案对方能接受吗？恐怕很难说。

我向国重先生尽可能详细地说明了自己的思路，不会有人说得比这更清楚了。

听完我的说明，国重先生认真地说道："这个想法非常好。要不，我们干脆成为你的第一家OEM，怎么样？"

我不由得感到一阵惊喜，因为我本来只是想听听对方对于OEM战略的感想而已。住友银行成为我们的第一家OEM，这当然值得高兴，还能用作宣传。而且，住友银行这一举措，无异于给我们的投资方企业打了一剂强心针。

说实话，我真没想到国重先生会突然表示说想做OEM。这样事情就好办多了。于是我当即向他提出具体的建议，看看住友银行如何运用HyperSystem的OEM。

"首先，每年一到春天，很多刚毕业的大学生要去银行开户，银行会推出相关宣传活动以招徕顾客。"我开始阐述自己的思路，"在活动中，你们会赠送玩具熊等各种礼品吧。"

国重先生默默地点头。

"这礼品嘛，不要再送玩具熊，而是说：如果在住友银行开户，就能获赠免费上网的CD-ROM光盘。您觉得如何？"

"然后呢？"

"CD-ROM光盘里有应用软件，不叫'Hot Cafe'了，嗯，比如叫'住友Cafe'什么的，反正软件名称可以把'住友'的名号添加上去。新开户的用户获赠光盘后，在自家电脑上一安装，就立刻能免费上网了。当然，至于互联网服务，你们可委托一家服务商来做。"

我稍喘一口气，又接着往下说。接下来才是关键所在。

"这样，住友银行就拥有了'住友Cafe'这一广告平台。这是你们独家占有的广告媒体。接下来，利用方法可就多了。例如，可以对外征集赞助商，获得广告收益。如果觉得银行挣广告收入不太合适，还有其他方式。住友这样的大银行，肯定有很多企业客户吧。可以考虑向这些企业客户免费提供广告平台——这可是区别于其他银行的服务特色哟，能为你们争取到更多的新客户……"

我口若悬河，把能想到的好处全都说出来了。

我还特别提到一点："HyperSystem有个特色功能——根据用户的属性发送不同广告。因此，银行方面可以根据自己所掌握的用户个人信息，例如每位用户的存款余额，向其发送各种金融商品的广告。比如说，向存款余额多的人发送MMC广告；向存款余额少的人发送信用卡贷款广告。怎么样，很方便吧？"我脑子转得飞快，而且口齿伶俐，连我都不禁要佩服自己了。

国重先生思路很敏捷，他不仅完全理解了我说的意思，甚至还提出新的想法："这个系统可以用于网上银行业务吧。"

不难想象，如果住友银行导入了HyperSystem OEM的话，今后在开展网上银行业务时，就会比其他银行占得先机。毕竟，导入这系统，就等于拥有了自家的互联网一样。对外委托业务时，在安全对策方面也可安心地提供服务。

"对呀，可以用于各种业务的。"我不禁暗自佩服。国重先生身为银行董事，思路却很灵活，果然不是等闲之辈。

几天后，国重先生打电话给我。

"关于上次说的HyperSystem OEM的事……"

"嗯。"

"你跟我们的吉田副行长见个面吧？"

我大吃一惊，想不到OEM的事这么快就提到日程上来了，而且还是跟副行长面谈。

我觉得眼前豁然开朗。

1997年1月，应该是在14日那天，我带上夏野，前往位于大手町的住友银行东京总行。女秘书出来迎接，带我们乘坐VIP专用电梯来到最高层。地板上铺着深红色地毯。

我们走进最里面的豪华房间，房内摆着一张可供二十人同时进餐的大餐桌。因为这桌子实在是太大了，我一开始甚至有些手足无措，不知应该坐在哪里。出席者总共有五人——住友银行的吉田博一副行长、调查部长、国重董事，我公司这边是我和夏野。

客套一番之后就开始上菜，一道道京都怀石料理风味的菜肴被端上桌来。虽然我对吃的没什么研究，不过还是一望而知——这些菜肴做得相当考究。

在豪华的美食前，我开始对 HyperSystem OEM 方案进行说明。我尽量说得简单易懂，避免用专业术语，态度热情而又尽可能温文尔雅……这么用心地说明，也许还是头一次哩。毕竟，这与公司的命运密切相关。

吉田副行长默默地听完我的说明，这才开口："技术上的事我不懂，不过从常识上考虑，这方案还是不错的，挺有意思。我们愿意采用。"

一听这话，我不由兴奋得握紧拳头。吉田副行长说了："我们愿意采用。"具体的语气姑且勿论，但他确实这么说了，我记得一清二楚。因为我听得非常认真。

这还没完。

"对了，板仓先生，何不趁现在说一下贷款的事？"国重先生忽然提醒我。

我愣了一下，随即机不可失地接过话茬儿，坦率地告诉对方：我公司的资金周转有点困难，必须在3月之前筹到5亿日元。

"板仓先生，5亿怎么够呢？怕是少说了一位数吧？"坐在副行长旁边的调查部长说道。

此言一出，我何止惊讶，简直就目瞪口呆了。我说想借5亿日元，可是银行的调查部长竟然当着副行长的面说，我少说了一位数。

我不知该如何回答，只得随口附和，然后又把 HyperSystem 的发展前景重说了一遍。

当天，虽然并没有商定什么具体协议，但我却觉得有几分把握。

在回去的车上，我对夏野说："5亿再加一个零——50亿啊！"

夏野回答道："哪能这么多，对方的意思是上两位数——最多也就是10亿左右吧。"

他冷静得简直令人扫兴。不过，听他这么一说，觉得似乎也有点道理。无论如何，在OEM一事上，还是希望能和住友银行谈下来。只要这个确定下来，HyperSystem的新战略就能启动。而且，只要对方是认真的，那我们就还能筹措到超乎想象的大量资金。

我的心情好久都没这么畅快过了。

过了几天，我去拜访国重先生，想确认一下上次的谈话是否当真。

"噢，你说那事呀，嗯，50亿日元哟。部长确实是那么说的。"国重先生回答道。

好嘞，趁对方还没改变主意，得赶紧把这事给敲定了。

我说："之前我说过需要5亿日元，不过，还是希望能多借一些。OEM项目也需要再投入资金……"

"哦，我们会尽快研究的。"

光是口头约定那可不成。我使出了杀手锏："要了解我们公司的发展前景如何，最好去问问微软就知道了。之前我也提起过，我和比尔·盖茨进行了会谈，当时成毛总经理、古川董事长都在场。他们对HyperSystem给予了高度评价，这是确凿无疑的。"

这时我搬出比尔·盖茨来。他特意约见我，想要收购我们的创意、我们的系统。对我来说，这不啻于一面锦旗。至少在当时，我对此深信不疑。而且，微软的主要交易银行正是住友银行。

"务请先去问问微软，然后再考虑贷款的事。"

此时，我当然想不到自己这句话会招致什么样的后果。

（后来，国重先生证实："当时，调查部长说的'50亿'，是指这项业务要花费这么多资金，而并非承诺贷款50亿日元。板仓先生，你怕是误解我们的意思了。"）

住友银行同意贷款，实在是值得庆幸。照这势头，OEM应该能顺利开始吧。但眼下的HyperNet急需资金，前文也提到过，在美国开展事业的费用支出超乎想象。

这时，森下告诉我一个好消息：他把公司情况告知打过多年交道的朝日银行负责人后，贷款的事好像有了眉目。于是我立刻去见朝日银行的负责人。

"板仓总经理，在我们银行的'技术评价'这一项中，贵公司得分是有史以来最高的哟。"他一见面就恭维道，"总之，我会积极促成贷款一事的，以后请多关照。"

"哪里哪里，请您多关照才是。"

凭经验，我觉得金融机构所谓的"技术评价"不太靠谱，但如果跟贷款挂钩，那又另当别论了。我非常高兴地接受了对方提供的贷款——金额2亿日元，而且无须抵押。

唯一有点担心的是，这位负责人反复过问纳斯达克项目的情况。当时，纳斯达克项目已经确定延期半年。我明确地把这情况告诉了他，可他还是再三叮问："在纳斯达克发行股票的事可靠吧？"

就在2亿日元贷款实际发放的前几天，这位负责人邀请我加入某个由朝日银行控股的高尔夫俱乐部。球场位于千叶县，所以会费竟然要3000万日元！相当昂贵，对于当时的HyperNet来说是笔很大的开支。我和其他董事商量了一下，结论是"加入"。为解燃眉之急，也顾不得许多了。虽然对方并没有明说高尔夫会费和银行贷款之间有任何关系，但我已经不是个三岁小孩了。

贷款前一天，朝日银行的分行长突然来访，但却没提贷款之事，而是就高尔夫会员一事向我确认。

"哎呀，我就怕我们的业务员强拉你入会呢……"分行长笑容可掬地说道，"没有这种事吧？是你自愿加入的吧？"

我也微笑着回答："是的，我很喜欢打高尔夫。"

我确实喜欢打高尔夫。此外，滑雪、赛车、开法拉利、钓鱼、去六本木、遛狗等也都喜欢，虽然比不上工作。虽然我无论如何都不会主动加入这么昂贵的高尔夫俱乐部，但打高尔夫还是喜欢的。

然而，自从这天起，我对打高尔夫的热情骤减。也不知是什么原因。

第二天，朝日银行就发放了2亿日元的无抵押短期贷款。

与此同时，1997年1月，考虑到纳斯达克项目延期，我们计划在国内实行第三方定向增发。

当然，如果住友银行的50亿日元贷款能兑现的话，就没必要增资。但不能光打如意算盘，那样太不稳妥。而朝日银行的2亿日元虽然已经到手，但要摆脱目前困境、开展事业的话，这点钱还是远远不够的。

本来我们计划3月在纳斯达克公开发行股票，预计能筹得50亿日元左右，然后将它用于短期事业计划，例如扩大国内外的业务等。可是现在项目延期了，所以必须另外筹措短期计划所需的资金。

所需资金总额是6亿日元。首先预计今后半年到一年的公司业绩，最好和最差的情况下各需多少钱，而且要考虑到在短期内有可能筹措到的切合实际的资金数额，最后才综合得出这个数字。

这笔资金能否通过增资途径获得呢？需要慎重考虑。要增资的话，当然必须召开临时股东大会。要是认购新股时出现失权股的话，那就比较麻烦。也就是说，HyperNet在增资时出现剩余股份无人认购的情况。这消息很快会传遍市场，可能引发更严重的经营危机。

所以我决定把募集金额定得稍低于估计金额。另外，股价也是一个问题。我公司最初的股票面额为5万日元，后来在1996年时为了备战纳斯达克而改成了无面额股票。

至于在纳斯达克发行时的股票价格，我们通过对比同类公司等各种方法进行分析，最后得出的预测价格竟然超过100万日元。有一段时期，我公司的估算价值甚至达到了400亿日元。当时发行的股份数量，即使算上我们这些公司经营层的股票期权也只有3000多股，如果公司价值400亿日元的话，平均1股为1300万日元呢。

当然，到1997年1月时，1300万日元就太高了。经过公司内外的讨论，最后把这次增资的股票价格定为120万日元。接下来就看这个价位能不能卖掉了。

我们准备好所有公司财务状况的相关资料，按照事业计划书开始募集资金。一般说来，增资时需要所谓的"领投者"（lead investor），由他率先购买像我公司这种计划发行新股的企业的股票，进行定价。只有当领投者出现后，其他投资者才会随之而来。当然，担任这领投者的，必须是大家公认具有投资判断能力的投资人才行。

这次担此重任的，是长期信用银行旗下的大型风险投资公司NED。我在参加"新商务大奖"评选活动时曾得到他们的关照。

NED还是很有号召力的。

首先，我通过青年创业家协会YEO的圈子（我自己就是其中一员），向年轻的风险企业家、创业家们发出邀请，结果争取到几名企业家的投资。在风险投资公司方面，除了NED，日本生命保险公司旗下的Nissay投资公司也认购了股份。

而且，刚和我们签订合资经营合同的韩国三星集团的广告代理商Cheil公司也同意投资。其投资额和即将在韩国成立的合资企业HyperNet Korea的资本金相同。

后来，我们还接受了一些个人投资以及合作企业认购股份。如果按口头上谈妥的金额算，已经超过了6亿日元。

其中也包含了住友银行旗下的风险投资公司——住银投资公司的出资，可算是住友银行的替身吧。我是这么理解的。

所谓的风险资金公司，其实并不是运用自有资本，而是管理和运营从外部筹得的基金。当时我公司所获得的出资额里，住友银行本身的资金占了90%。也就是说，类似于住友银行间接出资。金额绝不算多，只有3000万日元。但我想：这可能是因为银行调查部的审查手续还没完成，银行本身很难出资吧。

经过出资比例的调整后，1997年2月28日，6亿日元款项如数拨了进来。我们把其中3亿作为资本金，剩下3亿作为资本储备金，以充实公司的自有资金。当然，这不仅仅是资产负债表上的数字，现款余额也增加到将近7亿日元。增资大功告成。

比起以往的公司业绩，或许更应归功于HyperNet的口碑，特别是获得新商务大奖以及我们在宣传公关上所做的努力。后来，证券公司公开发行部有人评价说："这次增资很成功，效果相当于一次小规模的公开发行股票。"

然而，增资大获成功的同时，却悄然拉开了HyperNet走向没落的序幕。

合作伙伴开始转舵

大概是在1月末或2月初的时候，我前往住友银行日本桥分行去拜访国重先生。想谈的事情有很多，例如OEM项目、住银投资公司的投资等。当然，最重要的还是贷款之事。

国重先生却忽然提起了别的话题。

"噢，真有意思呀。"

我已经听说了他和调查部长等人一起去微软拜访的事。他说的"有意思"应该就指这个吧。

我便问："您是指微软的事吧。"

他一边点头，一边重复说道："那天我们聊了很多，真有意思呀。"

微软究竟跟他说什么了？国重先生还是第一次如此含糊其辞。我感到有些不安。

"都聊了些什么呢？"

"嗯，他们好像比较关心HyperSystem的专利情况，对事业本身倒是没什么兴趣的。"

"专利？"

"嗯，也就是专利权关系。"

"哦。"

他想说什么呢？我有些纳闷。微软对 HyperSystem 新事业的专利和专利权一向很关注，这个我早就知道了。还不如说一说贷款的事怎么样了吧。

我默不作声。这时，国重先生说了句出乎意料的话："板仓君，如果微软也想做跟你们同样的业务……"

我忽然觉得正在眼前说话的国重先生似乎在渐渐远去，去往了一个遥不可及的地方。

这只是幻觉而已。他就好端端地坐在我面前。

结果，国重先生对于贷款的事只字未提。微软跟他说什么了，他也没有具体说明，只是一句"有意思"而已。

在我看不见的地方，一定有什么事情正在发生。到底是什么事情呢，我却一无所知。我只能明显感受到一点——从这天以后，住友银行的态度忽然起了变化。

从 2 月起，为了准备给我公司实施巨额贷款，住友银行调查部开始对我公司的营业状况进行审查。可是，无论他们看了什么资料，给出的全是消极的反馈。

例如，提到在韩国成立合资企业的计划时，他们就说："还没有营业收入吧。"

出示 OEM 合同原件时，他们又说："嗯，暂时能拿到一笔合同定金嘛。"

而且，每当我对事业开展情况进行说明时，那位调查部长就会说同样的话："可是，板仓先生呀，要是微软也和你做一样的业务，就凭他们那雄厚的资金实力，你会输得很惨哟。"

为什么又在这里跟我提微软呢？他究竟想说什么？如果把他这套理论放大的话，那风险企业根本就不可能存活。有创意，没资金——风险企业都是这样起步的。就连调查部长口口声声说的微软，最开始也不过是一家资金薄弱的风险企业罢了。我心里十分气恼。

几周前他还暗示过要给50亿日元贷款的，现在却说出这番话来，真是判若两人。

之后，宣布2月的审查结果时，我向调查部长保证说："虽然我公司眼下的财务状况确实不好，但接下来通过开展新事业以及海外业务，最迟在3月份就一定会有好的业绩。请您拭目以待。"

也就是说，在短短一个半月里就要拿出显著成果。

为了完成目标，公司所有部门、各个领域都在我的直接指挥下而竭尽全力。眼下只能以此来说服住友银行了。

我要求大家在3月底之前完成以下目标：首先，HyperSystem OEM 订单最少一件；对平时销售的广告进行重新加工后推出的软件包订单最少两件（这软件包广告是发送给所有用户，不区分特定的目标用户，所以收取的人均广告费也相对便宜，当然总金额非常可观）；此外还要推出新产品——在原来的Hot Cafe广告平台下方新增"按钮"，链接到固定的企业主页；生意冷清的IMS业务须增加订单；还要发展海外业务。

这段时期，公司业绩确实有了突飞猛进的增长。

首先，住友银行订购了我们新推出的广告平台链接"按钮"服务；海外业务方面，和三星集团正式签署了合资经营合同；IMS的月订单数量更是获得有史以来第二好的成绩。

结果，1997年3月的营业额竟突破了2亿日元大关，是HyperNet成立以来的最高纪录。当时公司的全年营业额还不到8亿日元，可见月入2亿日元有多了不起。

而且，如前所述，6亿日元增资大获成功。其中也包括了住友银行旗下的住银投资公司的3000万日元款项。

这样应该无可挑剔了吧。3月某日，我信心十足地向那位调查部长汇报了以上成果。

然而，对方的反应却比之前更加冷淡。他是这么说的："板仓先生，不错嘛。但目前的资金周转并没有改善呀。"

喂，等等。你难道忘了2月份审查时我是怎么说的了？

给我一个半月，到3月末之前就把公司业绩提上去。我是这么说的吧。我并没有说连资金周转都能完全恢复正常。这是不可能做到的。话说回来，要是可能的话，我还有什么必要去央求银行贷款呢？

确实，HyperSystem眼下的财务状况并不乐观。按这种状况，一般情况下银行也不肯立刻追加贷款的。这些我都明白。

当然，就算拿不到那笔有争议的50亿日元贷款，我公司也不至于马上就垮掉。毕竟，6亿日元增资已经成功，而且3月份以来的公司业绩也实现了迅速增长。

可是，1月份时说过的那番话又算什么呢？

我终于明白了一个事实。

如前所述，我之所以和住友银行开始业务来往，是出于我和国重先生的个人关系。正因为他对我的想法感兴趣，才在HyperSystem起步时贷了2.5亿日元给我，这项事业才能发展起来。在那之后，他还继续提供了各种有形无形的帮助。日本的大银行通常对风险企业很冷淡，但国重先生却与众不同。他很清楚风险企业需要什么，具有一般银行职员所缺乏的判断力，所以深得我心。

但我想错了。国重先生虽然是亲密的业务伙伴，但却不是"朋友"。一到关键时刻，他会从"个人"转变成"企业人"，代表住友银行董事兼日本桥分行长的身份。我不懂得如何在个人情感和企业规则之间划清界限，因为我从没做过公司职员，对"组织"缺乏根本的理解。

我不得不改变对国重先生的看法。他不代表个人，而是一位企业人，最终一定会优先考虑自己所属企业的利益。我独自体会着这浅显的道理。如果我能早一些，至少在半年前就意识到的话，也许就不会陷入今天的困境了。

在"明白人"看来，也许会觉得理所当然。你为什么和国重先生打交道？因为是朋友吗？不会吧。应该是因为他是精明能干的住友银行分行长吧？然而，在此之前，我根本就没有这种意识。

在这里我再补充几句。前文写道：自从国重先生去咨询过微软之后，态度忽然发生了改变，这一印象至今没变。但我同时又想：当时，国重先生以及住友银行开始中途撒手，作为金融机构的经营决断来说是非常明智的。

请容我再重复一次：所谓HyperSystem，是把互联网和广告结合起来，向用户提供免费上网服务，向广告主提供详细的营销数据，可以说属于一种靠创意取胜的产业。反过来说，如果不能在创业初期获得相当规模的营销数据和广告主、不具备一定企业实力的话，一旦微软级别的大公司有意参与竞争，市场一下就会被抢占过去。

然而，对当时的HyperNet来说，值得夸耀的也就只有这两点了：我们是这项事业的先驱者；半年内用户达到了二十万人。虽然营业额渐渐增长，但因为初期投入了巨额资金，所以在经营上一直是亏损状况。虽然增资获得成功，但纳斯达克发行股票却被迫延期，在美国的业务开展也并不顺利。营业额远远低于贷款金额，这样的企业随时倒闭也不足为奇。

我猜想，住友银行在向微软咨询时，或许已经完全意识到以上这些结构性问题了吧。1996年12月比尔·盖茨约见我的时候，微软曾对我公司做过相当详细的调查。后来，他们应该还研究过能否在不侵犯专利权的条件下独自开发类似于HyperSystem的业务吧（这符合比尔·盖茨的一贯作风）。经过研究，微软断定HyperNet没有利用价值，然后又把这信息传达给了住友银行。如果这推理正确的话，住友银行中途撒手就很好理解了。当时我曾因为调查部长说"微软如何如何"而大动肝火，现在看来，那番话是很有道理的。

遗憾的是，在1997年春天，我还没有能力和心情把问题想得如此透彻。那究竟意味着什么呢？其实，我已经隐隐约约地觉察到了……

此时，我对自己产生了怀疑——也许，我并不适合当一名企业经营者。

第四章 衰落 一九九七年二月至十月

不合格的总经理

也许,我并不适合当一名企业经营者。

"总经理"这个头衔已经伴随了我十五年。今年年初以来,我常常会产生怀疑。事故不断发生,虽然每一起事故都各有其原因,但在同一时期内出现,还是应该归咎于我的经营责任。

对HyperSystem实行降价策略时,我尤其能体会到这一点。那是在1997年1月。当时HyperSystem业务才开始半年,用户数量就已经超过了二十万人,很不简单。利用HyperSystem的互联网服务商也从最初的ASCII公司一家增加到了四家。

当我得知用户有二十万人时,就作出了一个决断:降低价格。

HyperSystem广告和电视、杂志等大众媒体广告的定价方法有根本区别。无论电视、报纸还是杂志,几乎所有广告媒体都只能把对象限定于某一种媒体的用户。HyperSystem则不一样,它可以从HyperSystem媒体中选取符合广告主要求的用户,向其发送广告。根据广告主的不同要求,广告对象的人数变化范围很大。不设任何条件的话，二十万名用户都是广告对象；如果设定多项复杂条件，从理论上说，广告对象可以只是其中一个人。

所以，我们公司与大众媒体广告不同，我们是按人均价格来计算广告费用的。1996年6月开始营业时，HyperSystem的广告价格为每人40日元。这个价格是根据当时两万名用户会员的人数而测算出来的。

半年后，用户人数猛增到二十万人，是原来的十倍。这样的话，可以获得相当可观的规模效益。考虑到这一点，为了促销，我决定把人均价格降到25日元。

可是，这决定一在报纸上登出来，不光是我们的合作代理商，就连以风险投资公司为首的大股东都纷纷表示反对和不满。

现在正是新兴产业的发展时机，为何突然宣布降价？即便是杂志等其他媒体，不到万不得已时也不会贸然降低广告价格。HyperNet明明资金周转不灵，还要降价，到底是何用意？

我反驳说：我们这次降低广告价格和杂志等大众媒体的降价具有根本区别。

首先，当初会员只有两万人的时候，广告价格设为人均40日元。假如广告主向所有会员都发送广告的话，就要向我公司支付两万人×40日元=80万日元。相比之下，现在会员人数增加到了20万，如果仍然按人均40日元的原价格，我们的广告收入将达到800万日元，非常可观。

把价格调低为人均25日元的话，广告收入将变成500万日元，确实比人均40日元的情况下少了300万日元。不过，大众媒体广告的价格是算总金额的。所以，即便调低了人均单价，但由于会员人数增加，500万日元的总收入还是比当初的80万日元上涨了420万日元。

如果把HyperSystem的广告价格和杂志的广告费略作比较，就更加清楚了。HyperSystem的人均广告价格相当于一本杂志的广告费。假设杂志发行数量也像HyperSystem的会员数一样不断增加，一算起来，每一本杂志的广告费就会减少。其实这就是规模效益。

然而，不知为什么，周围却几乎没有人明白这个道理。

尤其让人吃惊的是，连我公司的大股东、我的恩人——郡司先生也对这次降价策略表示不满。当然，我像上文所述那样解释了一番。但他却说："你这逻辑，应该大多数人都理解不了吧？"

我一时愕然。

为什么会理解不了呢？我认为只要是了解 HyperSystem 的人，听了我的详细说明后应该都能理解的。然而，无论我如何解释，对方却一直说没听懂。唉，直到现在——我在写这本书的时候，仍然觉得不可思议：为什么周围的人都不明白这个运营体系呢？如果是我没说清楚的话，又怎么可能诉诸文字呢？

但当时我想：是自己没解释清楚吧？是我的错。

公司破产后，有好几个人这么说过我："板仓先生，你这个人嘛，从想出点子到创业阶段还不错。可是，事业做起来以后，要成立组织、进行稳定经营的话，就太不适合你啦。你这人做什么都没有常性。"

在美国这个风险产业大国，所谓"创业家"只负责想点子以及创业，而创业之后负责实际经营的"经营者"则往往另有其人。毕竟，这两种工作的性质是完全不同的。如果你同时具有这两方面的才能，那另当别论；如果只擅长其中一方面的话，当然还是专注于某一种工作为好。

大概我也不例外吧。从想点子到创业阶段是我的工作，接下来的实际经营或许应该交给别人来做。

这次的降价风波其实只是冰山一角，还有好几件事让我意识到自己不适合当经营者。

那次获得新商务大奖即是一例。当时，同伴们批评我说："不可得意忘形。"其实我只是想为公司多做宣传而已。但周围的人却不以为然，认为我"爱出风头"——和我买法拉利时的反应是一样的。

说到底，还是我的错。不注意维护自己作为总经理的形象，而是固执己见地认为："这是我的个人自由。"这时，我就是个"不合格的总经理"。

对于实施OEM计划，公司外部自不必说，连公司内部都有人批评说经营方针变来变去。对呀，进入1997年以来，不知不觉中公司里批评我的意见似乎渐渐多了起来。说"似乎"，是因为我当时还没能准确地把握事态发展。

我为了筹集资金而四处奔走，而且还直接负责海外事业改革以及OEM等新业务，所以大多数时间都花在和公司外部人士的商谈上了。除了公司干部人员外，其他员工很难见我一面。

当时HyperNet的员工有八十人，虽然比刚成立时的四人规模有了飞跃式发展，但也不过几十人，公司经营者本应准确地把握每位员工的动向，但我只顾忙工作而疏忽了这一点。

我一向是个自信心爆棚的人，可是现在，自信心眼看着就要开始坍塌了。

这天晚上，公司里主管财务的董事森下约我出去吃饭，说是有事要谈。

大概是职位的问题吧。我知道，他对自己担任董事之职很是不满。

我们坐车从涩谷出发，沿着六本木道路行驶，穿过青山学院的隧道后向左拐。然后在安静的住宅区里那蜿蜒小路上右转了两次，来到一个小餐馆前。这家餐馆供应法国菜，店里有好几个包间，很适合一边喝酒一边谈生意。

还没等啤酒和酒杯端上来，森下就发话了："总经理，您还记得当初招我进公司时是怎么说的吗？"

我完全不记得了。

森下继续说道："您当时说，要让我当二把手的。"

斟在细长杯子里的啤酒端上来了。上法国菜前先要啤酒，这似乎不太符合规矩。不过今天就俩大老爷们儿，倒也没关系。

"嗯……我说过这样的话吗？"我真的不记得了。

"总经理,您说过的呀。您忘了?那就没办法啦。"他将杯中酒一饮而尽,放下酒杯,又接着说,"唉,算了,这事无所谓。其实,我更愿意做经营方面的工作。"

拼盘上来了。天气挺冷,所以啤酒只要一杯即可,然后另叫了红葡萄酒。

我看着侍酒师在餐桌旁斟酒时,心中的郁闷之情忽然转变成话语,脱口而出:"那你想当总经理吗?"

"啊?我……当总经理?"森下放下酒杯,看着我。

我没答话,继续说:"当总经理就需要承担相应的风险哟。有时候,连债务也要个人抵押。比如我就是。"

我喝完杯里剩下的啤酒,等他说话。

"真的可以让我当总经理吗?"

"嗯,可以呀,要是你真想干的话。"

如果森下这么说只是因为不谙世事或是一杯啤酒下肚就胡言乱语的话,那我也许会把它当做喝酒时的笑谈而已。

然而,他并非不谙世事,也没有喝醉。虽然性格比较老实,但他可是负责公司财务的董事,比我更了解公司的财务状况,而且有注册会计师资格,以前还自己开过公司——这样一个人,说自己"想当总经理",当然不会是在开玩笑。

如果森下的经营才干在我之上,那么把总经理之位让给他也未尝不可。我茫然地想着。这时已经有些醉意了。总之,我不会因为贪恋自己的地位而让公司垮掉。

当天,我没有明确表态。增资项目已经有十足的成功把握,但我心里却作出了决定:更换总经理!

这是1997年2月下旬的事。四个月之后,我将这一决定付诸了实施。

1997年3月。如果按半年前的计划,现在应该正为了纳斯达克项目而在美国各地向股东们演讲吧。说不定已经在加利福尼亚买下一套带游泳池的豪宅；说不定已经淘汰掉法拉利，而开着一辆价值1亿日元的迈凯轮F1在首都高速公路上飞驰……

然而现实却恰恰相反——纳斯达克项目延期；法拉利也在2月末卖掉了；虽然还住着白金公寓，但却担心接下来付不起每月50万日元的房租。

不过，我还是乐观向上的。HyperSystem OEM业务、和韩国财团合作、增资成功……最重要的是，IMS和HyperSystem广告这两项主要业务的收入实现了增长。

以HyperSystem OEM业务为契机，向各地的互联网服务商提供HyperSystem专利许可；在韩国和三星集团成立合资企业；推出HyperSystem软件包业务……各项业务都签订了书面合同或是接到了订单。如前文所述，一个月的订单金额就达到2亿日元。在这些业务改善活动的背景下，6亿日元的增资获得了成功。

HyperSystem的规模要远远超过之前的主要业务IMS。自从它开始运营半年以来，确实耗费了大量的初期投资，也出现了很多问题。但经过这次改善，每月的P/L（利润表）眼看着就快扭亏为盈了。

在HyperSystem开始运营之前，当然每个月都有盈利。虽然知道开始HyperSystem业务时会出现暂时亏损，但为了HyperNet公司的发展，我们还是推出了HyperSystem业务。

跟最初制定的振奋人心的事业计划相比，实际业绩并不理想。对于信心爆棚的我来说，远远没有达到期望值。不过，只要每月的P/L有盈利或是不亏损，事业就有可能维持下去。之后只需等市场慢慢做大即可。在这半年里，虽然纳斯达克项目被迫延期，但大致说来，这个起步也不算太糟糕吧。此时，我心里仍然抱有一丝乐观的想法。

住友银行的突然翻脸令人担心，但另一方面，它旗下的住银投资公司又响应我们的增资号召，出了3000万日元。我想，只要继续改善，公司的状况就会有起色，到时一定能把那一大笔贷款争取到手。

3月初，正值增资项目顺利完成之际，各家交易银行就纷纷开始行动了。

最先联系我们的银行是这么说的:"因为BIS①的规定,我们不得不压缩贷款资产,所以在3月末的银行结算期间,希望贵公司能'暂时'尽可能地偿还贷款额。"

紧接着又有另一家银行联系我们:"贵公司的贷款越来越多了呀,为了确保信用,希望你们'暂时'先尽可能地偿还一部分贷款额,十天左右即可。"

其他银行的说辞也基本相同。大家仿佛早就瞅准了时机,在同一周内联系我们,说希望我们"暂时"尽可能地偿还贷款额。住友银行也提出了一样的要求。

如前所述,银行向我们提供的全都是短期贷款,而且是无抵押的,只需我提供个人担保,我所拥有的资产只是公司的股份。

在此之前,HyperNet一直采取"转滚法(rollover)"这种借款方式——三个月左右的短期借款一到期,就在形式上进行还款,随即又在当天内获得相同额度的贷款。

但这次银行提出的要求,却不同于以往的形式上的还款,而是要求我们实际还款,直至3月过去,到4月时再重新贷给我们相同或更多款项。

原来如此。我没有多想就得出了结论:

按银行要求,先暂时偿还一部分贷款。这样做其实有一定风险——有可能还款之后就再也借不回来,导致资金周转难以维持。但我想,应该不会吧。我这么判断,并非因为盲目信任银行的负责人,而是考虑到如果银行真的这样做,那他们只能收回一部分贷款,剩下部分收不回,那可就血本无归啦。

我公司公开的财务资料,各家银行当然都已经审查过,应该非常

---

① BIS:Bank for International Settlements 的缩写,意为"国际清算银行"。——译者注

清楚：如果他们收回部分贷款后就不再放款的话，我公司会因为资金周转困难而破产。

不过，还有另一种最坏的可能性。如果我们把各家银行的大部分贷款都偿还之后，有的银行可能会作这种打算：该公司业绩不佳，所以要尽可能收回贷款，剩余部分就当打水漂了吧。

于是我大致算了一下，得出结论：最多只能暂时先偿还各家银行贷款额的30%左右。

结果，1997年3月时，我们给住友银行等各家银行的还款额，竟然超过了增资筹措到的6亿日元。

不过，1997年1月时我公司从7家银行借了大约20亿日元款项。所以，即使暂时偿还了6亿多日元，给各家银行的还款额都没超出30%。尽管如此，1997年2月时，公司的借款额总共有20多亿日元，但到4月份时，就一下减少到13亿多日元了。

总之，这次还款只是"暂时性"的而已——我是这么理解的。

例如，住友银行就提出了具体的再贷款方法。该银行给我们贷款最多时有8亿日元（其中3亿日元属于存款抵押贷款，和剩余5亿日元的无抵押贷款性质不同），但到1997年3月上旬时贷款总额就减少到了2.5亿日元。因为除了这次暂时还款外，住友银行还和我们公司约定了每个月须还款5000万日元。

3月上旬，我去找国重先生商议此次"暂时还款"的事时，他承诺说4月份会把原有的5亿日元再贷给我们。

虽然2月份时住友银行调查部的态度发生了明显变化，但依然还是我公司的主要交易银行，应该不会做出对我们资金周转不利的事情吧。——我的想法很单纯。而且，对方的这个承诺并非只有我自己知道，我公司的财务负责人也向我汇报说：住友银行的相关负责人亲口承诺的。

我太天真了。

3月下旬时，我前去拜访国重先生，打算向他汇报新开始的

HyperSystem OEM 成果，以及商讨之前谈过的和住友银行之间的业务合作事宜。

我在分行长办公室里等待。这栋办公楼，这间办公室，已经记不清来过多少次了。

10分钟后，国重先生行色匆匆地走了进来。

"非常感谢您一直以来的关照。"

我像往常那样打了个招呼，正要开始进入主题时，国重先生却慌忙开口说道："嗯……板仓君，贷款的事告吹了。"

我一下子没反应过来他这话是什么意思。在那一瞬间，我还以为他说的是两个月前提过的50亿日元贷款。应该不是指那件事，因为调查部不同意的话就根本无法进展的。

咦，既然如此，那难道是指前不久他说过的——4月份把原有5亿日元再贷给我们的事？我顿时一片茫然。

他也没管我，继续说道："我本来以为你公司已经还清分行的所有贷款了，但其实你偿还的这2.5亿日元包括了总行和分行两部分，所以不能再贷了。"

"啊？这到底是怎么回事呢？"我越来越糊涂了，不知他说的是什么意思。

"嗯，你听我说嘛……"国重先生开始向我解释。

住友银行最初给我们的2.5亿日元贷款是在1995年11月，第二次的2.5亿日元贷款则在1996年3月。这两次贷款的出处是不一样的，一次是分行，一次是总行。

之后，我们每月向住友银行偿还5000万日元。到贷款余额剩下2.5亿日元时，应该就还清了分行或总行某一方的款项。国重先生说他原以为是这样的。

例如，如果还清的是分行的款项，那分行就可以按原来的贷款额度再重新贷给我们2.5亿日元。这样，总贷款额又能回到原先的5亿日元。可是，这次偿还的2.5亿日元，却是按一定比例分配拨给了总行和分行，所以分别从总行或分行方面来看，还款额都不到2.5亿日元，这样就导致无法向我们重新贷款。是这么一番道理。

"啊……"

道理我懂，但这只是银行机构内部的问题呀。对于我公司来说，并不知道还款给总行还是分行，我只是按照指示在这五个月内"暂时"先把2.5亿日元还清了。可是，现在却冒出这番说辞来……

我差点就想说："这是你们银行内部的事，跟我公司没什么关系吧。"可是话到嘴边又忍住了。现在跟对方理论毫无益处。国重先生点子多，一定能想出什么对策来。

"然后呢？"我期待着他继续往下说。

"这事不好办呀。"他稍移开视线，说完这句话后便不再吭声。

不好办？一句不好办就完事了？

现在已经无暇讨论什么OEM了。大概是看见我一脸困惑吧，沉默了片刻的国重先生突然开口说道："他也许肯出3亿日元购买IMS这块业务吧？"

"……"

"不过，可能需要你把自己持有的全部股份拿来做抵押。"

我一时语塞。

他？国重先生忽然说出了一位知名创业家的名字。这人从事娱乐产业的流通服务业，我也见过他好几次。他们的主要交易银行似乎也是住友银行。但为什么现在会突然提起他来呢？

我大概正以异样的眼神盯着国重先生——从他的表情可以猜到。但我不能让他看出我内心的不安和愤怒。作为总经理，作为HyperNet的经营者，现在我必须想办法解决问题。

"这到底是怎么回事呢？"我故作镇定地问道。

"我想，他一定愿意给予支援的。不过我还没向他确认过。"

支援？

什么意思嘛。我可从来没向那人求助过呀。

这时，我皱起眉头，太阳穴上的血管怦然跳动。我感觉到自己就快发作了，几乎要破口大骂。

但我马上克制住了。不行，现在大吵大闹会坏事的。

"嗯……这样啊。"我假装正在思考。今天暂且先回去吧，因为我也没想到什么对策。

"请让我再考虑一下。总之，贷款是完全没戏了吧？"

"嗯，是的。"

"我明白了。"

接下来就算再次申请也好，死乞白赖地哀求也好，都得先让自己头脑冷静一下再说。

"那今天就先告辞了。"我冷冷地说了一句，随即离开了住友银行。

从那以后，我和国重先生就没有再见过面。

坐在车里，我握紧拳头，一动不动地盯着前方。

遇上大麻烦了。

这时我才开始感觉到了HyperNet的危机。这样下去的话，公司肯定会破产。住友银行是我们的主要交易银行，现在却突然说不能贷款了。若置之不理，资金周转一停滞，靠短期贷款赖以生存的HyperNet就会马上完蛋。

破产——我头脑里浮现出这两个字。

驶过三宅坡，准备过赤坂见附的高架桥时，遇上塞车了，车子无法前行。我茫然地眺望着右手边的河畔，心绪一片纷乱，充满了受骗之后的懊恼和不安。感觉自己脑袋正微微颤动，眼前的风景和思绪都变得模糊起来。

不知什么时候回到了公司事务所。要不是司机小野先生喊我，我还没回过神来呢。

我在电梯里恢复了总经理的架势，然后径直走向财务部。

"出于以上理由，住友银行的贷款是没指望了。"我坦白地告诉了财务部人员。

本来视为靠山的主要交易银行忽然说不能再贷款，这让大家都一筹莫展。

不过，我和财务人员在翻看了财务报表，并对各种待付款事项进行研究后，得出以下结论：如果推迟一部分付款，而且暂时停止美国那边的业务的话，公司目前还是可以勉强维持下去的。

当然，有个前提条件——其余六家银行要把我们暂时偿还的款项重新贷给我们才行。这样的话，应该就能填补住友银行那2.5亿日元的空白。

第二天，为了确认再贷款事宜，财务部人员就开始奔忙于那几家银行。

但我的预想完全落空了。

我们的财务人员走访第一家银行时就被奚落了一番："别开玩笑啦。你们的主要交易银行是住友银行吧。连住友银行都不肯再贷给你们了，凭什么认为我们可以呢？这样的贷款肯定通不过内部审批的。"

其他五家银行的反应也大致如此。都答复说：只要住友银行不追加贷款，他们也都不能再贷款给我们。

看来光靠公司财务人员是搞不定了。总经理必须亲自出面才行。我决定和财务人员一起说服各家银行的负责人。碰上银行的贷款业务负责人来公司时，我都会向其说明：

"上次增资的时候，其实住友银行也给我们出资了。"

"咦，那怎么在出资人名单里没有住友银行呢？"

"不是这样的。是因为当时我们的增资项目很忙，来不及通过住友银行总行办理，所以就由他们旗下的住银投资公司代为出资。您看，确实是出了3000万日元吧。"

"板仓先生，"对方抬起头来，表情很是惊讶，"这可说不通呀。"

"啊？"

"按您所说，住友银行让自己旗下的风险投资公司代为出资，这不正好说明了住友银行自身想和贵公司撇清关系吗？"

真是岂有此理。这位银行负责人认为住银投资公司出资反而成了不利的证据。他似乎是这么理解的：在6亿日元的增资总额中，主要交易银行只出了3000万日元，而且并非自己出资，而是让旗下的风险投资公司出的——这就是住友银行有意撤退的最好证据。

我极力反驳道："不会的。他们确实是出资了嘛，而且还新购买了我们的HyperSystem广告平台。另外，OEM合作也……"

我的话被对方打断了。

"单单是这些，没法说明住友银行的态度是积极的呀。板仓先生，您再考虑一下……"

"可是……"

"唉，板仓先生，贷款这事嘛，我们一定要看企业主要交易银行的态度而定。像现在这样，贵公司的主要交易银行住友银行的态度都摇摆不定，其他银行又怎么会随随便便地同意贷款给你们呢？"

对方摆出一副爱理不理的面孔，任凭我再说什么都是白费口舌。

现在，我总算明白为什么之前能这么轻易地从银行借到款了——其他银行是看在我们主要交易银行是住友银行的份上，才肯贷款给我们的。对于其余六家银行来说，财大气粗的住友银行肯贷款，就说明有保证，甚至比我公司的财务状况、业务内容都更重要。

住友银行的重新贷款没了指望，其他银行也靠不住。这样下去，公司很快就会破产。为了避免出现这个结果，继OEM项目之后，还必须大刀阔斧地进行业务改革。

例如，完全撤出美国那边的业务；改变向ASCII公司支付媒体费的方式；暂停纳斯达克项目……总之，只能想办法削减所有支出。否则的话，说不定明天公司就会倒闭。

后来——大概是4月中旬吧，听说国重先生从日本桥分行调到总行去了。

再后来怎么样，就不得而知了。

为什么这段期间各家银行一起改变态度，开始回收贷款了呢？

当时我认为：主要交易银行住友银行的撤退是直接原因。但如今回顾一下当时的银行业界，就会发现情况似乎更复杂。

银行的"自有资本比率"表示的是和贷款额、有价证券等总资产相比，资本金和资本储备金等自有资本占了多大比例。一般来说，这个比例越高的话，银行的经营状况就越健全。按国际清算银行（BIS）的标准，股份等未实现利润部分也属于自有资本。

从1997年开始，日本银行普遍出现了自有资本比例偏低的问题。随着金融大改革，市场逐步走向开放，在这过程中，自有资本相对较少的许多家日本银行恐怕难以生存下去。

于是，在这一年里，"早期纠正措施"制度受到了广泛关注。这一制度规定银行有义务保持一定比例的自有资本，以确保金融体系的健全性。不符合规定的银行必须接受大藏省[①]的业务改善指导，情况太糟糕的话还有可能被勒令停业。该制度从1998年4月才开始正式实施，但银行需要一定的适应时间，所以从1997年起，各家银行都致力于提高自有资本比例。

然而，在不景气的经济状况下，要通过增资来扩充自有资本比率算式中的"分子"非常困难。所以,各家银行只能尽量压缩算式中的"分母"——总资产，特别是拼命压缩贷款债权这一块。

没错，这正是银行信贷收缩的真相，也正是各银行开始弃我而去的根本原因吧。住友银行的撤退只不过是点燃了导火线而已。

1995年时，随着风险投资热潮的兴起，各银行掀起了一波无抵押贷款的攻势，为HyperNet的发展提供了资金基础。如今，银行为了提高自有资本比例而纷纷实行信贷收缩，我们筹集到的资金又忽然消散殆尽，其实也没什么可大惊小怪的。HyperNet只是趁着20世纪90年代中后期日本金融体系"改革"的时机而登上舞台，然后，又在下一

[①] 大藏省：日本财务省的旧称，主管财政、金融、税收。——译者注

次"改革"中被拉下了台而已。

当然，这是我后来回头看当时的报纸、杂志才分析出来的。1997年春天时，我的头脑里还没有"自有资本比率"和"信贷收缩"这两个词。当时我只是为重新筹措资金而奔走拼命。

1997年4月，HyperNet明显变得不正常了。

公司里还发生了一起"叛乱"未遂事件。主谋竟是我的老朋友。

那时，公司为了加强海外业务，决定让兼任营业统筹和海外战略的夏野专门负责海外战略。这样，我们需要重新任命一位国内业务的负责人。

我考虑到公司里没有合适人选，就从外面请了一位老朋友过来坐这个位子，暂且称他为A吧。当时是1月份。可是，A进公司两个月后，竟然瞒着我去和某交易银行的分行长见了一面。

据我所知，他是这么对分行长说的："这样下去的话，板仓会把公司搞垮的。所以银行方面应该施加压力，让他下台，改由夏野担任总经理，重新整顿业务。"

这让我非常震惊。

并不是因为他告我的状。有什么意见尽管说就是了。问题在于他进公司才短短两个月，对公司经营不负任何责任，既非董事，亦非股东，不了解财务状况，也不清楚公司和金融机构之间的关系——这样一个人，却擅自跑到我们交易银行的分行长那里去诋毁我。

那位分行长听了A的话后似乎也没太当真。但不管怎样，这事会让银行觉得我们公司不仅在资金周转上有了困难，而且在人员士气上也问题百出。

更让我吃惊的是，后来夏野向我提起过，他当时是知道A要去见分行长这事的。

夏野是公司董事兼副总经理，对财务状况和内外合作关系十分了解。如果是他自己跑去跟分行长说这样的话，那另当别论。基本上没什么问题。但事实是，A这个没有任何职权的员工擅自跑去见银行分行长,夏野知道了却没有立刻向我汇报!

我这才意识到,自己根本没有去关心公司员工。这四个月以来,我只关心迫在眉睫的资金周转问题和公司业绩,和大家之间的交流急剧减少。虽然和董事们有工作上的接触,但他们到底在想什么,我却无暇顾及。

后来夏野也提到了这一点。他说从1996年的年末起,就开始觉得自己不受重视。其实我是非常重用他的,只是因为关心得不够,才让他产生了这种想法。

公司"叛乱"的真相,我不太清楚。确切地说,是我没有特别去追究。我只是推断出两个在背地里跟着A蠢蠢欲动的员工,个别叫来谈话。其中一人还是HyperNet成立时就已经进公司的老员工。

我真糊涂。"人"是企业的最大资产,特别是对于我们这种中小企业来说,最后靠的不是资金,而是人才。但我整天为资金周转而奔忙,却把这基本原则给忘了。

无论如何,一个组织必须维持下去。事情虽小,但叛乱终究是叛乱,他们自己也承认了。

事情发生一周后,我把参与叛乱的相关人员都解雇了。当然,我的内心十分痛苦。

卖掉公司?!

1997年4月,从银行重新贷款的希望完全破灭了。公司的发展步调也出现了不一致。

现在看来,HyperNet这家风险企业在当时已经是气数将尽。

如果是一家美国企业陷入这种困境,他们可以向市场宣布出售自己的事业或公司。只要找到买主,公司就能以某种形式延续下去。虽然要经受裁员重组之痛，经营者也必须从零开始，但至少能避免公司破产的最坏结局。

实际上，当时我也有考虑过。要是资金周转情况继续恶化，就把公司卖掉。然而，跟美国不同的是，在日本，并没有一个公共平台来出售陷入经营危机的企业。所以，我只能自己给HyperNet估价，然后开始一家一家去寻找能挽救公司的买主。

3月中旬时，森下给我引荐了一位厉害人物——西泽宪史郎，他曾担任山一证券公司的法人营业部长，在证券业界打拼之后，自己开了一家投资顾问公司。总之，他和许多实业家都建立了紧密联系。

第一次见面时，我打算向西泽先生说明公司的概况。当时我们刚暂时偿还了各家银行的短期贷款。

西泽先生现年五十岁。他身穿一套利落大方的西服，圆脸，肤色黝黑。据说他的爱好是乘坐游艇出海钓鱼。

西泽先生说："我已经从森下君那里听说了贵公司的财务状况。"

于是我就HyperNet的事业计划和发展前景作了说明。当然，2月份的增资以及后来银行要求偿还短期贷款等也一五一十地告诉了他。

听完后，西泽先生开口了："光指望银行增加贷款额是不行的。"

这话正中下怀。我就是在寻找肯对我说这话的人。

他接着说道："应该采取直接融资，找投资者。我来想办法吧。"

他的意见和我基本一致——风险企业不应借助于银行贷款，而应该招募投资者。他原来是从大型证券公司起家的，这话出自他口显然很有说服力。

我决定相信他。从那天起，我和西泽先生一周会开好几次会。西泽先生要找到认可我公司的投资者，首先他自己必须了解我公司。我开会给他讲解的就是这些相关内容。

讲解完后过了几天（我跟西泽先生认识还不到十天），他打了个电话过来："我联系上了一位大人物，想先跟你谈谈。"

两个小时后,他来到我的办公室。

"板仓先生,你好像持有不少公司股份吧?大概是多少呢?"他的问题出乎意料。

我有些不解地回答说:"嗯……大概60%,怎么啦?"

"嗯,这就行。把你持有的一部分股份转让给第三方吧。"

"然后呢?"

"让这第三方来做股东。这样的话,可以渡过资金周转的难关。而且,以后还能接受对方的资金援助。"

原来如此。最后,我问道:"对方是谁呢?"

他回答说:"是加卜吉①的加藤义和董事长。"

果然是位大人物。我本来觉得有些费解,为什么不同行业的大型食品企业会对我公司产生兴趣呢?听了西泽先生的解释后,才打消了疑虑。原来,加藤董事长一直热心于扶持风险企业,他是风险投资公司的大股东,也曾为其他企业的重建伸出过援手。

我二话没说就接受了西泽先生的提议。想不到这么快就能找到援助者。1997年3月31日,通过西泽先生这个经手人,我把自己的一部分股份转让给了加藤董事长,然后把得到的资金全部投入公司。1997年4月,进入新的会计年度时,我在市内一家酒店和加藤董事长进行了会谈。会议目的当然是关于今后的资金援助。出席者有加藤董事长、日本长期信用银行出身的古川令治董事、西泽先生、还有我和森下。

简单地客套几句之后,我开始说明HyperNet的情况。考虑到对方年纪大了,而且又不是业内人士,所以我尽量解说得慢一点、详细一点。我的说明内容如下:HyperSystem是使用互联网的一种广告媒体;通过在页面上打广告,可以实现免费上网;光是ASCII公司担任互联网服务商的东京地区,注册会员人数就超过了二十万人;这项业务是我们

---

① 加卜吉:日本的大型食品公司,2010年改名为"TableMark"股份公司。——译者注

公司独创的，目前正在日本和美国申请专利；今后计划把业务拓展到亚洲以及世界各地；目前在资金方面陷入了困境。

最后，我就转让股份一事致谢，并提出资金援助的请求。然后回答了加藤董事长的几个简单问题后会议就结束了。

加藤董事长退席后，剩下四人还继续开了个小会。古川董事说了句"不必再担心了吧"之类的话。在我听来，这话似乎颇有自信。

但我一时疏忽，说了这样一句："如果需要第三方意见的话，可以去问我公司的交易银行。"

散会后，长期信用银行出身的古川董事立刻打电话给我们的交易银行进行咨询。过了几天后，西泽先生来到我办公室，说："板仓君，这可不行啊。"据说，我们的交易银行对古川董事说："HyperNet是最糟糕的贷款公司。"这事是否属实，无法验证。但毫无疑问的是，这一定破坏了古川董事对我们公司的印象。

我向银行方面确认。对方说，他们只是建议古川董事HyperNet这样的公司难免会有风险，所以相对于贷款，应该提高直接出资的比例。

银行和西泽先生的说法之间存在着微妙的差异，就像玩传话游戏时出现不同结果一样。信息没有直接传达。无论如何，加卜吉的资金援助一下变得希望渺茫了。

除了加卜吉之外，我还联系过其他公司，例如MJS公司（当时注册了场外交易，如今已在东京证券交易所二部上市）。我认识该公司的是枝伸彦董事长兼总经理（后来专任董事长）。如前文所述，1995年11月时，我曾和他儿子——MJS公司的董事是枝周树先生一起去美国拉斯维加斯参加过COMDEX博览会。

1997年4月11日，在东京四谷的一家酒店里，我和是枝伸彦董事长、是枝周树先生进行了会谈。一同出席的还有我的总经理办公室助理。

我开门见山地说："眼下我公司资金周转困难，大约需要6亿日元，想请您帮忙。"

接着开始进行冗长的说明。大家都默默地听着。

IMS走上正轨、HyperSystem业务开始起步；从银行借了20亿日元的款项；和韩国三星集团合作；和微软董事长比尔·盖茨见面；HyperSystem的业绩低于计划目标；尽管如此，以海外业务为中心的HyperSystem OEM事业的前景还是光明的；增资成功；按银行要求"暂时"偿还贷款；结果，造成了眼下资金周转困难的局面……我一五一十地全告诉了他们。

我大概说了足足一个钟头吧，甚至可能说了两个多钟头。

"现在就是这么个情况。总之，财务方面比较困难。"

"确实，不大力整改的话不行呀。"

"是的，您说得对。"

"相关数据带来了吗？"

"带来了。这是资产负债表，这是现金流量表……"

我开始对相关数据进行说明。不一会儿，我注意到是枝董事长似乎正在思考。

"有什么办法吗？"

"这样吧。首先，我来当你们公司的财务部长，由我跟银行交涉。缺多少资金，我用MJS的股份作抵押向银行借款。作为交换，板仓君，你要把你的股份转让给我，我成为第二大股东。"

"嗯。"

"如果这提议可行的话，就有办法。"

"非常感谢。"

我深深地鞠了一躬。一个准备在东京证券交易所二部上市的公司董事长，竟然肯担任我公司的财务部长，即由他亲自出面交涉，抵挡来自于银行的催款压力。

从理论上来说，其实就是把我公司并入MJS旗下，这也是我所希望的解决方法之一。如果能以此挽救公司，我也就心满意足了。至于我个人的事业，可以再重新开始。

但我并未立刻答复，因为还有些顾虑。

首先，从公司成立开始我就一直得到郡司先生的关照。现在如果不管他，而让是枝先生成为第二大股东的话是否合适？郡司先生也不是因为助人为乐才给我投资的吧。

还有一点，是枝先生说可以以MJS的股份为抵押向银行借款。可是，我在财务方面的失策，正是过于依赖从银行借款的所谓"间接融资"方式。为了补救这一失策的恶果，现在又再借助MJS之力向银行借款，究竟是否合适？这些都值得怀疑。

另一方面，通过西泽先生请加卜吉公司资金援助的方案也在同时进行中。作为经营者，我的自信心已经开始动摇，所以我总觉得比起自己找的MJS公司，还是大型证券公司出身的西泽先生那边联系的更加可靠吧。

所以，当天我只是对是枝董事长说"改日再作答复"。毕竟，需要召开公司董事会，还要跟郡司先生说明情况。第二天，紧急召开了董事会，讨论结果是"暂不采纳"。并不是因为董事们强烈反对，而是因为我犹豫的态度感染了大家。

我打电话给是枝董事长，婉言谢绝了他的提议。

明明是我主动求助于人的，为什么又拒绝了呢？主要是因为，与是枝董事长的支援方案相比，我想优先考虑西泽先生那边的方案。当时西泽先生所说的资金筹措方案还是很令人振奋的。所以我才会犹豫不决。从现在来看，当时我作出了愚蠢的选择。如前所述，加卜吉公司的融资方案最后并没有成功。

我把加卜吉融资计划搞砸了，又拒绝了MJS的提议。之后，西泽先生还提出了别的方案——由信贷公司认购我公司的债券。他给我引荐了大型食品商社"东食"旗下的东食信贷公司。西泽先生在金融业界的人脉之广，远远超出我们这些门外汉的想象。

5月份时，经过西泽先生和对方事先沟通后，我和森下前往拜访东食信贷公司的信贷业务部长。来到他办公室时，西泽先生已经在那里等候。

我先介绍了HyperSystem的运营情况。出乎意料的是，这位东食信贷公司的部长竟然能理解HyperSystem体系，尤其是对我公司拥有用户数据库这一点颇感兴趣。这让我很吃惊。我没想到，一位负责信贷业务的部长（大致相当于银行的审查部部长）竟然也知道HyperSystem核心数据库的重要性。

我介绍完后，西泽先生冷不防取出了关于公司债券的合同书。

啊，这么快就签合同吗？

我原以为接下来还要进行审查，下一步才能最终敲定。没想到这么快。西泽先生和东食信贷公司的部长谈得很融洽，把我晾在了一边。看来他俩已经事先商议好，把大体框架定下来了。

"偿还期限定在10月5日如何？刚好五个月。"

"行，就这么定吧。"我点点头。

当然，资金周转要在五个月内完全恢复是不可能的。但可以用转滚法嘛。而且，既然发行公司债券这么简单，那再从别家筹集资金似乎也不是什么难事吧。

按照西泽先生的指示，我把平时从不携带外出的公司印章带来了。我在合同上签字，盖上印章，就这样完成了3亿日元"私募债券"的发行。真是太简单了。

过了一个月，到6月份时，我公司又向东食信贷公司发行了2亿日元债券。于是，我们因为向银行偿还短期贷款而减少的资金又大致恢复到了原先的水平。

虽说如此，但债券偿还期限是在五个月后的1997年10月。虽然西泽先生说可以用转滚法，但也只是权宜之计，必须及时筹集到下一笔资金。同时，还必须在新事业计划的基础上努力提高营业额。眼下的状况依然不容乐观。

不过，我们总算暂时摆脱了眼前的危机。

就这样，我和森下为了寻找资金援助者而东奔西跑。同时，我们还带上了新制订的重建计划去走访各家银行，汇报公司业绩。我知道，不能期望银行再贷款给我们，只求能维持目前现有的贷款额。当时是5月份。

然而，没有一位银行负责人肯认认真真地看我们的重建计划书。不仅如此，各家银行还不约而同地施加压力，让我们尽快偿还余款。

其中一位银行负责人是这么说的："贵公司光说大话，却从来没有实现过。总之是没有按原计划开展。所以，还是先考虑还款的事吧。"

就在一个月前，各家交易银行还说让我们"暂时"还款，并口头约定会再贷款给我们。可是，如今却纷纷要求我们偿还余款。为了显得有理有据，他们开始毫不留情地揭露我公司的问题点。

系统故障百出，却没有及时向银行报告；纳斯达克项目延期一事，也没有和银行协商；某某董事的言论很不中听；当然，还有营业额低于预期值……

看来，HyperNet已经被银行完全放弃。不能再指望金融机构了。

那么唯一的办法，就只能求助于有实力的大企业。否则，公司就等着破产吧。但无论是加卜吉还是MJS公司，最后都功亏一篑，没能达成协议。原因在于我这个经营者的判断失误。向东食信贷公司发行债券后，虽然暂时还能勉强维持，但也只是权宜之计——10月份就到还款期了。

我给Salomon公司的黑部先生打了个电话。Salomon公司是跟纳斯达克项目最密切相关的公司。说不定他能帮我出个好主意。

"……因为这些情况，导致资金周转困难。想必您也知道了。"我把公司现状坦率地告诉了黑部先生，"所以我有个请求，能不能从海外找到哪家外资企业给我们融资或投资？"

黑部先生答道："板仓先生，你觉得SoftBank怎么样？"

SoftBank？冷不防冒出一个意外的公司名来。

"黑部先生，您认识SoftBank的人吗？"

"嗯，也是通过朋友介绍的啦。我跟SoftBank总裁孙正义先生有过一些接触。"

孙先生精明强干，他的SoftBank公司若肯援手，我当然没有异议。虽然我公司有可能被其并购，但对于眼下的我来说，这反而是再好不过的。

"那就拜托您了。"我说道。

"嗯，不知能不能成，我先联系一下对方看看。"黑部先生说完就挂了电话。

几天后，黑部先生打来电话，说是托人问孙先生对HyperNet公司是否感兴趣，对方的回答是"Yes"。

好像有一丝希望。接下来只有和对方见面磋商了。5月23日，我和黑部先生一同前往位于日本桥箱崎的SoftBank总公司进行拜访。

这段时期以来，无论是去银行请求贷款，还是去游说投资者，每次出发前，我的心情都十分沉重，还经常出现胃痛、偏头痛。如果没有身临其境地站在我当时的立场上，是很难体会这种感觉的。

然而，今天感觉却不一样。虽然事情八字还没一撇，但我却感到无比兴奋，仿佛出外郊游似的。也许仅仅是因为要和孙正义这位鼎鼎大名的企业家见面的缘故吧。

我坐上沃尔沃（这是我唯一一台私家车了），握紧方向盘，向SoftBank公司驶去。公司原先租用的小轿车早已解约，雇佣司机小野先生也已离开。

孙正义先生穿得很休闲，虽然系了领带，但却没穿西装，而是轻轻地披了一件对襟毛衣。

我见过的知名创业家或经营者也有几十人了，各种类型都有。有的盛气凌人，有的自信满满，有的忙忙碌碌，有的沉默寡言……孙先生和他们都不一样,他的举止稳重大方,虽然长着一张娃娃脸,但表情却给人一种成熟稳重之感。

会议出席者除了我和孙先生之外,还有Salomon公司的黑部先生、SoftBank总经理办公室的几位室长。

寒暄之后,孙先生说:"其实我早就想去拜会您了。"

我不禁汗颜。

在风险企业界闻名遐迩的孙正义先生,竟然对我这位濒临破产的年轻企业家说"想去拜会您",如此谦虚,真是难能可贵。

对方是个大忙人,我可不能磨磨蹭蹭的。于是我取出笔记本电脑,一如往常地开始介绍HyperSystem。孙先生似乎很感兴趣,至少在我看来是这样的。我一介绍完,他就提出这个话题:使用HyperSystem会给SoftBank的事业带来怎样的效益?

"不错呀。可以跟我们的MediaBank(集团内部的互联网服务商)结合起来,广告业务则由CCI(集团内部的广告代理商)承包。"他流利地说着,阐述如何将集团内部的互联网服务商、广告代理商和HyperSystem进行组合。

当然,孙先生的话在细节上还有一些问题,而且有的部分很难完全实现。可是现在这些问题都无足轻重。我一边听一边附和说:"确实如此。"

"数据库这一块的思路很好。"

"谢谢。"我点点头。

介绍完我公司的所有情况,包括事业内容和现状之后,就开始进入重点话题。

我开门见山地说:"我想把公司和HyperSystem事业转让给孙先生。"

他也坦率地说道:"你打算以多少钱、哪种形式转让呢?"

我事先就准备好怎么回答这个问题了——是黑部先生的建议。我回答道:"全都由您说了算。"

孙先生说:"你大概说个范围吧。"

我又说了一遍："只要您肯接手，具体方法和金额都由您说了算。"

所谓"接手"，从手续上来说是指转让股份。我持有HyperNet公司过半数的股份，如果我把这股份转让出去，公司就会自动划归孙先生名下。

我来之前就已经下定决心：只要能挽救公司，我可以放弃公司的经营权。当然因为对方是孙先生。见面之后，这种意愿就更加强烈了。

孙先生换了个问题："至今为止，你在HyperNet上大概用了多少钱呢？"

他应该是问我个人把多少资金砸在公司上。因为问得突然，我一时也给不出准确数字，于是暂且回答说3亿日元。仔细一想，也许没这么多。不过，即使有水分，过后也会核实，如果数字有误，到时更正就是。

孙先生提出了如下方案：首先，我至今实际用了多少资金在HyperNet上，他就以相应金额买下我的股份；至少这两年内，我可以继续在HyperNet里留任；银行等方面的债务，全部由SoftBank进行担保；如果业绩好转，还可以给我奖励。如上。

"这样可以吗？"孙先生问道。

我没想到，孙先生会主动提出这么具体的方案。

不过，当时我已经对自己完全失去了信心。所以，如果非要说对这个方案有什么异议的话，就只有一点不满——确切地说，不是不满，而是不安。这一点就是让我继续在HyperNet里留任。因为我觉得，如果让我继续留任公司经营层的话，HyperNet恐怕很难从根本上进行重建。

失去信心的我一反常态地变得啰唆起来："唉，我继续留任的话，对银行方面可能会有问题，而且公司员工也不一定每个人都欢迎我留任吧……"说到半截，我意识到自己太啰唆了，就闭了嘴。

孙先生说，会在接下来的公司经营会议上讨论这个方案，然后最迟在下周二前给我答复，答复时也是直接和我面谈。

大概是因为事情进展太快了，我只觉得眼前一片茫然。

在回去的车上，我向黑部先生征询意见：

"您觉得怎么样呢？"

"挺好的呀，这样对你、对公司都好。"

但现在还不能盲目乐观。孙先生的方案简直是正中下怀，而太过如意之事还从来没有实现过。我回过神来，打电话给森下，让他立刻把我们公司的财务资料送到SoftBank去。

我回到公司，正想着今天发生的事时，森下送完资料回来了。

"总经理，我回来了。"森下似乎有些不高兴。

"辛苦啦。那边怎么样呢？"

"我去送资料时，他们的总经理室室长走出来，说现在孙总经理正亲自召开经营会议，第一个议题就是讨论我公司的事。"

"真的呀。"

"他似乎挺兴奋的，可能差不多定下来了吧。"森下的语气却透露出一种失望之感，显得闷闷不乐。

"你怎么啦？这不是个好消息吗？"

"确实。"

对于森下来说，他把自己的未来寄托在HyperNet上，才会在原公司里当上董事没多久就跳槽到我公司来，才会把西泽先生引荐给我，才会每天都夜以继日地投入到工作中。可是，SoftBank那边一旦定下来的话，公司虽然得以幸存，但以后就不再是我和森下的公司了。

他的态度如此冷淡，一定是因为考虑到这一点吧。比起森下，我更是把自己的一切都奉献给了这公司，所以十分理解他的心情。当然，现在不是说这个的时候。

"唉，没办法呀。要是我当初做好一些，就不至于落得这步田地了。如果这次SoftBank收购的事确定下来，我们再做点别的什么吧。"

"是呀。"森下低头说道。

那么，公司得救了吗？似乎也没什么把握。

到了周一，SoftBank总经理室的室长来电，说想来我公司拜访。

我和森下面面相觑。我俩想到一块儿去了：如果对方答复"Yes"的话，一定会让我们过去，孙先生说过会直接跟我面谈的。然而现在却是对方来我公司，而且来人只是总经理室的室长。那么答案就不言而喻了。

下午，对方给了答复。结果正如我们所料。果然，太过如意之事是不会实现的。

即便如此，能和孙先生见上一面，而且他还对我公司表现出兴趣，我也应该知足了。尽管最终答复"No"，我也没有办法。

但还是有一点遗憾——即使答案是"No"，我也希望孙先生能亲自告诉我……虽然是一种奢望。

辞去总经理之职

银行对还款催得越来越紧，而肯伸出援手的大公司却还没找到。总之，现在只能彻底削减浪费，让公司继续运营下去，坚持到资金周转恢复正常或是找到收购方的那一天。

我召集了森下以及总经理室各位成员，研究具体对策。

长期在美国出差的筒井回来后，不再兼管HyperSystem，而是专门负责公司主要业务IMS。夏野则专门负责HyperSystem的海外战略。我指示全体员工，要完成迫在眉睫的任务。

对策有三个要点：首先，提高IMS的营业额；其次，推进HyperSystem OEM以及向海外提供专利许可；第三，裁减人员。

IMS业务方面，贯彻以往的经营方针，努力争取广告主加盟；海外业务方面，和韩国三星集团成立的合资企业HyperNet Korea即将在6月份正式营业，把希望都押在这上面了；其中的第三点很重要，裁员和削减开支。

最先砍的是劳务费。5月份时，公司里大约有八十人，我先把其中十名来自人才派遣公司的员工和兼职人员解雇了。虽然很不情愿，但也是无奈之举。我先让员工们主动申请辞职，接下来是解雇那些刚进公司不久、还在接受培训的员工。

与此同时，努力削减计算机系统开支。因为跟我们签约合作的日本Tandem公司系统既昂贵，故障又多。我们每月要支付给Tandem公司2000万日元的软件使用费、设置场所租借费（包括设备租赁费）。可是，这个系统却有很多缺陷。

Tandem公司也承认这一点，他们在1997年2月无偿投入第五版新的数据库管理软件。然而，这款新软件却很不靠谱。1997年3月28日，该软件程序突然开始进行月末数据处理。3月28日竟然被设定成当月的最后一天——显然，这是错当成2月份之误。结果，本来预定显示到3月末的企业广告在28日就停止了，统计数据也不正常，现场操作一片混乱。我们的HyperSystem业务部门不得不一连几天熬夜加班，把出错的数据全部手动重新输入。

我实在忍无可忍了，决定立刻解除租赁以外的所有合同，每月减少2000万日元经费支出。这样的话，就不得不把Tandem系统替换成自己的软件。从1996年12月起，为慎重起见就已经开始自行研发可代替Tandem系统的软件。我得催促公司内的技术人员尽快完成。

我向Tandem公司发出了解除合同的通知。其实不仅涉及软件问题，因为我公司把包括硬件、软件在内的整个系统都委托给Tandem公司统一管理，所以对于已经属于租赁公司所有的硬件，也要求他们撤回去。虽然在合同上是我公司和租赁公司之间（并非我和Tandem公司）的协约关系，但既然系统不能正常运转，硬件和软件是配套的，那么解除合同也是理所当然的吧。

1997年6月，自行研发的系统完成了。我们把它拿到即将开始的韩国HyperNet Korea投入使用。新系统以UNIX为运行平台，具有良好的通用性。虽然有些许故障，但韩国的HyperNet系统总算是顺利运行了。

在这种种状况下，1997年6月30日，我公司迁入了新的办公楼。

从涩谷地铁站南门走1分30秒，来到一条叫做"樱丘路"的纵横交错的小路，一栋办公楼高耸于路边。这是住友房地产的新楼盘——涩谷Infoss Tower。在此之前，涩谷的高层建筑只有位于六本木大道半坡上的"东邦生命大厦"。如今，对于想在涩谷开设事务所的企业来说，这栋新建的办公楼显然是个理想之处。当然，租金也很昂贵，每平方米差不多要1万日元。

不过，对方给了我们特别优惠的价格，这当然不宜大肆宣扬。从招租时期开始，住友房地产就有明确定位，想把新办公楼出租给那些所谓"引领时尚"的公司。也许出于这个原因，除了我公司外，入驻其中的还有著名的音乐事务所、通信开发公司、大型人寿保险公司、服饰方面的外资企业，等等。至于我公司嘛，姑且不论现状如何，至少之前树立了一种飞跃发展的风险企业形象吧。所以，住友房地产非常希望我们迁入新办公楼，甚至不惜减少租金。

我们的新事务所在14楼。走出电梯，有一个大厅，地毯散发出新建筑物所特有的气味。穿过走廊，一直走到尽头，有一扇雅致的磨砂玻璃门，里面就是我们的新办公室了。一个楼层大约有1000平方米。新办公室和以前的根本区别在于，全公司员工可以在同一楼层开展工作。

无论如何，这里确实不像是一个资金周转困难的公司能搬进来的地方。如我所料，接下来直到公司破产的这几个月，这次搬迁被当作乱用经费的证据而饱受批评。唉，错就错在我估计得太乐观了，如果这被认为是"乱用经费"，那我也无话可说。其实搬迁计划早在1996年年底时就已经制订好了，而当时公司业绩尚未恶化，银行也还没有翻脸。

当时制订搬迁计划的理由很明确。之前的四年，公司在涩谷租用了一栋办公楼的2楼到6楼，面积有660多平方米，但外观实在不敢恭维。除了外观寒碜之外，最大的问题在于无法进行事故应急对策。

例如，突然停电时，不间断电源设备本应自动运行。但因为这栋办公楼设计陈旧，不能安装这一设备。众所周知，我公司无论IMS还是HyperSystem业务，都是24小时运行的。一旦停电，业务就会全面停止。所以，明知道会增加成本，我们还是把HyperSystem的核心部分设置于计算机专用的另一栋楼——那里能安装不间断电源。

另外，公司人数增加到八十人，系统也逐年扩大，到1996年年底时，工作环境已经显得非常狭小，简直没有立足之地了。

如此看来，搬迁倒成为必然之事了。而且，迁入新办公楼后，公司的运营成本实际上是减少了。因为随着Tandem公司的合同解除，我们搬离原先安置Tandem系统的计算机专用大楼，而在新办公室里增设用于管理数据库的、自行开发的UNIX设备。这样，既可以省下计算机专用大楼的租金，又能大幅削减专用线通信费等无形开支。

把实际数据作一比较，搬迁前，办公楼和计算机设备的租金以及各种通信费，总额为每月1400万日元；6月份搬迁后，减少到了1100万日元。每月削减成本300万日元。

然而，自从搬入新办公楼以后，金融机构的人员每次来访都会表示不满。因为这栋新办公楼太豪华了，即便我列举一大堆数字解释说降低了成本，终究还是缺乏说服力。每次都会被他们好一顿挖苦。

其实，搬迁计划出台两个月后——1997年2月，由于增资后资金不足，我曾经考虑过取消搬迁计划。如果搬迁，以后每月确实可以削减经费开支；但显而易见的是，随着搬迁，需要重新进行初期投资。鉴于此，当月的董事会还临时作出了取消搬迁的决议。

那为什么最终还是搬迁了呢？这是因为我们和住友房地产在1997年1月签订的合同出了大麻烦。

我和其他董事都没仔细看过合同内容。我想当然地以为对方是房地产大公司，合同里应该没有对我方明显不利的条款吧。在1月份签订合同时，我们支付了2000万日元现款作为定金。到2月份，公司董事会决定取消搬迁。我们把这意向告知住友房地产时，对方竟回复说根据"合同"规定，已经支付的2000万日元定金不能退回，而且还要向我们索取多达几亿日元的违约金。

这时我才慌忙去看合同。对方的要求并无违法之处。我们没有任何办法。

而且，后来到春季时，银行拒绝再给我们贷款后，原本有意承包我们新事务所内部设施的租赁公司也拒绝说"不能租借给贵公司"。

这下可就麻烦了。如果取消搬迁，则须赔偿几亿日元的违约金；但如果坚持要搬迁的话，又租借不到内部设施，只能破费一笔资金。真是进退维谷。

最终结论是：搬。选择搬迁，至少眼下不必支付违约金这笔巨款。其实，我心里还有个小愿望：希望环境的改变可以帮助我们脱离困境……就像公司女职员失恋后想离开公司一样。无论如何，搬迁之后，可以节省每月开支，而且全部员工可以在同一楼层开展工作。

就在这个新事务所里，我开始着手实施公司成立以来的重大改革——我决定辞去总经理之职。

我是在5月份下此决心的。

直接原因是西泽先生就任公司董事。

西泽先生是HyperNet不可或缺的人才。向东食信贷公司发行债券，向加卜吉董事长转让股份等，如果没有他，这一两个月以来筹集资金的目标是不可能实现的。

刚好这时，我从森下那里听说西泽先生希望成为我公司的董事。

西泽先生的工作，已经远远超出公司"外部援助者"的范围了。在东食信贷公司或加卜吉等"投资人"眼中，他就像是我公司的财务负责人。

我马上联系西泽先生："6月份召开股东大会时，请您正式就任公司董事,如何?"他当然没有什么异议。

正好,趁此机会,我辞掉总经理吧……我打算让森下接任。然后,我只当董事长,退居二线。

如前所述,我和森下谈过更换总经理的事。当时,森下才刚进公司半年,资历尚浅,不可能当总经理。如今,在国内业务和筹措资金等各方面,他都出色地完成了掌舵人的角色。6月份召开股东大会,时机正好。

西泽先生就任董事,确实是促成我下决心辞去总经理的原因之一。但这只是直接原因而已,根本原因当然在其他方面。

作为公司经营者,我的各种判断失误造成了资金周转困难等后果,我想对过去做个了结。这个念头当然是有的。不过,最大的问题在于我这个创业总经理,如今在公司里已经无法掌握人心。从前,公司员工个个都对我忠心耿耿,我对此也很有信心;如今,这最重要的东西却已经不复存在了。

4月份发生的公司叛乱未遂事件最具有象征性。我已经把相关人员全部炒掉,但仔细一想,其实公司里有很多人知道这事,虽然并未参与。可是,我事前却没有听到一点风声。这正说明我已得不到大家的信任了。

进入1997年以来,我想的全是关于钱的问题。我的头脑被资金周转所占据,每天为筹措资金而奔波,自然忽略了和员工们的交流。

以前,我每天至少会到公司各部门去巡视一次,尽可能和大多数员工谈谈话。除了跟工作直接相关的内容外,还经常和他们聊兴趣爱好、家庭等话题。而且每周最少安排一次机会和大家一起吃晚饭。

自从1996年春季HyperSystem开始运营以来,这样的机会急剧减少。在公司里只能和一小部分干部人员谈话。对于普通员工来说,一定是难得见我一面吧。

那会导致什么后果呢?

以前,即便在我突然改变计划时,大多数员工都能理解我的本意。

因为大家知道我平时在想什么、有什么目标、是个什么性格的人。

可是如今，对大多数员工来说，我是个毫不相干的"隐形人"。每天出入总经理办公室的都是些新招进公司的职员以及公司外部人员。我和普通员工之间的隔阂越来越深。每次更改事业方针时，大家都会表现出明显的不满和抱怨。而可悲的是，我已经没有任何资本来驱散他们的不满和抱怨了。

在HyperNet这种小规模企业里，经营者的工作范围非常广泛，从策划发展前景、制订海外发展计划，到日常琐碎的劳务管理、业务管理等，五花八门。

然而，我并不擅长日常业务经营。我所感兴趣的，是所谓"创业家"的工作——策划事业的发展前景，然后为了实现它而招兵买马、制订事业计划、促进其发展。说句自夸的话，在这方面，我还是有一定天分的。然而，另一方面，对于人事、财务、总务的管理以及和金融机构打交道等日常工作，却往往被我忽略了，从思想到实际行动。基层员工之所以意见越来越大，恐怕正是因为我没有做好日常工作的缘故吧。

就这点而言，森下已经有过在其他公司当总经理的经验，而且有注册会计师资格，对于详细数据以及日常业务管理方面也更得心应手。

我想，让森下当总经理，从微观层面来指导公司的日常经营活动；而我则当董事长，从宏观角度出发，负责向股东传达信息、广告宣传、策划公司发展前景等——这样分工合作来开展经营活动也许是最合适的吧？

从我个人来说，也有这方面的考虑：希望自己从总经理变成董事长后，能把更多精力投入到发展海外业务上。因为6月份时，期待已久的HyperNet Korea在韩国正式开始营业了，而且开了个好头。这点后文还会详细叙述。既然在日本国内陷入僵局，那要改善公司业绩的话，唯有寄希望于开拓海外市场。

之前的海外业务，我全都交给了夏野。从1996年至1997年期间，他一年至少要到国外出差四十多次，完全是超负荷状态。另一方面，对 HyperSystem 进行咨询的客户来自世界各地，例如美国、韩国以及其他亚洲国家。所以，这担子不能再全压在夏野一个人身上了。

1997年6月30日，在新迁入的涩谷 Infoss Tower 的事务所里召开了股东大会。

参加会议的股东约有十人，包括各家风险投资公司的负责人、2月份增资以后成为股东的企业负责人以及我的朋友。公司内部人员有我、森下、夏野等五名董事。总共十人。准备就任董事的西泽先生当然也出席了。

因为资金周转情况一直没有改善，所以我早有思想准备。在股东大会上我可能会受到批评，甚至被提出不信任的动议。不过，最终只是虚惊一场。出乎意料的是，以 HyperSystem OEM 项目为轴心展开的新事业计划竟然获得了股东们的好评。韩国 HyperNet Korea 等海外业务也得到了善意的认可。恐怕那些不怀善意的股东早已彻底绝望，没有出席，只是在委任状上签了名。

1997年3月份决算时，因为算上了 HyperSystem 的启动经费支出，所以当然是亏损状态。不过，鉴于上述事业计划和些许营业实绩，1997年3月份的结算方案竟然得到了全场一致通过。营业额8500万日元，经常赤字9.84亿日元。按常理来说，这家公司也亏损得太离谱了。但对于风险企业来说，即使事业刚开始时亏损，也会优先进行先期投资以提高市场占有率。实际上，有很多在纳斯达克公开发行股票、筹集到几百亿日元的美国风险企业，就是在赤字状态下公开发行股票的。而我公司的 HyperSystem 事业开发经费支出全部集中在3月决算期。股东们都很清楚这一点。

森下就任总经理、我就任董事长、西泽先生就任专职董事。因为事先做好了沟通工作，所以也获得了全场一致通过。

此后，HyperNet 的领导班子变为：董事长、总经理，还有一位精明强干的、负责筹集资金的董事。

最后的荣光

在公司迁入新址的几周前——1997年6月8日，我从成田机场乘日本航空公司的航班飞往了韩国首尔。

1月份，我们和韩国三星集团开始谈业务合作的事。3月时，和三星财团旗下的大型广告代理商 Cheil 公司成立了合资公司 HyperNet Korea。目的是在韩国推广 HyperSystem。原本计划在4月份开始营业，但因为系统开发延迟等原因，推迟到了6月份。

为了庆祝开业，三星集团决定在首尔主办一场晚会。为筹钱而忙得焦头烂额的我感到了久违的快乐。

我公司的技术人员和负责海外战略的夏野比我早出发几天，先到韩国进行准备。我直到晚会的前一天才来到韩国。抵达首尔的酒店时，技术部长小林前来迎接。5月份以来，他一直来往于日本和韩国两地进行技术指导。这人很厉害，仅用短短几个月就完成了取代 Tandem 公司系统的 HyperSystem 专用软件。在韩国这边，他也只用两个月就成功使 HyperSystem 投入使用了。

"总经理，请您放心。系统运转很正常。"

一见面，小林顾不上寒暄，就立刻向我汇报说这个月韩国这边的 HyperSystem 顺利运行。

"是吗？"我看着他的脸，简洁地回应道。他显得兴高采烈，这是完成任务后的欣喜。曾经，我脸上也流露过这样的欣喜……

第二天，6月10日，我前往晚会会场。同去的还有小林以及先来到韩国的夏野。我很想立刻亲眼、亲手确认 HyperSystem 在韩国这边的运行状况。

会场位于一家名为"白罗"的豪华酒店。里面的住房设施似乎是国宾级待遇的，大概和日本的"帝国酒店""东京大仓酒店"级别相当吧。我穿过天花板高悬的大厅，走进会场。

场面之盛大超出了我的想象。几十名漂亮的礼仪小姐站在接待处及会场的各个角落，笑容可掬。会场中央摆设着豪华的佳肴美食。舞台上，巨大的 HyperView 标志闪闪发光（在韩国的软件品牌不叫"Hot Cafe"，而叫"HyperView"），这是使用了光纤的电子广告牌。用于现场演示的大屏幕，四边围着涂成奶油色的合板，上面描画着开关按钮和图标。从远处望去，仿佛就像是巨大的电脑显示屏。

这设计出自韩国第一大财团旗下的韩国第一大广告代理商之手，场面大气而完美。

备好的长桌上摆放着一排排计算机终端设备，用于演示 HyperSystem 的运行效果。我右手轻点鼠标。效果很完美，丝毫不比日本的 HyperSystem 逊色。我不由得对身边的小林露出了笑容。眼前这一切，难道真是来自于我一年半前的那个创意吗？我望着美轮美奂的会场，觉得似乎和自己毫不相干。国内那些堆积如山的问题也暂时抛到脑后去了。

正看屏幕时，忽然有人拍了一下我的肩膀。回头一看，是 Cheil 公司的专务董事吴先生。"Hello."我们用英语互相打招呼。他懂一点日语，我却对韩语一窍不通。在 HyperNet Korea 成立过程中，他是韩国方面的关键人物。他为人开朗大方，很爱喝酒。

我在日本、韩国和吴专务见过好几次面。在韩国开会时，每次都不得不陪他喝到半夜。我虽然酒量也不小，但他们这种喝法，也实在吃不消。在韩国出差期间，我每天都不记得自己是怎么回酒店的。

今天的吴专务却跟平时不太一样，显得神经兮兮的。一问别人，才知道他很担心今天的晚会。毕竟，这次是韩国第一大代理商和日本企业联手创办新公司，颇受外界关注，据说韩国方面的大人物也会出席晚会。难怪他这么紧张呢。

我到达会场3小时后，晚会终于开始了。Cheil公司的刘总经理、吴专务、安先生以及我和夏野在门口迎接来宾。

来宾是谁，我一个都不认识。总之，笑脸相迎便是。无论在什么场合，笑容都能派上用场。我微笑、鞠躬、和来宾交换名片。后来再看名片时，才发现其中赫然有些大人物，不由得吓了一跳。

Cheil公司安排的晚会流程十分完美，不愧是知名广告代理商。特别是大屏幕上播放的演示视频，简直就像一部精美的长篇电视宣传片。而且，他们还请来了韩国的"塔摩利[①]"及其夫人，他俩上台后你一言我一语地介绍起了HyperSystem。这一招效果很好，不服不行。

我盯着舞台看得入神，几乎忘记自己是来干什么的了。不知不觉间到最后一个环节了——由我致辞。我走上舞台，按事先准备好的内容致辞。

本来，演讲、致辞之类是我的强项，可是当晚却有些失常。与HyperSystem相关的致辞，这次也许是我有史以来发挥最糟糕的一次。

这场晚会唯一的败笔就是我的致辞。除此之外，都很完美。得感谢Cheil公司，给我带来这短暂的欢乐时光。

在回国的飞机上，我想起一年前在六本木Velfarre舞厅举行的记者招待会。那仿佛是很久远的事了。那时，金融机构和客户对公司、对HyperSystem、对我都赞不绝口，大家都竞相出钱。结果，年度借款额从原来的500万日元一下子猛涨到20亿日元。再算上租用设施的话，HyperNet的借款总额超过了30亿日元。

---

① 塔摩利，日本著名搞笑艺人、电视节目主持人森田一义。与北野武、明石家秋刀鱼并称为日本搞笑艺人界"三座大山"。——编者注

第二年,银行接二连三地开始撤退,投资者和媒体等周围人的态度也发生了180度转变。然而,在韩国那边,HyperSystem迎来开门红,正要开创一番事业,与此相对,日本国内业务却陷入了困境。落差如此之大,简直让人晕头转向。

之后,韩国那边的事业也发展得非常顺利。1997年6月开始营业,最初I-NET这家互联网服务商采用的是按HyperNet Korea广告收入来收取一定比例的费用,在此基础上提供免费上网服务。用户会员人数增加的速度和日本HyperNet开始时差不多,1997年10月达到了两万人。在广告业务方面,广告费用实行收费制。据说1997年9月份一个月的订单额竟有7000万日元之多。不过,现在韩国和日本的经济都不景气,受其影响,公司业绩也不太好。

回到日本,等待我的还是那些日常工作——应付银行的催款,同时还得去寻找新的资金援助方。

我很清楚,已经不可能再从交易银行那里拿到新贷款。所以,从1997年4月之后,我就没有再向银行申请新的贷款了。

可是,银行却没有手下留情,而是拼命催逼,让我们尽快还清剩余贷款。新办公楼的外观过于豪华,使他们对我公司的印象越来越差。应付银行催款的资金以及租赁公司拒绝出租新办公楼设施而产生的这部分资金,我都必须想办法解决。

按眼下的状况,要在国内筹措到大笔资金显然相当困难。西泽先生手上的牌已经出完了,而我的朋友圈里也找不到可以求助的人。

最后只剩下一个办法——和海外的企业进行合作。

我必须证明,在其他国家也能和在韩国一样,与当地企业合作,出售HyperSystem的专利权。我向负责海外业务的夏野作出指示:尽快和有意向的海外企业签订LOI(合同备忘录)。

在金融机构眼里,我公司的信用已经一落千丈。无论我们提交了多么合理的事业计划书,对方总会摆出一副冷面孔:不要这些东西,快点还款!

我曾对某银行的负责人说:"IMS的营业额增加了。还有,你看,在韩国那边发布HyperSystem时,还引起这样的轰动呢。除了韩国以外,有些亚洲企业也……"

话没说完就被对方打断了。

"我知道啦。还是说说你们打算什么时候还款吧。"

"嗯,所以,我们制订了一份新的事业计划……"

"是吗?不过,贵公司说的话老是不能兑现啊!"

为了证明这份计划不是空话,需要物证,需要和第三方签订的事业合同书——和海外企业签订的LOI。

1997年7月中旬,HyperNet USA的业务经理带来了一个好消息:

一位名叫Andy Broda的美国投资家说,想组建一个投资家集团,在美国开展HyperSystem事业。虽然我们从1996年年末起就在美国开始发展HyperSystem业务,但后来由于资金不足等原因,1997年2月之后就停滞了。那位投资家说想由他们自己来重新运营。

他开出的条件如下:首先,签订专利许可合同时,他们向我公司支付大约7000万日元的合同费,以及营业额7%的专利使用费。作为交换,我公司则向其提供HyperSystem在美国的独家经营权。

我们已经没有选择合作方的余地,所以我立刻在LOI上签了字。

之前,美国业务耗费了HyperNet最大一笔开支。此后,转变为专利许可经营,和韩国那边一样。接下来,寄希望于他们的发展即可。而且,马上就有钱进账。

这之后,开始收到来自世界各地的联络,说想和我们签订专利许可合同。契机是这样的,我所参加的青年创业家协会YEO的组织遍布全世界,5月份时,该协会的亚洲年会刚好在东京举行。我今年担任YEO日本副会长,所以组委会安排我作关于HyperSystem的演讲。这真是天赐良机。我尽情地宣传了一番,当然也提到了HyperSystem

OEM项目。

这次演讲之后，亚洲各国的创业家们纷纷开始联系我，希望获得在各自国家的专利许可。其中，香港的创业家尤为积极。我让夏野负责后续的谈判事务。最终，我们和这位香港的创业家签订了LOI。

除此之外，还有很多来自海外的咨询，有英国、加拿大、墨西哥等。当然，最多的还是亚洲国家。在韩国的成功更加助长了这股势头。

继香港之后，我们和新加坡的政府信息相关附属机构ITI签订了合同，内容是关于技术合作以及HyperSystem在新加坡的业务开展。

总之，这些海外企业或团体很快就确定了合作意向，一个月之内就给出答复。美国、香港、新加坡都是如此。

这下，银行方面总该无话可说了吧。7月下旬，我带上三份签订好的LOI，向不停催款的金融机构说明新事业的开展情况。

然而，对方却毫不理睬。他们也许早就不管我公司的事业是死是活了吧。我准备了这些材料，以为能说服对方，结果却只是徒劳。

"请让您父亲签名"

最开始态度强硬地逼我们还款的是某家城市银行。

1997年8月时，我们欠这家银行的贷款余额约为2亿日元。最多的时候贷款额有3亿日元，不过在2月份那次"暂时还款"时，已经还了1亿日元。

这家银行的负责人来到我公司说："板仓董事长，请您在8月末时存2000万日元到账户上吧。"

所谓存款，其实是一种催缴还款的形式。这是银行的惯用手法。

"你也知道，要是我们有钱存款的话，早就先还款啦。对不起，我们现在确实拿不出这笔钱。"我说道。其实没必要再作解释，对方也知道我们的情况。

"唉，我也不想难为你的。但这是我们总部的指示，我总不能空着手回去吧。"

"总部的指示""不能空手回去"，这些都是银行的套话。其他银行的人也是这么说的。

然而，巧妇难为无米之炊。我翻来覆去地解释：眼下2000万日元存款是不现实的，如果非要勉为其难，就会对其他方面产生影响，使公司很难维持下去。

双方你来我往地较量了几回合。最后，对方说道："那你就不担心公司会破产吗？"

他没有再往下说，但我明白他的意思，至少我是这么理解的——如果我们不存入2000万日元，银行就会开出空头支票。若不想这样，就得赶紧存款！

银行负责人回去之后，我召集董事们进行协商。最后决定，从西泽先生经营的公司借用2000万日元资金存入银行，以避免跟银行的关系继续恶化下去。当然，这只是权宜之计而已。

然而，这笔存款却像发出了信号，导致各家银行竞相回收贷款。

1997年9月，我公司向那家银行存入了2000万日元。但他们仍然一直催我们还款。其他银行也在催，只是态度没有那么强硬。

这家银行的负责人十分"积极"，三天两头地往我们公司跑。1997年9月份这一个月里，他们没来的日子恐怕不会超过十天。我和森下为应付他们浪费了很多时间。我恨不得把这些时间用在筹措资金或事业计划上，但却苦于无法抽身。

有一天，这家银行的负责人照常来到我公司，交给我一份文件。文件内容是：如果要继续贷款的话，需要由第三方进行债务担保。

他们把文件给我和森下看过后，说道："有这份东西才好向总部交代。请在这里让您父亲签名。"

"您父亲"？是指我或森下的父亲吗？显然是的。不会指别人。我颇为吃惊，看着对方一本正经的表情。

确实，公司创办者是我这个董事长。公司向银行借款时，我作了个人担保。向这家银行贷款时也一样。但无论如何，HyperNet 分明是一家股份公司。股份公司向银行申请继续贷款时，居然需要公司老总的"父亲"这种八竿子打不着的人来签字，真是闻所未闻。莫非对方知道我的好几个叔伯亲戚开了医院，所以想当然地以为我父亲也是个大款吧？可是，如本书开头所说，我父亲并非医生，也不是特别有钱。而且，自从我创办 HyperNet 以来，还从来没有给父母添过麻烦。可是现在……

从这天起，这家银行负责人就天天上门索取"我父亲"的签字。而且，他们还颇费心思地弄到了我父母家的照片。当然，父母的房子并不属于我。

HyperNet 成立以来，无论如何缺钱，我都从没有向消费者信贷公司伸过手。正是因为考虑到，万一到时需要父母的担保就麻烦了。所以，我只向城市银行申请贷款。却万万没想到，和银行打交道也会摊上这种事。

对这位每天上门的银行负责人，我和森下坚持认为："这事和父母没关系，不能让他们签字。"

于是，他们又再次要挟："难道董事长和总经理两位就不担心公司破产吗？"

1997 年 9 月开始，我们至少会预留两天一次、每次一至两个钟头的时间，用来和银行方面进行"畅谈"。可是，他们来得也太频繁了。有一天，我终于忍无可忍地爆发了，大声责问道："你们银行为什么非要刁难我们呢？"

他回答说："哎呀，据我所知，其他银行比我们来得更加勤快哩！"

别开玩笑了！虽然其他银行也在积极回收贷款，但没有一家像他们这样每天跑上门来，甚至还索要我父亲的签名！

临近9月末的某一天，这家银行负责人照常来到我公司，见我一直不肯找父亲签字担保，就说道："既然这样，现在我就和你一起去你父亲那里吧。到时由我来说明情况好了，请放心。"

银行负责人竟会说出这样的话来？若非当面听见，还真不敢相信。不过，也许该怪我孤陋寡闻。事到如今，他们早就不管我们公司是死是活了。只要能收回贷款，就算公司倒闭也无所谓吧。

对于这位银行负责人的"好意"，我当然是郑重地谢绝了。

我费了很多笔墨写这家积极行动的银行。事实上，其他银行也没闲着。

如前文所述，8月末时，我们向这家银行存入2000万日元后，其他银行也纷纷加大了催款力度。

我们每月都会按银行要求提供所有的财务资料，其中当然包括存款余额的资料。所以，其他银行很快就能发现我们给这家银行的2000万日元存款。在发现存款的那一瞬间，各家银行负责人都一下变了脸色，开始启动讨债模式。他们找上公司来时说的第一句话都一样："为什么只给那家银行存款？"对他们来说，这也是理所当然的问题吧。

本来就不应该从多家银行借款。

一般而言，银行行动时喜欢随大流。无论发放贷款还是回收贷款，大家都一起行动。想当初，正因为住友银行突然批给我们几亿日元贷款，各家银行才争先恐后地跟风行动。结果，在短短一年内，我们的借款额竟猛涨到20亿日元。回收贷款时也一模一样。某家银行的逼迫之下，我们以2000万日元存款的形式偿还了一部分贷款，其他银行遂闻风而来，这也是理所当然吧。

对于每天好几次来自银行方面的咨询，我和森下都会详细地汇报海外业务的实绩以及公司裁员进展。

例如，公司裁员效果如下：1997年2月份时，每月的费用支出为1.8亿日元，而1997年10月份时则减少到了7000万日元。而且，由于

IMS业务的努力，公司单月的收益得到改善，基本实现了收支平衡。一般来说，远远超过原有业务（IMS）规模的新业务（HyperSystem）开始仅一年就实现了收支平衡，这成绩并不算差吧。虽然距离HyperSystem成立时我意气风发定下的目标还差很远，但只要韩国等海外业务做出业绩，我们马上就能获得专利使用费这笔收益。这样的话，单月收支有望扭亏为盈，而且有了专利使用费的收入后，公司经营状况也一定会继续改善。

"所以，还请您再等一等。"我们每天都说着这句话，向银行人员低头恳求。

还有这句也成了我们的口头禅："与其还一小部分，其实我更愿意一下还清全部借款的。所以，暂时还请您拭目以待。"

然而，对于我们的业绩汇报和解释，已经切换成"讨债模式"的各家银行却一点都听不进去。进入10月以后，我、森下、负责财务的大内，我们三人几乎把整天时间都用来应付银行了。这样的话，根本别提什么发展事业、筹措资金了。必须想想办法。

现实情形每况愈下。除了银行之外，现在连租赁公司都上门来讨债了。由于资金周转困难，我们拖欠了一部分租金。公司的计算机设备几乎全是租用外面的，包括前面提到的Tandem公司。

作为租赁公司，当然要求收回相关器材了。但从我公司方面考虑，无论IMS还是HyperSystem的设备几乎全是租来的，所以一旦被收回去，业务就得马上停止。那样的话，公司便无法继续维持了。而且，还有可能接连被互联网代理商、广告代理商等起诉，要求赔偿损失。当然，公司也就完蛋了。我们拼命向租赁公司这样说明。

其实，银行也好，租赁公司也好，他们的要求合理合法。错在我们——没有按期向银行偿还短期贷款；拖欠租赁公司的租金。所以，他们要收回器材，我也无话可说。这是他们的正当要求。我非常理解。一切原因都在于我们没有履行合同。

然而，我仍然心存侥幸。从某种意义上说，我的想法过于理想化。换言之，就是想得太天真了。

租赁公司如果按规定收回相关器材的话，公司事实上就已经破产了。一旦破产，拖欠的租金和借款就不能再支付了。而这些收回去的计算机设备即使拿去转卖掉，也值不了几个钱。这样的话，双方都赔本。所以，请让我们继续运营下去……然而，我的这番说辞却毫不见效。在银行和租赁公司看来，我公司的信用早就等于零了吧。

9月上旬，长期信用银行旗下的日本租赁公司打来电话。这是我公司合作最多的一家租赁公司。HyperSystem的计算机设备大多是租用他们的。

"我现在就在你们办公楼下面。"日本租赁公司的负责人冷冷地说道，"卡车我都开来了。"

终于要来硬的了。他的意思是：要不就开支票，要不就给现金！

我决定开支票。就目前阶段来说，这支票几乎没有兑现的可能性。但如果今天设备被搬走，那可就麻烦了。开支票嘛，至少可以延缓一点时间。

和银行那边的情形一样。一旦开了头，其他租赁公司都纷纷找上门来。还开了卡车过来，扬言要把自家的器材搬走。照这样下去，老开支票也不是个办法呀。

于是我就让筒井和小林领军的技术团队给出出主意。设备被搬走，受到直接影响的就是技术部门。

我向他们说明了情况："现在事态紧急，说不定随时就会有人来搬走某台机器。"

筒井问道："板仓先生，哪台设备是借用哪个租赁公司的，什么时候会被搬走，这些情况能不能列份清单出来呢？"

他冷不防地这么一问，让我颇觉意外。

我回答说："有点麻烦，不过让财务部门协助的话，应该能做出来。不过，做来又有什么用呢？"

这时，小林开口了："嗯，只要保留最基本的设备，对外还是能继续营业的，虽然有些功能会受到限制。"

这办法起到了延缓时间的效果。筒井和小林说得没错，租赁公司收回一部分器材后，系统还能继续运行。

我调侃说："早知如此，一开始就不该要那些贵的设备嘛。"

筒井回道："小林是租赁公司和计算机公司派来的间谍，净让我们花冤枉钱。"

想不到这帮家伙还有力气开玩笑。我也不能就此放弃。

公司拖欠的不只是银行贷款和设备租金。

9月份，我们还有超过了支付期限的3亿日元尚未支付。其中包括给ASCII公司的媒体费。

当时，"ASCII Internet Freeway"的用户会员数已经接近三十万人，所以我公司要支付给ASCII公司的媒体费达到了每月4000万日元。在我公司的各种费用支出中，数额最多的就是这一项了。正因为数额巨大，所以难以支付。于是我向ASCII公司提出如下请求：

本公司现在资金短缺，难以向ASCII公司支付媒体费。是否可以用本公司1998年2月和1999年2月应从ASCII公司收取的独家经营合同费来抵消那笔媒体费？

大家可能不明白是什么意思吧。那我就稍微说明一下我公司和ASCII公司签订的合同内容。

我公司和ASCII公司签订的合同大致可分为三项。

第一项，关于日本桥事务所的互联网服务设备的租赁事项。这是通过我公司转租给ASCII公司的。租金由ASCII公司给我公司，再由我公司支付给租赁公司。出现这种情况，是因为1996年2月时把公司设立的互联网服务部门匆忙转让给ASCII公司的缘故。考虑到这合同太繁琐，所以在1997年7月时进行了如下协商：免去我公司的中间转租环节，由租赁公司和ASCII公司之间直接签订合同。

第二项，媒体费。根据用户的上网时间，由我公司支付给ASCII公司。类似于广告代理商支付给电视台等媒体的费用。但区别在于，支付给ASCII公司的是固定费用，和我公司的广告收入高低没有关系。所以，如果拿不到广告收入的话，公司的经营风险就会比较高。支付这部分费用是最痛苦的。

第三项，我公司向ASCII公司提供独家经营权而产生的相关费用。合同规定：从1996年4月HyperSystem开始运营的6个月内，我公司向ASCII公司提供独家经营权。作为报酬，ASCII公司向我公司支付3.8亿日元。其中2亿日元在签订合同时已经支付，考虑到ASCII公司的资金周转情况，剩余1.8亿日元则分期支付。在1998年2月和1999年2月分别向我公司支付9000万日元。

在1996年4月开始的六个月内，我们已经按合同规定向ASCII公司提供了HyperSystem的独家经营权。所以，我公司对ASCII公司的1.8亿日元债权是成立的，这点毫无疑问。我向ASCII公司提出：用这笔债权来抵消我们应支付给ASCII公司的媒体费。

但ASCII公司却拒绝了我的提议。理由是什么呢？起初我想，他们一定是认为还没到那两次付款期，所以不能抵消。然而，ASCII公司给出的答复却是：我公司对ASCII公司的那1.8亿日元债权本来就还没确定。

关于这一点，合同书上有明确规定：我公司向ASCII公司提供五年使用权以及上述六个月的独家使用权。作为报酬的3.8亿日元，无论怎么解读都应该是指那六个月独家使用权的报酬。而且，合同上清楚地写着"作为独家使用权的报酬"。可是，ASCII公司现在却认为：同一份合同书上写着的"提供五年使用权"才是规定期限。按这逻辑，我公司提供使用权还未满五年，所以债权还不能确定。

这也说不过去呀。ASCII公司属于发行股票的非上市公司，当然要接受监查法人的监查。每次ASCII公司进行中期结算和期末结算时，

ASCII公司的监查法人会给我公司发送对于债权债务的确认书。上面就清楚写着：ASCII公司还欠我公司1.8亿日元未支付。我以此为证据和ASCII公司进行了多次交涉，可是对方却不肯让步。

事到如今我才开始后悔：当初滨田先生离开ASCII公司的时候，我就不应该和ASCII公司续签合同的……

无论如何，既然ASCII公司固执己见，我们也只好随机应变了。

确实，我公司由于资金周转困难，拖欠了给ASCII公司的媒体费。就这一点来说，当然错在我们，ASCII公司表示不满也是在所难免。

可是，ASCII公司连合同上明确规定的我公司的1.8亿日元债权也不承认。这可是关系到我公司生死存亡的问题。迫于无奈，我们只好决定：我公司暂停向ASCII公司支付媒体费，直到应支付的媒体费总额达到1.8亿日元债权总额为止。

对于此，ASCII公司立刻采取措施，停止支付我公司日本桥事务所互联网服务设备的租金。这项租金，合同规定是由ASCII公司支付的。ASCII公司采取这项措施，显然是对拒付媒体费的我公司进行制裁吧。

不过，在互联网设备租赁方面，当初为了慎重起见，我公司和ASCII公司之间可是签了合同的。合同内容跟我公司和租赁公司之间签的合同一字不差。如果ASCII公司停止支付租金，我公司可以向他们索取合同违约金，正如租赁公司向我们索取一样。

不过，和ASCII公司继续这么争执下去也只是白白浪费时间和金钱而已。

结果，我们双方都没有让步，就这样一直僵持到公司破产。

话题回到一个月前。刚进入9月份时，西泽先生带来了久违的资金援助的消息。（他虽然是公司董事，但并非每天都回公司。）

援助方是大日本印刷公司。西泽先生认识很多很厉害的企业人士，大日本印刷公司的佐藤通次专务就是其中一位。据说，大日本印刷公司近来正加快步伐进军数字领域,对计算机相关产业也产生了强烈的兴趣。

西泽先生希望我和森下向大日本印刷公司的佐藤专务和其他董事作公司说明的报告。

我立刻按照他的指示,在大日本印刷公司的各位董事面前介绍了HyperSystem以及公司的现状。我既说了公司的发展前景,同时也把目前所处的困境和盘托出。也许是这说明见效了吧,一位在场的大日本印刷公司董事对我们公司表示了肯定,并说:"我们会积极地考虑这个问题。"

从这天起,我们多次和对方的佐藤专务及其他董事进行会谈,讨论公司的财务状况。之后,我从西泽先生那里得知:大日本印刷公司口头承诺,愿支援我公司。

如果能付诸实施的话,那股份比例一定会有重大变化。我把情况告诉了公司外第一大股东——郡司先生。我俩很久没见了,大概是2月份增资以来的首次见面吧。

HyperNet成立初期,我每每遇到困难都会向郡司先生求助。最近几个月情况如此严峻,我却反而不好开口了。当然,这次接受大日本印刷公司援助并不是什么坏事。

"情况如何?好像挺麻烦的吧。"郡司先生一向很冷静。他大概也知道目前的状况。

"嗯,最近一直资金困难。我们四处寻找援助方,但每次到最后都是功亏一篑。"

"噢。"

"这次总算有希望摆脱困境了,不过还没正式决定。和大日本印刷公司的专务谈过,对方说愿意支援我们。"

"真的?"

"嗯,所以可能会产生资本转移。到时确定下来的话,我们不得不向他们转让大部分股份吧。"

"应该是要的。我知道了。有什么进展再联系我。"

郡司先生很快明白了事态。在这种状况下，他并没有纠结于股份之事，而像松了一口气似的基本同意了我们的方案。

之后，我和森下在佐藤专务的陪同下，前去拜访日本兴业银行的斋藤宏常务。尽管大日本印刷公司实力雄厚，但也不可能贸然给我公司投入资金。所以，才由佐藤专务出面，向他们的主要交易银行——日本兴业银行申请支援。

其实我和兴业银行的斋藤常务见过好几次面。他以前是东京分行的分行长。所以我公司第一次向兴业银行借款时，我曾在国重先生的引荐下去拜访过斋藤先生。从那时起，我公司向兴业银行的业务报告都是通过斋藤先生这个窗口进行的。他升任常务董事以后，我公司的联系窗口也随之从东京分行转移到了总行的媒体通信营业部。

这位斋藤常务听完佐藤专务说明来意后，问我说："住友银行给你们公司的贷款额压缩了很多呀，这跟国重先生的调动有关系吗？"

我回答："这个嘛，我不太清楚。"确实是无从知晓。

"是吗？对了，你们公司目前的业绩怎么样呢？"斋藤常务换了个话题。

"比原计划差了很多。所以我们改变了事业方针，不再单纯依靠广告收入，而是朝 HyperSystem 的专利许可经营方向发展。在韩国已经成功了，其他国家也有很多人在询问。"

"原来是这样啊。"

他又问了几个简单的问题，然后就结束了。

佐藤专务对我说："斋藤常务会帮我们争取的。"我不知道结果如何，但也只能相信他了。如果这事能谈下来，以后在经营方面将接受大日本印刷公司的支援，在资金方面则求助于日本兴业银行。现在我所能做的，就是祈祷不要节外生枝。

1997年9月下旬的某个星期六，公司总经理室的成员、西泽先生、森下、我以及大日本印刷公司的企划部长聚集在一起，制订事业计划书。到时由我们两家公司联名提交给日本兴业银行。计划书完成时，已经是星期天的深夜。计划书把我公司的财务状况以"万日元"为单位进行了仔细调查，还详细地列出了未支付款项，以及将来需要的资金数额，等等。

此时，看见大日本印刷公司企划部长的工作，我才领教到一个大企业是以怎样的方式运作的。例如，把未来目标值和当前数据作个权衡的话，他们会更加重视当前数据的准确性，甚至要求精确到几万日元、几千日元。我的经营理念则完全相反——比起区区几万日元的差值，我更关心几个月后的营业目标值的推测依据。显然双方存在着文化差异。不过，如果合作实现的话，互相吸收对方的文化，也未尝不是一件好事……此时，我还抱着乐观的想法。

9月29日，星期天。我们早早回到公司，只为了等大日本印刷公司的电话。

那天大日本印刷公司带着和我公司共同制定的事业计划书，前往兴业银行进行正式访问。他们将会定下时日，再由我和兴业银行负责人谈具体的事业计划。

我、森下以及总经理室的成员都取消了其他安排，守候在公司里，以防事业计划书有变或突然让我们去作说明。这一天，连银行方面的催款面谈也都拒绝了。我解释说今天要和大日本印刷公司谈合作事宜，他们也表示理解。

在仍然散发着装修气味的董事长室兼总经理室里，我和森下聊起了这半年所发生的事情。2月增资成功；我们轻信了银行"暂时还款"的要求；互联网广告市场发展缓慢；森下原来任董事的那家公司破产了，消息登在报纸上；我们谢绝了是枝先生的援助意向；和孙先生会面；包括我在内的公司董事们资金短缺——从2月份开始，就没有任何收入进账了……想不到什么话题时，我们就拿起刚做成的事业计划书反复看。公司里好久没有这么安静过了。

话也说完了。就这样过了8个小时。太阳快落山了。可是，对方却连个电话也没有打来。

我等得不耐烦了，让森下打电话去问问看。森下就打电话问西泽先生。

西泽先生说："我正要给你们电话呢。"我有一种不祥的预感。

据西泽先生说，兴业银行内部讨论得出的意见是：暂不考虑对我公司进行支援。他们还特别提到了我公司和ASCII公司之间的纠纷。

大日本印刷公司的援助方案就这样搁浅了。几天后，西泽先生辞去了我公司的董事之职。

希望破灭，末日已近

我公司和大日本印刷公司之前谈好了，在9月30日给我们拨1.3亿日元的紧急援助款项。因为即使日本兴业银行同意贷款，也不会赶在9月末之前。大日本印刷公司和我们共同做成的事业计划书上几乎全都是实际的具体数据，其中包括了计划中的这笔1.3亿日元援助资金。可是，既然支援方案没有通过，那么这笔资金显然也是拿不到手的了。

事到如今，不得不推迟发放工资了。这还是第一次。我紧急召开了公司全体会议。七十多名员工会聚一堂，这种机会难得一见。

看着这七十多名员工，我再次意识到事情的严重性。因为公司经营不善，他们的生活无疑受到了威胁。

但这9月末的工资，实在是发不出去了。我坦白地说明了情况，希望员工们理解。大家听完后有些慌乱不安，但并没有人破口大骂，也没人发问。我说：如果有什么个别意见或疑问的话，可直接向各位相关的董事反映。然后，就散会了。

真是糟糕透了。可是，除了向大家解释之外别无他法。

进入10月份，过了几天，夏野过来找我，说有话要谈。

他想辞职。他说，没有收入，生活很难维持下去。其实，当天他发了一封电子邮件给我（后来我打开来确认，上面详细地列举了他的辞职理由）。但当时我已经隐隐约约地预感到他想辞职，故意没打开邮件来看。所以，他就来到我的办公室，当面提出了辞职。

从1997年2月开始，包括夏野在内的公司董事们就拿不到任何酬金了。连我都拖欠了四个月的房租（月租50万日元），家里的高级音响已经卖掉，那辆法拉利也在1997年2月增资时卖掉了。幸运的是，还算卖了个好价钱，可以勉强维持生活，但手头依然拮据。

负责财务的大内比我更糟。十五年前开始创业时，大内就加入我的团队了。我和她经历过好几次这样的困难局面，而且最后都挺了过来。这次，她也由于拖欠房租而不得不连搬两次家，还解除了保险合同，把能变卖的东西全都换成现金，用来维持生计。

森下也一样。不过，因为他住在父母家，所以过得比其他人宽裕一些。毕竟，在困难情况下，衣食住行之中，"住"的实际负担是最大的。

至于我那套位于白金的房子，因为当初交了一大笔押金，所以即使拖欠四个月房租也没被赶出去。但无论如何，公司处境堪忧，而各位董事的个人生活更是潦倒。为了想办法挽救公司，大家都在困境中坚持。

我、大内、森下、筒井都了解实际经营。我和大内是有这十五年创业经历，森下自己开过公司，筒井的父亲也是企业经营者。

相比而言，夏野既没有实践经验，也缺乏环境。他是在优秀企业里一路升上来的。据说他是靠向家里借钱维持至今，而10月末一交不起房租，他就去意已决，无法再挽留了。

送他离开公司时，我说："谢谢你一直以来的坚持。"

其实，自从发生了5月份的叛乱未遂事件之后，我就对他另有看法了。虽然他的工作能力毋庸置疑，事后他也仍然努力工作，在海外业务方面取得了实际成果，但我已经没有信心再把海外事业全权委托给他。不信任感一旦萌生，就很难再消除。

进入10月以来，我们连日召开董事会议，讨论如何应付每天上门讨债的银行机构，早已无暇顾及什么中期对策了。

那家银行仍然纠缠着索要我父亲的签名担保，我和森下轮流应付他们。其他银行也采取措施。直接扣押广告代理商支付给我公司的款项，实际上就是没收了我们的钱。我们的营业收入进了银行。本来我还指望着用这钱来发工资或支付其他费用，但却被银行截留了，说用来偿还贷款。当然，他们这样做并不违法。但我们的收入来源却完全被切断了。

9月份时，我们声称将从大日本印刷公司获得资金援助，才勉强躲过了银行的追讨。现在，支援计划既然搁浅，我们也就无所依靠了。待支付款项达到了5亿日元。我公司的合作方纷纷催我们付款，包括承接软件开发的企业、签订了网线使用合约的通信公司、承接广告制作的代理商等。特别是中小企业。他们本来就是出于信任才跟我公司合作的，结果却拿不到钱。我真的感到非常抱歉，但却无可奈何。

几乎每天都有人上门来讨债，我有时通过提供个人书面担保，有时则通过开具定期保付支票才暂且应付过去。

在这里说一下关于讨债的问题。实际上，银行等金融机构之外的债权人来讨债时，是由我公司的财务部接待的。

公司财务部的女业务员还被人揪着衣襟臭骂过一顿。当时，这位女业务员灵机一动，故意大哭起来，这才把对方打发走了。

在我公司的电子锁门外，经常有两三个陌生人长时间地赖着不走，向出入事务所的我公司员工搭讪。

"你是HyperNet的员工吧？"

"是的。"

"噢。那你拿到上个月的工资了吗？"

"……"

像这样，简直就是典型的骚扰。

我从来没向消费者信贷公司和高利贷借过款。可是，电子锁门外，却经常有些看似相关的人员在那里徘徊。也许我公司的债权人欠了他们的钱吧。每天，这样的报告不绝于耳。我公司的合作企业已经超过三百家，所以每天上门来讨债的人，我几乎全都不认识。不管怎样，他们也不直接来找我，而是向公司员工施加压力，这种做法实在让我无法招架。

我宁愿他们直接打我电话或是约我面谈，这样好得多。因为我会把情况解释清楚，如有必要，我还可提供个人担保，让对方在一定程度上能够接受。

而他们却采取对员工间接施压的手段，闹得公司里人心惶惶，不得安宁。

我们已经疲惫不堪了。无论采取什么对策，拿出什么业绩，都无人理睬。在应付银行之余，我和森下还抽空联系了多家商社以及大企业，询问支援意向。包括丸红、伊藤忠、西科姆、CSK……简直数不过来了。然而，现状如此严峻，以至于没有一家公司敢贸然出手。这也是理所当然的。

他们总是这么回答："对你公司的事业倒是感兴趣的，但由一家来资助的话，负担太重了。"

我脑里不断闪现着"破产"两个字。

森下想出一个主意："不如增资吧。"

他的意思是：既然各公司认可我们的事业，而又怕一家资助负担太重，那就通过增资，从多家企业筹集资金。

在当前情况下实行增资，虽然有悖常理，却不失为一个好办法。我表示赞成，但同时提出了条件。

必须确保能筹集到足够资金让我公司脱离困境，才能实行增资。如果只能筹集到少量资金应付一时的话，还不如不增资。因为"应付一时"往往又会催生下一次的"应付一时"，最后导致破产的结局，这样会给响应增资的投资人带来损失。我不希望再给认可我公司的人带来任何损失。

然而，想通过增资让公司完全恢复的话，则需要相当大的金额。单单资金周转不足部分就达到5亿日元，其中主要是用来偿还银行贷款。另外，考虑到信誉下降而造成订单减少的影响，还需要10亿日元。由于拖欠工资、信誉下降等原因，公司的营业额一下跌到了每月3000万日元，还不到鼎盛时期的三分之一。

增资方案遭到了筒井的反对，这关系到他负责的IMS业务的问题。其实，从9月份起，筒井就开始调查能否把IMS业务对外出售。因为考虑到，IMS有很多广告用户，万一公司有个三长两短（已经不能说是"万一"了），影响面将会非常大。

幸亏IMS业务本身在广告业界的口碑还不错，如果把IMS业务连同广告用户一起出售给其他公司的话，既可以保护广告用户，又能筹措到资金——这是筒井的想法。可是，如果要增资的话，IMS这一块业务是必不可少的。要增资，就不能出售IMS。我们争论了很长时间，我和森下想赌最后一把；而筒井则着眼于现实，主张出售IMS。

我有些犹豫。毕竟，增资成功的可能性非常小。也许应该采取务实方针，出售IMS。筒井的意见很有说服力。

但将来的事只能由自己决定。在这十多年的创业家生涯里，我经历过很多次困境，而每每总能奇迹般地筹措到资金，渡过难关。

决断的时候到了。我决定最后再赌一把！

我不顾筒井的反对，决定实行增资。

无论如何，我还是想筹到资金给员工们发工资，这是最重要的。我想把所有公司资产都换成资金。

其中包括HyperNet Korea的股份。

当然，除此之外，还有HyperSystem的多达三十万人的用户数据库、HyperSystem的专利申请权、筒井所坚持己见的IMS业务等，公司里还是有一些能拿来出售的东西。可是，这些如果卖掉的话，将会严重影响以后的事业发展。

而HyperNet Korea的股份则性质不一样。我公司和HyperNet Korea签订了合同，从HyperNet Korea收取专利使用费。因此，如果把HyperNet Korea股份卖掉，有可能损失将来的资本收益，但可以确保专利使用费。权衡之下，如何摆脱眼下的困境才是当务之急。

幸运的是，有人愿意认购当初出资时约为7000万日元的这支股份。这人是跟我公司合作的一家代理商，也曾参与了2月份的那次增资。

我决定出售HyperNet Korea股份，获得资金后，用来支付必须发放的工资和支票结算，以便维持到11月末实行增资。

我和对方谈好，他在10月31日把认购HyperNet Korea股份的资金转给我公司。我在公司全体会议上把这事告诉大家，说10月末可以发放未支付的工资。自从9月份拖欠工资开始，几乎每周都要开这样的公司全体会议。

10月末的转款那天，对方打电话来，说要来公司一趟。

我有种不祥的预感。

对方一到公司，就满脸歉意地说：股份认购一事不成了。

实际上，对方用来认购股份的资金，本来是打算从他的交易银行贷款的。然而，在发放贷款当天，被银行询问资金用途时，他说出了我公司的名称。银行说："不能给这家公司投资。"当即扣住了给他的贷款。顺便提一下，这家银行是跟我公司合作关系最为长久的其中一家。

这简直是致命一击。

事到如今，一切都无所谓了。所谓"破罐子破摔"，也许就是这种感觉吧。

同日下午。

这个月的工资又发不出去了。已经两个月了。

傍晚，我向总务部发出指示：通知全公司员工到事务所集合，我有事情要说。大家站在事务所门口附近的空地上。我、森下、大内等董事并排站在前面。

我的心情很沉重，但还是决定实话实说。

"本来预计今早收到的款项，因为对方的原因，突然被取消了……所以，和上个月一样，没法把工资支付给大家。"

大家都注视着我，接着纷纷开始议论。

我毫不介意，继续往下说道："拖欠的工资怎么办呢？我也很着急。我们正在采取各种对策，但目前还没法给大家一个明确的答复。对不起。"

没有人提意见。无论员工，还是我们这几位董事，都只是一直站着不动，周围只是传来窃窃私语声。我倒宁愿被大家痛骂一顿，这样心里还好受一点。

大概过了1分钟吧，但对我来说，这1分钟却过得无比漫长。总算有几个人问了些问题。他们显得茫然不安。当时问了什么问题，我怎么回答的，现在一点也想不起来了。

问题问完了，大家却仍站着不动。站在旁边的森下扭头看我。我没吭声。他便转回头去，向大家宣布："会议结束。"平时，这句话是由我来说的。

但员工们仍然在那站了好一会儿。然后，才像慢镜头似的，一个，两个……慢慢地离开会场。我一动不动地呆立原处，仿佛被牢牢捆住，直到所有人都离开。没有人跟我说一句话。

第二天开始，来公司上班的员工逐日减少，特别是营业部门。越来越多的人出去另找出路，或是去参加面试，或是个人去筹款。当然，我没有权利阻止他们。

而且，进入11月份之后，公司里忽然成立了工会组织。好像是某个员工咨询了律师后成立的。成立该组织，并不是为了和我对着干，他们的目的很明确——为了尽快拿回工资。全公司有八成员工都加入了。他们向我和财务负责人提出的问题也越来越专业。可是，在目前这种状况下，即使他们依照《劳动基准法》提出要求，我们也无法办到。

他们的做法并没有错。如果我处于相同立场，也一定会去争取自己应得的至少最低限度的权利吧。错在于我，是我把公司搞垮了，是我害了大家。这些道理我都明白，但却无能为力。

我这么苦苦地维持公司，究竟是为了什么？又是为了谁呢？为了股东，为了银行，为了客户，为了广告主，还是为了员工们？或许，只是为了我自己？

好像并没有为了谁，好像谁也不希望我这么做。然而，我似乎听见有个声音在说："绝不能就这么垮了！"这个声音成了我的精神支柱。

要增资的话，需要召开临时股东大会。这让我非常担心。

如果这次增资不成功的话，就没有后路了。考虑到这点，就需要降低股价。2月份那次增资时的股价为120万日元，这次需大幅下调，设定为15万日元。这样一来，上次出资的股东一定会暴跳如雷。股价一下子跌到短短几个月前的八分之一，当然要生气了。

但还是得说服股东们。如果现在股价定得太高，这次的增资就很难成功。增资不成功，公司就会破产。破产的话，股东们的损失就更大。我已经下定决心。

10月14日，召开了临时股东大会。

会议开始前，我在总经理室里等候，向总经理室里的员工询问股东大会的出席人员和委任状情况。当时的股东有六十多人，但亲自出席的只有四人，其他人都是采取委任状的方式。

我松了一口气。

股东大会进行得很顺利，最后全票通过了增资方案。细想一下，股东们可比我聪明，知道眼下再闹也无济于事吧。出席大会的几位股东，其实都是风险投资公司和我的朋友，他们是从一开始就支持此次增资的。

接下来，唯有为了增资而全力以赴了。之前都是我和森下轮番应付前来讨债的银行，现在我俩有了明确分工——森下应付银行，我则负责增资项目。一个人，不可能一边面对银行说着消极的话，同时又为增资而积极游说。说句玩笑话，在游说别人增资时，说不定会一时错乱而说出"请您再宽限到下个月"之类的话来。可见我们已身心俱疲了。

我从应付银行的苦差事中解脱出来后，开始为增资而四处奔走。11月初，我首先去拜访风险投资公司，而且旗开得胜。第一家有出资意向的是JAFCO。他们说愿意出1亿至2亿日元，当然目前只是口头答复而已。不过，总算开了个好头，这很重要。

第二家是Nissay投资公司。2月那次增资时他们也出资了。也就是说，随着这次股价大幅下降，他们是损失最大的一家风险投资公司。尽管如此，公司负责人还是说："如果其他公司出资的话，我们也出。"

接下来我又跑了多家商社、企业，还算顺利。不过，虽然有几家口头答复说愿意出资，但大家都提出了同样的条件——必须有领投者（lead investor），他们才肯出资。

到11月10日为止，我公司已经确保了6亿日元左右的预计增资额。但问题是，至今还没有找到领投者。2月份增资时充当领投者的NED，这次别说什么领投者，甚至都不肯参加我们的增资项目了。现在回想一下NED当时的状况[①]，他们不肯出资也是无奈之举吧。

已经没时间了。即便有几家口头答应出资，但如果没有领投者的话，增资也是无法实现的。就在这关头，森下介绍了他朋友圈里的一位中国人给我认识。"他的实力相当雄厚，"他说，"如果顺利的话，

[①]　NED是日本长期信用银行旗下的公司。该银行因不良债权问题陷入经营危机，并于1998年破产。——译者注

说不定能当领投者。"

森下说，这位中国人将于11月17日来我公司，还有一个星期。而且，那天正是提交增资申请书的期限。当然，现在也顾不上什么期不期限了。

据森下提供的信息，这位华侨是香港某超级优秀企业集团董事长的长子，未来将担负起统领整个家族的重任。这样的人物就要来我们公司了。

我对此充满了期待。另外，有个朋友又说要给我介绍台湾的企业集团。但我已经没有时间了，不可能同时和两方进行交涉。于是我决定把宝押在一周后来访的香港人身上。

出现在我面前的这位中国人，年纪约二十五到三十岁，温文尔雅得如同画卷上的法师。肤色白皙，略胖，圆脸，一头短发。身上西装看上去像是英式风格的，应该很昂贵。我把情况一五一十地告诉了他。

他似乎很认真地听完了我的话，然后通过翻译说："现在不能马上作决定。"说是必须向企业集团代表人请示，而且需要一周左右的时间。我明白他的意思。我虽没有时间，但也只能等。不过，还要等一周呀……已经到最后期限了。

几乎与此同时发生的另一件事，犹如点燃了导火索。

起因是和我公司有合作关系的一家城市银行。

我们拖欠这家银行的贷款余额只有3000万日元，在我们所有交易银行中是最少的。但11月中旬时，我公司连约定偿还的50万日元也无法支付，这样下去的话，恐怕会成空头支票。所以，在支票结算的前一天，森下就到银行去，请求对方延迟结算。

森下去银行的当天，有一项对社会保险事务所的支票结算。我从以往经验得知：无论怎样和社会保险事务所进行交涉，结果都会是徒劳无功。于是我好歹凑齐了结算数额的500万日元，存入刚才那家银行的开票账户。

第二天下午两点多时，负责财务的大内忽然惊慌失措地来到我和森下的办公室。

"那家银行通知说，社会保险事务所的支票成空头支票了。"

"啊，昨天不是存入了500万日元吗？"我问道。

"是呀。不过，银行好像抢先把50万日元兑现了。"

"这是怎么回事？"

大内说，简而言之，就是这家银行抢在社会保险事务所前，先兑现了自己的50万日元。当然，是我们约定偿还的50万日元款项。但这样一来，余额只剩450万日元，所以社会保险事务所那500万日元就成空头支票了。

"现在几点？"我问。大家都看了一下手表。

"两点半。"大内皱着眉头说，声音里还余怒未消。

"银行为什么现在才来通知呀，真离谱！"我不禁嘟囔了一句。

根据我的经验，当活期存款余额成负数而导致支票不能兑现时，银行一般会在上午发出通知，以便我们能赶在银行下班之前筹足款项。

可是，这银行竟然在下班前半个钟头才联系我们！也难怪大内会这么生气了。但现在发牢骚也无济于事，应该想办法解决问题。我们决定马上筹集50万日元来填补差额。

我说："我知道了。现在公司里有多少钱？"

大内回答："大约20万。"

"好的。现在谁去我家一趟，拿点钱过来。可能有20万左右。"

这几个月以来，我没有分文收入，所以只能把家具什物押在当铺以维持生活。最近刚把一套音响卖给了回收店，所以还有点钱。

"我这里也有一些。"森下从钱包里取出几张1万日元纸币来，"唉，这下银行卡又用不了喽。"

他苦笑了一下。当然，这是实话，并不是开玩笑。但如果不说一两句逗趣的话，那简直没法活了。

我吩咐大内："这样，你先去我家一趟，凑够钱后，就去银行！"

大内回答："明白。"

当然，银行方面并没做什么违法的事。但为什么直到两点半银行快下班了才告知我们呢？不管怎样，我们只能自掏腰包凑齐50万日元，然后拿给银行。否则，没等到增资，就已经变空头支票了。

大内从我家里取来钱后，就带上这50万日元匆匆赶往这家银行的分行。时间已经过了3点。不过，一般来说，在可能出现空头支票的情况下，银行6点之前都会接受入款的，我和大内都知道这一点。

"很遗憾，已经超过时间了。"银行负责人冷冷地说道。他说已经来不及了。这不可能，明明才4点嘛。

"你们是想存入这50万日元以避免变成空头支票吧？"

"是的，拜托您了。"

"我明白了。既然这样，就请你公司开一张日期为12月1日、金额相当于那2950万日元贷款余额的支票吧。同意的话，我才会收下这50万。"

什么，竟然让我们12月1日全部还清？

绷紧的神经一下子断了。

我在银行备好的支票上签了名。50万日元存入银行，暂时避免了出现空头支票。可是与此同时，却无异于宣告了HyperNet的末日。我签了2950万日元的支票，这笔钱实在是无处可寻。

其实，这家银行老早就怀疑我把个人资产藏于某处，常常追问不休。无论我如何说明公司状况，他们始终认为公司借入的3000万日元款项一定在我个人手里。当然，我手里并没有这笔钱。别说3000万，就连30万也没有。

听我这么一说，银行负责人竟要求我出示证据，以证明我确实没有资产。可是，这世界上哪里有什么办法能证明自己没有资产！当然，他们有权利要求我偿还3000万日元，而我也有义务把3000万日元还给他们。所有责任都在于我没能履行义务。

无论如何，末日已近。

最近，我公司的合作企业那边传来了一条莫名其妙的消息，说我公司开出了空头支票。其实没有这种事。我问对方从哪里得到这消息的，他说：某经济期刊的记者发了一封电子邮件给我公司的多家合作企业，邮件内容是"关于HyperNet公司开空头支票一事，您有什么看法？"

我立刻要来一份那封邮件的复印件，然后向那家杂志社提出抗议。对方当然是毫不理睬。我想要起诉对方妨碍公司正常营业和损害名誉，却没有时间和钱去打官司。对方当然是知道这一点才敢这么干的吧。

与此同时，我接到了个电话，对方自称是住友银行调查部的人员。他说，得到消息说我公司申请与债权人进行和解协议。这就怪了。如果真有这事的话，交易银行不可能不知道的。我正要追问时，对方却突然挂了电话。这显然是冒住友银行之名打来的骚扰电话。

另外，我还听到这样的消息，说我公司的员工出去另找工作时，竟全都去了我朋友开的公司那里。也不知是真是假。

每天晚上还有奇怪的电话打到我家里来。当时我为工作而疲于奔命，回到家里都已经半夜12点多了。这么晚，电话还多次响起。我一拿起电话，对方就马上挂了。每天晚上都打来。这显然是故意骚扰吧。

而且，由于我进行了个人担保，所以家里还每天收到银行寄来的催款单。当然，我手上没有任何资产。

无论如何，我已经想尽一切办法了。我也曾振作起来，为增资而奔走。但现在已经身心俱疲了。公司所负的债务中，银行和租赁公司占了90%。可是，我为了改善业务、继续维持公司而努力寻求的各种出路，都三番两次被银行切断了。这种心情，就像是去找人求助，结果却被那人勒住了脖子。

有生以来，我第一次冒出一种恨不得一死了之的想法。

然而，无论从经济方面还是从肉体上来说，我还不能死。不仅是公司，我个人也有很多问题亟待解决。首先是拖欠了房租，所以必须要搬家，但却连这点钱也没有了。还有个人电话费、伙食费……虽然数额和公司债务不能比，但我的生活却深受这些问题的困扰。

我疲惫不堪地回到家里。两只金毛犬像往常一样热烈地欢迎我回来。我不可能指望它们理解我眼下的状况，但看见它们那无忧无虑的样子，多少还是能感到一丝慰藉。

然而，从1996年1月开始和我住在这里的女友呢？

刚开始的第一年，日子过得非常开心。这是我组建的第一个家——可爱的女友和两只金毛犬。家庭卡拉OK比赛、欣赏电影、开法拉利兜风、夏天带上金毛犬全家外出露营、钓鱼……这样的幸福生活，随着公司衰落也渐渐坍塌了。

我刚疲惫不堪地回到家，她就冲着我说："老爷，伙食费没了。"

"噢，这样啊。给，拿去。"我从钱包里取出1万日元给她。

"还有，保险费也没交呢。"

"对哦，要交多少？"

这几个月以来，每天都重复上演着这一幕。她并没有错。但此时的我更希望听到她说些别的话，希望她安慰我，鼓励我。

不过也难怪。近来，可能是因为被公司的事压得喘不过气，我冷落了她，甚至有时还骂她。

有天，我正和金毛犬玩耍时，她好像有些难以开口似的说道："嗯……"

"什么事？"

"你骂人这一点，我有点接受不了。我想再考虑一下。"

"啊？"

这无异于致命一击呀，虽然我已经早有所料。

这应该是她的真实想法吧。况且，我本来还负责资助她母亲和妹妹的生活费,现在拿不出来了。所以,她要离开,我也无法阻拦。

"不用考虑了,分手吧!"我说道。

干脆一刀两断得了。公司里的同伴们每天为了筹措资金而疲于奔命,而她却待在家里闹情绪,这反差也让我感到不满。当然,她并没有义务陪我吃苦。但我当时确实是不能接受。

我深切地感受到,在困境中没有人肯支持我。我也明白,归根结底,这都怪我平时有照顾不周的地方,包括对她,还有对那些早早就辞职的员工。我对他们缺乏关心。

现在,报应来了。

第二天一早,我打了个电话给搬家公司。几天后,我的行李(只是一些钓鱼用具而已)和两只金毛犬被送回我父母家;她和她的行李则送回她母亲家去了。

我就这样告别了这个家,把必需的随身物品装进旅行包,辗转借宿于朋友家和酒店。我的境况似乎又回到十五年前高中毕业时,和父亲吵了一架,然后离家出走……

而现在是1997年即将进入11月下旬的时候。

第五章　破产　一九九七年十一月至十二月

我心里遭受了巨大打击。

不想精神错乱的话，只能抛弃所有的志向和野心，把HyperNet公司和自己拉开距离，以一种事不关己的客观心态去看待它。

我对公司负有全部责任。如果公司破产，就会给债权人、股东、员工及其家属、合作方等带来损失。这太严重了。

如果一味纠结于公司破产对周围人带来的影响，我也许会被逼疯的。所以，我必须对公司状况进行冷静思考，作出正确的判断。

11月下旬，对于公司外部人员来说，我和森下等HyperNet当事人所说的话已经没有任何说服力了。

我们视为救命稻草的那位中国人最终并没有给答复。而曾经口头答应参与增资项目的公司也没有提交申报资料。这也难怪，因为没有领投者。

公司里还剩下几个员工，有的仍然继续做着营业或研发业务，一直坚持到最后；有的则在外面另寻出路，几乎联系不上。

而银行方面则跟往常一样，每天不约而至。

当时，光是舆论压力就足以把公司压垮。广告代理商以我公司经营不稳定为由，提出要把IMS业务移交给其他公司。而且，原先媒体常报道我们在海外的业绩，但现在却没有一家肯报道。我们把新闻稿发送给近一百家媒体，可是全都吃了闭门羹。另外，我每天都能接到很多莫名其妙的电话。

事到如今，已无回天之力。

预兆的降临

11月22日，星期六。我在朋友家里睁开睡眼。确切地说，是被手机铃声吵醒了。

"喂……"

"噢，总算打通了。我是森下。你到底在哪里？"

昨晚的醉意还没消散。近来我逐渐形成了一个习惯，睡觉前一定要喝些不兑水的烈性酒。不喝醉的话就无法入睡。一盖上被子，各种烦心事就会像杂乱的画卷一样在脑海里翻腾。眼前浮现出一张张面孔，心头涌起悔恨和绝望之感相互交织在一起。这样的话，到天亮也别想睡着。所以只能靠喝酒帮助睡眠。这样下去，再过一个月，我就会沦为一个彻头彻尾的酒鬼了。

"我住在朋友家里。"我冲着电话说道，一张嘴满是威士忌的酒气。"一大早打电话来，怎么啦？"

"什么一大早呀，已经是中午咯！"森下愣了一下，说道，"破产了。"

"啊，你说什么？我们公司还没破产吧！"

森下大声叫起来："不是我们！是山一，山一证券公司破产了！电视上正在播呢。"

朋友好像出去了。我打开了房间角落的那台15寸电视机。

应该是今天一大早的新闻画面吧。平时星期六总是大门紧闭的昏暗的办公楼前,今天却有很多身着西装的人陆续往里走,后面紧跟着记者们的照相机和麦克风。那些职员们一边用手遮挡,一边快步跑进办公楼。

"这是在山一证券总公司前拍摄到的现场画面。"电视画面切换回演播室。正在播放的是午间新闻。已经到中午了呀。

我就这样茫然地看着新闻。

电话里传来森下的声音:"这好像是《日经新闻》的独家报道。电视从一大早就一直在播。"

我挂掉电话,然后就出去了。电视没关,门也没锁。我走到附近车站,在便利店买了一份《日经新闻》,顺便买了一瓶宝矿力。

"山一证券公司主动停业,战后最大规模负债3万亿——为保护客户资产进行日银特融①。"

报纸上赫然登出这一标题,在头版、社会版和经济版上连篇累牍地报道说:山一证券公司事实上已经破产。我几乎像舔尝食物一样地把报纸看完了。电视上还在反复播报山一证券总公司大楼前的忙乱情形。

看了山一证券公司破产的报道后,我有何感想呢?虽然说出来有点不合适,但还是实话实说吧。我是这么想的:唉,算了,破产就破产吧。

人到走投无路的时候,往往会说些泄气的话。但这是我内心的真实想法:算了,破产就破产吧,连山一证券都破产了,那我们公司破产也不足为奇。

我觉得浑身松懈了下来。其实我在那时已经下定决心了。

---

① 日银特融,指日本银行发挥最后贷款人功能,为维持金融体系稳定,根据政府要求对陷入流动性不足的金融机构提供的一种无抵押、无期限的紧急特别融资。——编者注

我和森下前去拜访西村综合律师事务所的大岸聪先生。是通过森下的朋友介绍联系的。

此行是为了谈如何依法"处理"HyperNet的事。

律师是非常冷静的。我们不曾经历过当前的公司状况，所以进行了仔细询问，也提出了一些担心的问题。例如，我公司破产会给IMS的用户造成非常大的损失。

但大岸先生却很冷静。这是理所当然的吧。他见过无数这样的公司。据说，有的建筑公司一破产，盖到一半的大楼就中途停工，成了搁置多年的烂尾楼。

确实，我们必须改变思路。以前一直想着如何发展，现在不得不考虑如何进行善后处理了。

现在，只需要我们决定是申请和解还是自愿破产，然后剩下的工作就是做成详细的债权债务清单。

律师提醒了几点注意事项。无论申请和解还是破产，保密工作都非常重要。如果得知公司即将破产，特定的债权人可能会加紧回收资产。为了不出现这种情况，我们不能向公司董事之外的任何人透露正在准备申请和解协议或自愿破产。否则，情节严重的话，甚至可能会被追究刑事责任。

我们努力不让消息泄露出去，无论对公司内还是公司外。但这非常困难。面对银行的追问，面对公司员工的询问，到底应该怎么回答呢？既然不能说正在准备申请破产或和解协议，那难道让我们骗说增资项目进展顺利吗？被拖欠了几个月工资的员工问起时，难道让我们骗说明天就发工资吗？

我和森下只能尽量避免和债权人接触，此外别无他法。

从律师事务所回来后的第二天起，我们每天都要召开好几次董事会，为即将到来的停业做准备。现在如果让公司员工和外界知道，那可就麻烦了。

大内找了一位信得过的下属一起做债权债务清单。幸亏公司之前在准备纳斯达克项目时进行过财务监查，资料已经相当齐全，所以没花多长时间就把债权债务清单做好了。

我和森下、筒井讨论是要申请和解协议还是自愿破产。

森下主张和解协议。他还是有股韧劲。无论情况如何危急，只要有一丝可能，就不愿放弃。然而，我和筒井却认为自愿破产更稳妥。因为考虑到还有IMS这块业务。即便申请了和解协议，如果不能支付IMS的相关费用，业务一旦停止的话，显然会被客户索取损失赔偿的。

当时IMS承接了近100项业务，其中还包括投入巨额广告宣传费的活动。索赔金额可想而知。申请和解协议后，债务可能会日益膨胀。

如果公司不是二十四小时营业的话，我可能也会考虑和解协议吧。可是，一旦采用和解协议的方案，不管将来是否能重建，都必须暂时停止营业。这样，显然会对二十四小时使用系统的用户们造成影响。既然如此，倒不如申请破产，由别人把整个公司收购去，反而不用停止业务。这种选择似乎可以让我良心稍安。

问题在于申请破产所需的费用。给法院的预付金，加上给律师事务所的报酬，总共需要1000万日元现金。破产也要花钱。当时对于公司来说，1000万日元是一笔巨款。我们不可能有现金，广告代理商支付的营业额都被银行截留了。

如果是和解协议的话，需要再多付1000万日元。

我决定选择自愿破产。接下来就是为此筹款了。大内预先把代理商向我们转款的账户改到了没有债务关系的其他银行。如果对方是大公司的话，更改转款账户需要一定时间。所以我们只能从小代理商那里收取款项，用于申请破产。

11月下旬，筹集破产费用这项工作占据了董事们的所有工作时间。

定　局

　　最后，我还考虑出售专利申请权。微软对我公司的专利最感兴趣，于是我就询问他们是否有意向。我去拜访了一次古川董事长，说明情况。可是后来就再也没有联系。看来是没有希望了。

　　日本兴业银行的负责人还找我谈过一次话。离上次见面有一段时间了。双方都已经疲惫不堪，所以反而能心平气和地坐下来谈。据他所说，我之前以个人担保从兴业银行借款，现在银行内部认为有问题。个人担保的情况下，如果公司破产，银行是无法优先收回贷款的。而且，万一到时我逃跑的话怎么办？银行已经设想好我要逃跑了。真是可悲。我只得敷衍说：无论出现什么情况，我都决不逃跑。

　　应该是在11月25日那天吧，自始至终一直支援我公司的NED负责人约我们会面。当天出席的有NED的负责人、其总公司长期信用银行的负责人，还有加卜吉的古川董事（他也是长期信用银行出身的）。

　　古川董事开口了。他的意思大致如下：在HyperNet的所有债权人中，数额最大的就是长银集团。所以，希望HyperNet在倒闭之前，把专利申请权和用户数据库等资产转让给加卜吉。

　　"这是不行的。"

　　我没有作其他多余的辩解和说明。我公司对长银集团负有巨额债务，这确实不假。但在破产几乎已成定局的情况下，向特定债权人转让资产，无论从法律上还是道义上都行不通。而且，我不太理解加卜吉为什么在这个时候跳出来。加卜吉的加藤董事长认购了一部分我公司的股份，而且加卜吉还在8月时给我公司融资过1亿日元——虽然我非常感谢他们，但这是另一码事。

　　古川董事把提议重复说了一次。

　　我也重复说道："这是不行的。"

　　直到最后，他们回去时，我也一直没点头。

当天下午，长期信用银行向我公司的客户发出了债权转让通知。

所谓债权转让通知，是指银行虽然拥有对我公司的债权，但在很可能无法回收的情况下，要求我公司的客户不再向我公司支付营业费用，而是将其拨给银行。也就是说，长期信用银行向我公司的客户传达了这样一个信息：我公司很有可能会破产。

对于我们来说，这无异于宣判了死刑。但我并没觉得惊讶，也没任何情绪波动。因为，这公司早就跟死掉没什么两样了。

再说几句多余的话。

1997年10月31日，报纸上连篇累牍地报道了ASCII公司将从互联网服务市场撤退的消息。使用我公司HyperSystem的"ASCII Internet Freeway"将在12月24日停止运营（这天碰巧是东京地方法院宣判我公司破产的日子）；而收费服务"ASCII Internet Exchange"将在下一年度1998年1月24日停止运营。实话说，当我在《每日经济新闻》上看见这报道时，不由得松了一口气。

因为ASCII公司主动停止了业务。如前所述，在我公司的支出款项中，给ASCII公司的媒体费占了最大比重。我们已经改变了经营方针，把重心放在OEM等专利许可等业务上，所以，如果可以的话，很想终止和ASCII公司的互联网服务合同。而现在对方恰巧主动停止了。

12月1日，我们从上月末收到的款项中筹齐了破产所需费用。

这得归功于财务董事大内，她把我们的收款账户改到了没有债务关系的其他银行。申请破产的日期定在第二天——12月2日。

从这时开始，我就没再去公司了。原因如前所述，我既不能向接踵而来的债权人透漏破产之事，又不能因此而编造其他谎言。

我独自一人在街上徘徊，脑海里不断涌现出各种回忆。据说，人要死的时候，过去的回忆就会像走马灯一样在脑里回旋。大概就是现在这种感觉吧。

我觉得周围的街市和自己之间仿佛隔着一条鸿沟。我像是一个天外来客，浑身透明地在街上走着。我想，即使我向路人搭话，也不会有人搭理我吧。

12月2日，大内从公司给我打来电话说：公司大门外聚集了很多债权人和客户，大约有三十多人，连报社记者都来了。但我们的律师还没向法院递交申请书，所以还不能公布。

大内说，外面那帮家伙正在叫嚷我和她的名字，甚至有人揪住我们女员工的衣襟大声责骂。

我只想从这现实逃离开去。以往，每当我想克服内心的恐惧感时，总会选择面对现实。因为这样能消除恐惧感，也好在现实中前进。

然而，对于已经失去前进动力的我来说，逃离现实并非难事。过了没多久，就传来律师向法院申请破产的消息。公司员工贴出告示。债权人记下各自代理人的联系方法，然后散去。

我已经不是当事人了，因为已经不具备当事人的能力。接下来按法院和财产管理人的指示照做即可。

我长达十五年的创业家生涯到此告一段落。

曾经，各家金融机构争相给我们公司贷款，使贷款额达到最高峰。而现在距离那时还不到一年。

森下——一直在寻求增资和转让的方法，直到最后。

筒井——努力地进行业务移交工作，以便把对用户的影响减小到最低程度。

大内——为了延缓时间而竭尽所能。

西泽先生——联系大日本印刷公司资金援助未果之后，就毅然辞去董事，从此没有再回公司。

一部分年轻员工曾把梦想寄托在公司上，对于公司破产，自然难掩失望之情。但即便是在破产善后处理的工作中，他们也在认真地完成。技术部门人员一直和系统故障奋战到最后。营业部门剩下几名业务员，每当被用户问到公司情况时，他们都应付得很得体，所以又争取到了少量订单。

而我，则彷徨不知所措，就像之前一首流行歌的歌名一样①。

1997年12月3日，《日本经济新闻》晚报第三版上刊登了一则简单的报道，标题是：《HyperNet，负债37亿日元，申请自愿破产》。

---

① 指1984年日本歌手大泽誉志幸创作并演唱的歌曲《我彷徨不知所措》。——译者注

末　章

一九九七年十二月二十四日

广播里传来我的名字。

那声音十分平淡，就像在市政府领取居民登记卡时一样。不同的是，现在被叫到名字时，我分明有了种"羞耻"的感觉。因为，在这里念到我的名字"板仓雄一郎"，就等于公布了公司破产的消息。

我跟着律师来到破产科，在柜台前签了自己的姓名后，随即被带到里面的办公室。这里的氛围给人一种冷漠无情之感，就像所有公司的会议室一样。

办公室被廉价的隔板划分成几块，里面摆着廉价的折叠桌和椅子。我听从律师吩咐，在那儿坐下。不久，法官走了进来。他还很年轻，大概跟我差不多年纪吧。

我不知道应该怎么和法官这种人打交道。对方又不是我公司的债权人，如果我表现得过于谦卑，未免不自然；但自己既然处于这种境况，也总不能再摆什么架子吧。我决定采取平常的态度。

我轻描淡写地回答了几个问题。忽然，法官怒斥道："你到底在想什么呢！其他公司的总经理到这里来，都会含着眼泪说：为了债权人的利益，哪怕是一分一文我也会尽力的。而你呢，这叫什么态度！"

我一时愕然。

我认识好几位破产公司的总经理，却没见过谁像法官所说的那样"故作姿态"。破产人在法院时的泪水，莫非类似于一种婚丧仪式？看来，我必须表现出歉意才行。

我知道，实际上，无论现在如何努力争取，都不能指望从债权人那里分到多少红利。即便我声泪俱下，也不会因此而减轻自己的罪责和债务。可是，对于法官的指责，我却丝毫无法反驳。

被训完之后，我和律师离开了法院。

我非常厌恶霞关这个地方。本来就不太喜欢，此时的心情更加剧了这种厌恶感。可是，还得再跑好几趟。这让我非常郁闷。

我走下地铁站的阶梯，坐上日比谷线列车。

去往银座方向的车厢内很拥挤。一对对年轻的情侣谈笑风生，格外显眼。车厢内洋溢着圣诞夜的欢快气氛。我找到一个空位坐下，心情却越来越烦闷。

对面坐着一位年轻女士，裹着黑丝袜的双腿优雅地并拢着。她正在看书，书表面套着"青山购书中心"的封皮。她那棕色长发、清晰的眉毛和双眼皮大眼睛，把白皙的脸色映衬得更白。灰色的针织连衣裙外，披着一件薄薄的大衣。

这是我喜欢的类型。当然，我并不认识她。只不过凭外表想象，觉得她似乎符合我的标准。我看了她好一会儿。但她却并没发现，仍然专心地看着书。

之前，我头脑一直被这几年来的回忆所占据，现在却一下被抛到九霄云外去了。此时，我只想着眼前这位正在看书的陌生女子。

我希望自己还有重新去追求幸福的勇气和力量。

身无分文的我，内心仿佛萌发了某种情感，就像读小学时，情窦初开的我开始努力学习一样。

重新开始吧。总之，向前走就是。

电车到东银座车站时，那位理想型的陌生女士从我眼前走过，下车去了。下车瞬间，似乎还和我对望了一眼。列车开始启动。我透过车窗，看着她快步走向检票口的身影。

第一次债权人会议

最后，我想说一下关于债权人会议的事。

我决定请田中早苗律师担任HyperNet和我的财产管理人。宣布破产时，我第一次见他，觉得他性格很随和。

宣布破产后的一段时期，我忙于准备出庭，以及应付财产管理人田中先生的提问。田中先生大概每月会打两三次电话给我，问一些问题。我把自己知道的全都告诉了他。他基本上不问我财务方面的细节。其实即使问我也不清楚，关于这方面的数字都由负责财务的大内来回答。

我无事可做，时间多得很，只是没钱。时隔十多年，我又寄居于父母家，把这几年的经历一股脑地记录了下来。

公司破产五个月后——1998年5月11日，宣布破产时就已经定下在这天召开第一次债权人会议。我穿上久违的西装，前往东京。目的地是位于霞关的东京地方法院，此前已经来过好几次了。

这一天到来之前，我无比担心，不知道会议上会发生什么事情。有时半夜会忽然从噩梦中惊醒。为了调节心情，让自己保持平静，我找遍了各种有关公司破产的书来看。

这些书大多是讲述"中小企业"老板的破产故事。主人公或作者都和我现在的心情一样，觉得参加"债权人会议"就像在恐怖地狱里接受审判一样。但他们去到会议现场，才发现实际上会议参加者寥寥无几，甚至为零。据说大多数债权人都没有出面。现场既没有提问，也不强迫你发言。会议只是走走形式而已，几分钟就结束了。是呀，对于一个已经破产的人还能有什么期待呢。

看过这些"真人真事"之后，我稍微放心了一些。

这一天，天气晴好，春风拂面。我慌乱的内心也因此平静了下来。

会议开始半个钟头前，我到了东京地方法院。一楼张贴着"破产人HyperNet股份公司以及破产人板仓雄一郎的债权人会议"字样，并标示了会场方向。

经过法院门口时，我忽然感到一阵不安。因为开始清楚地意识到，自己已是破产之人。

我一边打量着周围，一边走向会场。有时忽然回头看看身后，然后再往前看。有个身着西装的中年男人正走在前面。咦，说不定是债权人……噢，不是。我也不知道自己为何如此惊慌。在这法院大楼里，就算债权人看见我，也不至于冲上来揪住我胸口大骂吧。我一边安慰自己，一边走进电梯。

电梯里有好几个人。门关闭，开始上升。我觉得似乎大家都在盯着我，不由得低下了头。封闭的电梯空间里，充斥着一种独特的距离感和沉默的气氛，令人生厌。到达会场所在楼层本来只需十多秒时间，但却感觉无比漫长，仿佛没有尽头。

来到会场时，门口已经站着一些认识的人。几名组织工会的公司员工，还有金融机构的负责人。我顿时心跳加速。不过，我已经做好了思想准备：既然自己活该被骂，那么无论谁对我说什么，都只能诚心诚意地道歉。

我走了过去。可是并没有人和我说话，甚至彼此看见后都马上移开了视线。也没有人打招呼。噢，想起来了，我从那一大堆书里得知：在债权人会议上，债权人和破产人是禁止直接交流的。

田中先生担任财产管理人，大岸先生担任HyperNet和我的代理律师。我向他俩打过招呼，就走进会场里。

这个会场和我此前从书上获得的印象大相径庭。这里足以容纳三百人，前面还设有长长一排高出一截的法官专用讲台，上面摆着长长一排木制的长桌子，活像是美国法庭电影中的"公开听证会"会场。

我和代理律师的座位安排在最前面那个讲台的下方，靠近入口处。当然，座位面向着债权人。

喂，等等，怎么跟那些书里讲的不一样呀？

大岸先生递给我一份债权人的债权申请清单，我接过来看——不，应该说我强打精神地看着，以便缓和自己的心情。

清单上赫然写着债权人申请的债款总额——59.64亿日元。

据我掌握的情况，我公司的债务总额为37亿日元，正如报纸上报道的一样。在我看来，这已经是天文数字了。而现在这个数字竟然翻了将近一倍。到底是怎么回事呢？

仔细一看清单，有几家企业申请的债款简直是漫天要价！总而言之，就是说如果HyperNet继续经营的话，他们估计会获得多少收益，然后把这当做债权进行申请。当然，对丁这种情况，财产管理人会提出异议。

与债务总额相比，再看看我公司的财产清单：财产价格总额为15亿日元，待收营业款项大约3亿日元；出借款项约3亿日元（几乎全是借给HyperNet USA，所以财产价值几乎等于零）；还有其他的设备、器物、有价证券等。虽然表面上的财产总额为15亿日元，但实际评估额却只有5000万日元左右。因为大都是金融机构的抵押物，以及一旦出售则价值大跌的东西。

我看着那份债权申请清单，不知所措。这时，坐在旁边的大岸先生说道："板仓先生，你给这么多人造成了损失，罪责不轻啊！"

我耷拉着脑袋，一声不吭。这时，我感觉到有人来了，抬头一看，眼前有五十——不，应该有一百多名债权人已经入座。跟我在书上看到的情况大相径庭。他们大概是在我茫然浏览债权申请清单时进来的吧。其中有好多人都认识。对望一眼，我就慌忙低下头去。

法官首先宣布："关于破产人 HyperNet 股份公司和板仓雄一郎的债权人会议现在开始！"

接下来的几分钟，先由财产管理人陈述，然后法官宣读了两三项决议，会议就这样草草结束了。具体内容我几乎一点都记不起来。我只是一直低着头，故意不听，以此对抗着自己那些不可消除的罪恶感。

等我回过神来，才发现债权人已经纷纷起身离场，而且是从我桌子前走过。我无法抬头。只能看见他们腰部以下的地方，但还是感觉得到：几乎所有债权人都会在我面前稍微停留一下，瞪我一眼。

我心跳加速，大概血压也上升了吧，脸上火辣辣的，抬不起头来。要是在从前，无论犯了什么错，我都敢抬头挺胸地面对。可是现在，我的身体却无法动弹。

好像有几个人向我打过招呼，不过记不太清楚了。我也没怎么回应。

所有人都离开会场后，坐在旁边的大岸先生对我说："板仓先生，走吧。"

"噢，好的。"

我跟着大岸先生走出会场。和财产管理人稍谈了几句就离开了法院，乘坐地铁回了家。

后记

HyperNet股份公司在1997年12月24日圣诞夜这天被法院宣告破产。负债总额约37亿日元。而我个人也于1998年1月23日被宣告破产，即所谓的自愿破产，负债总额为26亿日元，其中大都是公司借款时所用的个人担保。

我手头只剩下了大量时间，于是决定把自己从创业到破产的经历详细记录下来。接下来我花了十个月才终于写完这本书。当然，有生以来还是第一次写这么长的文章。

这次公司破产，给众多企业和个人带来了许多麻烦。我至今还常常梦见被投资商和债权人责骂，然后在半夜惊醒。我真的感到非常抱歉。我切身体会到，一家公司破产会给别人造成多大影响。自愿破产后，我回归零起点的状态。可是，终此一生，我都将背负着这沉重的"罪恶感"。

我这"有罪之人"写的书也能出版，或许有人会因此而感到不快吧。当然，我周围也有人反对我这么做。一位大名鼎鼎的经营者就告诫我说："你要是这么做，以后就不能再重新回到创业家舞台了哟。"以自己的失败经历为素材，借机诋毁债权人以及其他有关人员，这就是出版此书的目的吧？有人这么想也不奇怪。

其实，我写这本书，并非为了发泄对公司破产的愤懑。可那又是为了什么呢？

如正文中所述，1995年秋天，也就是我刚开始构思HyperSystem的时候，在别人推荐下，我读了一本叫《硅谷冒险记》的书。

此书作者杰瑞·卡普兰想到手写便携电脑的创意，并以此创办公司，在计算机行业一举成名。然而，他的创意被人盯上了。微软的比尔·盖茨董事长、当时苹果公司的CEO约翰·斯卡利等业界大腕，IBM、AT&T等大企业对其进行了围追堵截，仅仅几年，这家公司就被并购了，从此销声匿迹。杰瑞·卡普兰用自己的语言把这段经历详细地写进了书里。

我平时并没有读书的习惯，但却对偶然看到的这本书非常感兴趣。内容固然很精彩，但更触动我的，是作为一个经营者，杰瑞·卡普兰竟然特意把自己的失败经历写成书，公之于众。我问了几名读过MBA的同事，说是在美国，很多商学院都会请创业失败的经营者来上课，给学生们讲述亲身经历。另外，像杰瑞·卡普兰一样出书的例子也不少。在美国社会，具有把"经营者的失败经历"作为案例分析的文化传统，我对这一点特别感兴趣。

1997年12月，我申请了自愿破产，而且在破产已成定局之后，我忽然想起了两年前读过的这本书，于是当即下定决心：把迄今为止的自身经历写下来！

当时，报纸和杂志上登载了关于HyperNet破产的各种报道。至于破产原因，几乎所有报道都列出了如下三条：市场营销失败、财务战略失败、ASCII公司撤出互联网服务市场。他们是这么解释的：把广告主的对象范围限制在一流企业，导致获得的广告业务订单数不如人意；过分依赖金融机构的贷款，以至于一旦银行信贷收缩就出现了资金短缺；过度依赖ASCII公司，所以当ASCII公司撤出互联网服务市场时，自己的业务也随之垮掉。

看完本书的读者一定知道，上面的分析并不准确。市场营销失败虽是事实，但并非因为把广告主限定于一流企业而减少了广告业务订单。HyperSystem的广告业务订单在互联网广告行业里是名列前茅的。经营失败的原因其实在于误判了市场的整体发展速度。关于过分依赖银行贷款以及信贷收缩的分析，虽然没错，但这是1997年到1998年之间破产的众多企业的通病。一味强调这点的话，就会忽视了其他原因。至于对ASCII公司的分析，则是完全错误的。因为ASCII公司决定撤离互联网服务市场是在1997年10月，而当时HyperNet的破产几乎已成定局，所以ASCII公司的撤离和HyperNet破产并没有任何关系。

我看着那些关于HyperNet破产的报道心想，要从企业的成功或失败中吸取经验教训的话，不能光是着眼于最后的"结果"，还需要认真追溯其中的各个过程，透视时代背景，进行分析。

我没能够吸取杰瑞·卡普兰的失败教训，但说不定有人能从我的失败中获得某些东西。于是，我从朋友那里借来一台旧电脑，开始敲起键盘来。当今日本企业社会缺少"失败案例分析"的文化，我希望拙作能成为形成这种文化的一个开端……

以上就是我写这本书的原因，虽然看起来似乎有些冠冕堂皇。

通过写书，我得以重新冷静地审视当时自己的处境，并且发现HyperNet的成功、挫折与20世纪90年代中期日本经济的三大热潮密切相关——第三次风险投资热潮，多媒体以及计算机、互联网热潮，日本金融市场的大改革。

1995年，HyperSystem创意横空出世的那一年，正兴起第三次风险投资热潮，各种新兴企业涌现出来。其中，和计算机以及多媒体相关的风险企业尤为引人注目。这几乎可以说是必然的吧。因为在风险投资热潮背后，多媒体相关行业正发展得如火如荼——Windows 95开始出售，而互联网业务也逐渐走上了正轨。

在这样的背景下，日本的银行界也力图进行自我改革。过去，在大藏省的庇护下，各家银行一直采取雷同的经营姿态，向企业贷款时要求对方提供土地或有价证券等作为抵押。对银行来说，贷款业务是经营的基础。但在日本，却存在着一种根深蒂固的"土地资本主义"的共同幻想。众所周知，这正是造成泡沫经济的原因之一。

然而，随着泡沫经济的发生，地价持续上升的幻想也轰然倒塌了。而且，美国强行要求日本开放封闭的金融市场。于是，日本银行被迫从真正意义上的企业战略来重新调整贷款业务，改变雷同的经营姿态，各自设置不同的贷款标准。就这样，从大城市银行到各地方的小银行，都陆续推出了面向风险企业（尤其是高新技术、多媒体技术的相关企业）的贷款制度。为了给那些有创意而没资金的风险企业贷款，各家银行建立了独立的评估体系（评估企业的技术，预测其发展前景）。对于审查合格的企业，银行基本上实行"无抵押"贷款。

HyperNet正赶上了这一波时代潮流。当时的情形，简而言之是这样的："风险企业"HyperNet开发出利用"互联网"平台的新系统HyperSystem，银行对其实行"无抵押贷款"。而且，HyperNet赶上这机遇时，恰巧是上述三大热潮同时兴起并达到顶峰之时。结果，HyperNet显然被外界高估了——获得新商务大奖。比尔·盖茨来访也正反映了这一点吧。

然而到1997年，时代潮流急转直下，我和HyperNet的"荣耀"也随之变成了"挫折"。多媒体热潮不到一年就结束了，互联网广告市场的增长不如当初预想。风险投资热潮也平息了下来。而银行则着手进行下一轮改革。在国际上，日本银行的自有资本比率之低一向遭人诟病，为了提高这一比率，银行开始压缩外借债权，即信贷收缩。HyperNet的互联网广告收入不如人意，业绩不佳；另一方面，回收贷款的交易银行却来势汹汹。正因为借款额过于庞大，远远超出营业额，一旦银行信贷收缩，就很难支撑下去。于是，公司负债累累，最后终于在1997年末破产了。

回顾当时，我和我公司仿佛意外地担任了配角，向人们展示了日本经济的大起大落。而这也正是我这个经营者成功与失败的原因。

其实，作为日本企业社会里的一名经营者，我有着致命的缺点——对"组织"一无所知。公司内部人事、公司外部营业、和金融机构打交道、和广告主打交道、应付媒体以及个人言行举止……无论在哪个方面，我都因为对企业和社会"组织"缺乏根本了解而屡屡犯错。如今回想起来，觉得可以这么说，这些错误堆积起来，才最终导致了公司的破产。

为什么我不了解"组织"呢？除了生性如此之外，还有一个很大的原因——我的职业生涯是直接从总经理开始的。几乎从没有为别人打过下手；我经营的企业里最多也就十来人（破产前的那几年除外）。所以，也没有机会去学习一个人组织是按什么规则成立，以及这个组织里的人以什么作为行为规范。

然而，从另一角度来说，这一缺点也是我能成为创业家的前提条件。我对上大学、进大公司然后被收编于组织不感兴趣，无论思考还是行动，始终把自己个人放在第一位。我能成为风险企业经营者，是和自己不了解组织这一点密切相关的。

1995年至1996年，我们因为研发出HyperSystem而受到广泛关注。当时，日本经济掀起各种潮流，从根本上来说，是因为出现了这样的时代趋势——重视组织规范的传统日本式经营的局限性日益显现，于是人们搬出了"个人主义"取代它，希望从这里寻找到新的出路。我根据自己的体会以及后来看书获得的知识作出了如上解释。

互联网的普及为个人提供了媒体平台，而个人主导经营活动的风险企业迅速崛起。这些事件都象征着"从组织向个人转型"的时代潮流。

更具有象征性的是，银行这种最传统的日本式组织，竟然向那些"个人主导"的新兴产业提供了无抵押贷款。

从上述说明可知，为什么城市银行等大企业会注意到我，并且伸来橄榄枝（虽然只是暂时的）。在银行和证券公司这些传统组织里，有些人对于时代变化十分敏感，例如住友银行的国重先生。在他们眼中，我这个贯彻个人主义方针的经营者，有可能成为打破陈规陋习的"破坏者"，成为新时代经济大潮中的旗手。在 HyperSystem 面世后的短短一年里，竟然从多家银行获得了 20 亿日元以上的无抵押贷款就是明证。

可是，时代并没有完全从"组织至上"转变为"个人至上"主义。对于日本人而言浩大无比的模式转换不可能一蹴而就。风险投资热潮转瞬间平息下去，银行面前摆着新的课题——如何提高自有资本比率以加强国际竞争力，所以他们不得不采取措施以求自保。

就这样，"对组织一无所知的个人主义者"板仓雄一郎和他的公司 HyperNet 被推下了无底深渊。银行以及其他提供援助的大企业，在遇到金融国际化和经济不景气时，又重新拾起了组织规范。当然，他们作为"法人"的判断并没有错，错在于我。我本应冷静地预测到一个组织及其成员在处于逆境时会如何行动，可是我没能做到。毕竟，我没有比尔·盖茨的本领，不能像他那样一方面坚持个人主义，同时又理解组织规则，顺利地开展企业经营活动。

于是，我成了时代的配角，在短短两年内经历了人生的顶点和深渊。

在这里，我们不妨站到更高处看看 1995 年至 1997 年这两年间的日本经济吧。互联网热潮和金融机构的一系列改革是从哪里产生的呢？没错，当然是美国。因此，也可以这么认为：这一波波浪潮，只是为了适应美国主导的国际市场制度（现在被大家称作"全球标准"）而进行的反复摸索而已。

美国的行动原则是即便是大组织，最终还是由个人负责。至少我是这么认为的。那么，这一连串的起伏又意味着什么呢？

我可以从自己的经历中学到什么呢？我还没总结出来。不过，在写书过程中，回顾自己创业失败的历程，我能感受到一个时代的终结和下一个时代的开始。很显然，时代正在变化。从1997年末破产到现在为止的这十个月里，曾和我公司有关系的各家大企业纷纷陷入了经营危机，或是倒闭，或被并购。例如日本长期信用银行、NED、日本租赁公司、东食信贷公司、ASCII公司……

如果我所预测的下一个时代果真到来的话，说不定机会又会再次来临？我沦为破产者还不到一年，竟然也恬不知耻地做起了这样的美梦。

本书里出现的人名和团体名称，除了一小部分外，基本上都是真名。在使用人物的真实姓名时，遵循了以下规则：一般作为公职人员时，需满足这四个条件的其中一条——是名人；在上市企业或实力相当的企业里担任董事以上职务；是HyperNet的董事；笔者亲自征求过其本人的同意。至于头衔或名称，原则上按照当时的称呼。提到HyperNet公司员工时，请允许我省略尊称。本书内容基本上是笔者的亲身经历，传闻消息尽可能不写进书里，当然，一部分经过当事人确认或者报纸杂志等媒体报道过的内容除外。

如果各位读者对本书有什么意见、感想、异议以及反对意见的话，请发送到以下网址：

http://www.fbi.co.jp/itakura/

最后，我想感谢在写书过程中热心地为我提供信息的森下、筒井、大内等HyperNet公司的老同事，感谢那些协助我确认事实的多名企业经营者。如果没有他们的支持，这本书是不可能完成的。另外，还要感谢为我提供出版机会的日经BP社出版局的各位同仁。

还有,在我负气离家出走十五年后又身无分文地回到家里时接纳我的父亲——板仓九十九。虽然有点难为情,但我还是想对他说一句谢谢。

板仓雄一郎
1998年10月

HyperNet公司年表

1991年

　　6月，HyperNet股份公司成立，资本金1760万日元。

1992年

　　3月结算期，营业额1.52亿日元，经常损益负2800万日元。
　　4月，HyperDial开始营业。

1993年

　　1月，IMS新业务获得第一笔订单。
　　3月结算期，营业额4900万日元，经常损益负1.6亿日元。

1994年

　　3月结算期，营业额5400万日元，经常损益负1700万日元。
　　11月，JAFCO决定出资。

1995年

　　3月结算期，营业额1.63亿日元，经常损益400万日元。
　　9月，开始构思HyperSystem事业。
　　11月，从住友银行获得2.5亿日元贷款，之后的1年，又从7家银行获得约20亿日元贷款。

12月，HyperSystem研发项目组启动。

1996年

2月，和ASCII公司签订互联网服务合同。

3月结算期，营业额7.7亿日元，经常损益1.94亿日元。

4月，HyperSystem开始试运行。Salomon公司提议在纳斯达克公开发行股票，野村证券公司也参与协商。

6月，HyperSystem开始正式运行。

10月，获得新商务大奖。

12月，和微软公司董事长比尔·盖茨在东京会谈。在美国开始HyperSystem业务。

1997年

1月，和韩国三星集团签订专利许可合同。

2月，日本长期信用银行旗下的NED等公司促成了6亿日元的第三方定向增发。

3月，应7家交易银行的要求，暂时偿还总额6亿多日元的贷款。

3月结算期，营业额7.85亿日元，经常损益负9.84亿日元。

4月，7家银行拒绝再贷款，即所谓"信贷收缩"。

5月，东食旗下的东食信贷公司认购了3亿日元的私募债券。

6月，HyperNet Korea在韩国开始营业。

8月，各家银行展开"回收贷款"攻势。加卜吉公司融资1亿日元。

9月，欠发工资。

10月，日本租赁公司等展开"回收器材"攻势。各家交易银行也开始全面回收贷款。第二次欠发工资。

11月，向律师事务所咨询公司处理事宜。决定申请自愿破产。

12月2日，向东京地方法院申请自愿破产。

12月24日，东京地方法院宣告HyperNet公司破产。负债总额约37亿日元。

1998年

1月23日，东京地方法院宣告板仓雄一郎自愿破产。负债总额约26亿日元。

5月11日，第一次债权人会议在东京地方法院举行。债权人申请债款总额59.64亿日元。

出版后记

每一个企业的破产、每一项事业的坍塌背后都藏着令人捶胸顿足的血泪教训。

经营不善、团队涣散、时局使然……回顾过往，总是感叹辉煌者众，咀嚼失败者寥寥。在"奋斗"、"成功"成为关键词的今天，停下来和失败谈谈就显得尤为必要。

一个人突然有了天才的创业点子、组建团队、到处奔走筹备资金、终于开花结果，接着被这样那样的问题绊住脚，转眼间大厦将倾。这样的事并不少见，可将这整个过程从头至尾完整呈现在读者眼前的书却实在屈指可数。

上世纪末的互联网泡沫已过去快二十年。在那段风起云涌的岁月里无数企业经历了盛衰荣枯的重重考验，很多都已悄然退场。

从天堂掉进地狱——本书作者板仓雄一郎就是站在那个时代风口浪尖的人。

他20岁创业，开了一家游戏软件公司，28岁又创办资讯服务公司HyperNet，开发语音电话会议和网络营销系统。营业额曾高达7.7亿日元，还荣获日本"新商务大奖"的杰出企业称号，风光一时。

然而，由于大环境改变，加上几次经营策略误判，导致公司债务高达37亿日元而宣告破产。

作者从意气风发的创业之初写到了最后的失意破产。沉沉浮浮十五年间，他经历了日本经济史上的三大热潮：风险投资热潮、互联网热潮和日本金融市场改革。而自己的得失荣枯也与这三大热潮息息相关。他的失败不只是个人的失败，还是那个泡沫时代的注脚。

可如他在书中所说，虽有时局不利的无可奈何，但将一切都归于时代之误也是潦草而不负责任的。于是他悉数了自己的种种罪状：误判市场环境、过分依赖银行贷款、疏于社内交流……推心置腹地希望自己的失败能开日本"失败案例分析"之先河，为后来者提供可实际参考的价值。

作者在一次演讲中说：这些事，我不写，恐怕就没有别人来写了。

这本在日本商界流传甚广、极具借鉴价值的书，能由小社来出中文版，想来也是件幸事。

服务热线：133-6631-2326　188-1142-1266
服务信箱：reader@hinabook.com

后浪出版公司
2015年3月

图书在版编目（CIP）数据

创业，生与死 /（日）板仓雄一郎著；黄悦生译.——北京：北京联合出版公司，2015.4
ISBN 978-7-5502-4769-7

Ⅰ.①创… Ⅱ.①板…②黄… Ⅲ.①企业管理—经验—日本 Ⅳ.①F279.313.3

中国版本图书馆 CIP 数据核字（2015）第 040487 号

SHACHO SHIKKAKU-BOKU NO KAISHA GA TSUBURETA RIYU written by Yuichiro Itakura.
Copyright © 1998 by Yuichiro Itakura.
All rights reserved.
Originally published in Japan by Nikkei Business Publications, Inc.
Simplified Chinese translation rights arranged with Nikkei Business Publications, Inc. through BARDON-CHINESE MEDIA AGENCY.
Simplified Chinese translation edition published by Ginkgo（Beijing）Book Co., Ltd.
本书中文简体版由日经BP社授权银杏树下（北京）图书有限责任公司出版

创业，生与死

著　　者：（日）板仓雄一郎
译　　者：黄悦生
选题策划：后浪出版公司
出版统筹：吴兴元
特约编辑：薛茹月
责任编辑：牛炜征　徐秀琴
封面设计：周伟伟
营销推广：ONEBOOK
装帧制造：墨白空间

北京联合出版公司出版
（北京市西城区德外大街83号楼9层　100088）
北京京都六环印刷厂印刷　新华书店经销
字数215千字　690×960毫米　1/16　19印张　插页2
2015年4月第1版　2015年4月第1次印刷
ISBN 978-7-5502-4769-7
定价：39.80元

后浪出版咨询(北京)有限责任公司 常年法律顾问：北京大成律师事务所　周天晖 copyright@hinabook.com
未经许可，不得以任何方式复制或抄袭本书部分或全部内容，侵权必究
本书若有质量问题，请与本公司图书销售中心联系调换。电话：010-64010019

《带人的技术：不懂带人你就自己做到死》

著　　者：（日）石田淳
译　　者：孙玉珍
书　　号：978-7-5502-3354-6
出版时间：2014.09
定　　价：36.00元

日本亚马逊同类书排行第一，台湾最畅销商业书籍
日本行为科学第一人，告诉你带人的诀窍

内容简介

　　无论是交代部下做事，带领团队工作，或是与同事一起分工合作，如何轻松地让对方做出你想要的结果，是提高工作效率、完成工作绩效亟需解决的问题。本书根据行为科学管理和作者本人的亲身经历，针对如何沟通、如何应对不同类型的员工、如何交代不同类型的工作内容、如何称赞和训斥等，这些带队工作中最常遇到的问题，列出了55种引导别人行为的实用技术，让你成为职场上的好老师，短时间内将身边庸才变成得力左右手，让该做的事情减少一大半！

作者简介

　　石田淳，研究日本行为科学管理第一人。社团法人行为科学管理研究所所长、株式会社WILLPMInternational创办人、社长兼执行长、美国行为分析学会（ABAI）会员、日本行为分析学会会员。他将科学分析人类行为的行为分析学和行为心理学方法改进为"行为科学管理"。这个方法获得包括美国太空总署和波音公司在内的六百多家公司采用，在美国的企业界创造出绝佳的成绩。除了担任日本各大企业的顾问，他还协助解决人才培育和组织活化的问题，同时还举办研讨会或公司内的研修课程。截止目前为止，已指导超过六百家公司和一万名以上的上班族。

《权力与领导》（第5版）

著　者：（美）詹姆斯·克劳森
译　者：马昕
书　号：978-7-5100-6704-4
出版时间：2015.03
定　价：52.00元

一本领导学理论和技巧的集大成之作
跨越心理学和管理学的畅销经典

　　广泛用于美国、加拿大、德国、英国、日本、荷兰等国企业高管培训；弗吉尼亚大学、杜克大学、印第安纳大学、俄亥俄大学、威斯康星大学等百所美国著名大学采用

　　怎样才能将混日子的员工转化为敬业的员工？
　　哪种领导方式才能激发渴望出色完成工作的人？
　　如何帮助员工跨越潜能和表现之间的鸿沟？
　　如何长效深入地转化领导力？
　　本书为全球商业领导者提供创业、创新和管理中的领导力提升通用方案

　　领导力就是影响力。领导力就是品格魅力。全方位地提升企业家的领导力是时代的要求，是世界的趋势。《领导的技术》一书从理论到实践都为我们揭示了发展、挖掘、培养、塑造和提升领导力的秘诀，为中国企业家扩大国际化视野和提升自身领导力的综合素质提供了巨大的精神财富。

　　　　　　　　　　——杨壮 北京大学国家发展研究院教授

内容简介

　　本书将领导定义为管理能量，从行为、思维和价值观三个层次来分析领导。强调信息时代要注重影响人的思维和心灵，并着重于如何透过多变的人类行为将第三层领导应用于管理中。除了用于本科生及MBA课程，本书还在美国、巴西、加拿大、哥斯达黎加、泰国、日本、德国、希腊、荷兰、英国、土耳其、埃及和南非等地用于针对在职管理者的高管培训课程。